AF756699

www.ingramcontent.com/pod-product-compliance
Lightning Source LLC
LaVergne TN
LVHW010804051026
849532LV00007B/2455

9789369089956

شوکت حیات:

فن اور شخصیت - حصہ : ۱

(شوکت حیات پر سہ ماہی 'ثالث' کے اعزازی شمارے سے ماخوذ مضامین)

مرتب:

اقبال حسن آزاد

Shaukat Hayat : Funn aur Shakhsiat - Part:1
by: Eqbal Hasan Azad
Edition: February '2025
Publisher :
Taemeer Publications LLC (Michigan, USA / Hyderabad, India)

ISBN 978-93-6908-995-6

کتاب	:	**شوکت حیات : فن اور شخصیت - حصہ : ۱**
مرتب	:	**اقبال حسن آزاد**
صنف	:	تحقیق و تنقید
ناشر	:	تعمیر پبلی کیشنز (حیدرآباد، انڈیا)
سالِ اشاعت	:	۲۰۲۵ء
صفحات	:	۱۴۴
سرورق ڈیزائن	:	تعمیر ویب ڈیزائن

فہرست

شوکت حیات

شوکت حیات

اصلی نام : سید شوکت حیات محفوظ الحق

قلمی نام : شوکت حیات

والد کا نام : سید محفوظ الحق مرحوم

تاریخ پیدائش یکم دسمبر ۱۹۵۰ (پٹنہ، بہار)

تعلیم : ایم اے گولڈ میڈلسٹ، یو جی سی ''نیٹ''

پیشہ : فری لانس ادبی وصحافتی رائٹنگ اور ترجمہ نگاری

پہلی کہانی : بکسوں سے دبا آدمی

کب اور کہاں شائع ہوئی: کتاب لکھنؤ، ۱۹۷۰

کس افسانے سے شہرت پائی: بانگ

تصانیف : ''گنبد کے کبوتر'' (افسانوی مجموعہ ۲۰۱۱ء)

''بانگ'' (تنقیدی مضامین کا مجموعہ ۲۰۱۲ء)

شوکت حیات کے وہ خواب جو شرمندۂ تعبیر نہ ہوسکے۔

بھوبل (افسانوی مجموعہ)

پھسینڈا (افسانوی مجموعہ)

رانی باغ (افسانوی مجموعہ)

سرپٹ گھوڑا (ناولٹ)

۱۹۷۰ کے بعد اردو افسانہ (تنقیدی مضامین کا مجموعہ)

انعامات : گنبد کے کبوتر کے لئے قومی کتھا ایوارڈ ۱۹۹۶

بہار اردو اکادمی کا لائف ٹائم اچیومنٹ ایوارڈ ۲۰۰۸

چودھری چرن سنگھ یونیورسٹی سے شیلڈ آف آنر ۲۰۰۹
گنبد کے کبوتر کے لئے یو پی اردو اکادمی کا پہلا انعام ۲۰۱۱

خصوصیت : ۱۹۷۰ کے بعد اپنے مخصوص رجحانات اور تھیوریز انامیت ''انام نسل'' اور ''انام افسانے'' کے بنیاد گزار ہونے کی حیثیت سے نمایاں شہرت حاصل کی۔ ''نامیاتی افسانوں''، ''نامیاتیت''، ''امکانیت پسندی'' اور ''مابعد جدید افسانوں'' کی وجہ سے چرچے میں رہے۔

قابل ذکر باتیں: ۱-۱۹۷۵ء کے بعد افسانے کے ہر قومی سمینار میں شرکت
۲-ساہتیہ اکادمی کے گرانٹ کے ذریعہ ہندوستان کے مختلف ثقافتی علاقوں کی سیاحت
۳-''ڈھلان پر رکے ہوئے قدم''، ''بانگ''، ''گنبد کے کبوتر'' اور ''رحمت صاحب'' کئی یونیورسٹیوں کے نصاب میں شامل۔
۴-۱۹۷۰ء کے بعد شائع ہونے والی ہر اہم افسانوی انتھولوجی میں کہانی شامل
۵-سارک ممالک قومی رائٹرس کانفرنس ۲۰۰۵ء
علی گڑھ میں تھیوری ساز مقالہ خوانی - امکانیت پسندی

انتقال: ۲۱/اپریل ۲۰۲۱ء (پٹنہ، بہار)

• پروفیسر وہاب اشرفی

شوکت حیات کی افسانہ نگاری

سوچتا ہوں کہاں سے شروع کروں؟ شوکت حیات کے متعدد افسانے ذہن کے نہاں خانے پر قابض ہیں۔ اگر انہیں کھرچنے کی کوشش کرتا ہوں تو وہ از سر نو تر و تازہ ہو کر تسلط جمائے نظر آتے ہیں۔ دراصل فن کی اثر پزیری نت نئے روپ اختیار کرتی رہتی ہے۔ خصوصاً اس وقت جب اس کی نمود میں غور و فکر کے ساتھ وہ رویہ بھی کام کر رہا ہو جسے عام لفظوں میں ایمانداری سے تعبیر کر سکتے ہیں۔ یعنی فنکار اپنے فن کے تئیں سچا ہے۔ لہٰذا اسے اپنے موضوع کو ایک معیار بخشنے میں خاصی کاوش کرنی پڑتی ہے لیکن اس کا دردمند دل نشیب و فراز سے گزرتا ہوا ایک ایسی منزل پا لیتا ہے جو عمومی طور پر بہتوں کے لئے دشوار ہو سکتی ہے بلکہ ہوتی ہے۔

دراصل شوکت حیات ایک Protest کے فنکار ہیں۔ جن کے یہاں ناہمواریوں کے خلاف مسلسل جد و جہد ملتی ہے، صرف گلہ نہیں ملتا بلکہ ان سے ٹکرانے کا عزم بھی ملتا ہے۔ تو کیا شوکت حیات ایسی صورت حال سے نپٹنے میں براہ راست برہنہ رویہ اختیار کرتے ہیں؟ جواب نفی میں ہے۔ مجھے احساس ہوا کہ وہ اس امر کے قائل ہیں کہ "برہنہ حرف نہ گفتن کمال گویائیست"۔ وہ پختہ ذہن کے فنکار کی طرح آہستہ آہستہ اپنے ذہن کی تصویر کو مکمل کرتے ہیں اور اس کی تکمیل میں مناسب رنگ بھرتے ہیں جو ہر طرح سے متوازن بھی ہوتا ہے، کہیں کوئی لا تعلق داغ دھبہ نہیں۔ اب جو تصویر سامنے آتی ہے وہ حقیقت واقعہ کا عکس محض نہیں ہوتی بلکہ اس کے اندر ایک ایسی تخلیقی جوت ہوتی ہے جو اس کی شدت کو سرتا سر بڑھا دیتی ہے۔ نتیجے میں افسانہ نگار کی غایت افسانہ بن کر ایک پیکرِ تخلیق میں ڈھل جاتی ہے۔

ان امور کی وضاحت کے لئے شوکت حیات کے کسی بھی افسانے کو سامنے رکھا جا سکتا ہے۔ مثلاً ایک افسانہ ہے "سرپٹ گھوڑا"۔ اسے ناولٹ بھی کہہ سکتے ہیں۔ بعضوں نے اسے اس نہج پر بھی دیکھا ہے لیکن اس کی بنت میں داخل ہوتے ہی احساس ہوتا ہے کہ اس کا تناظر ہندستان کے وہ عوام ہیں جن کے مقدر میں سکون نہیں۔ ہیجان و اضطراب کا شکار ہو کر وہ ایک ایسی زندگی گزارتے ہیں جسے کسی حال میں بھی انسان کی معتدل زندگی کا نام نہیں دیا جا سکتا۔ اس کے کئی Shades ایک طرف جبر و اختیار کی کہانی سامنے لاتے ہیں تو ساتھ ہی ساتھ ہجر و وصال کی کیفیتوں کا بھی احاطہ کرتے ہیں۔ لیکن یہ صورتیں اکہری نہیں ہیں۔ یہ تمام

نکات ایک تخلیقی سطح پر دیکھے گئے ہیں۔ آج کی تیز رفتار زندگی میں عام شہری کن مراحل سے گزر رہا ہے اس کا آئینہ خانہ ''سرپٹ گھوڑا'' ہے۔ محسوس کیا جا سکتا ہے کہ عنوان ہی سے زندگی کی تیز رفتاری کا حال روشن ہو جاتا ہے لیکن یہ تیز رفتاری زندگی کی آراستگی میں معاون نہیں ہوتی، سچائی اپنی جگہ پر لیکن ایسی سچائی کو فن کا لبادہ پہنانا ایک دوسری چیز ہے۔ کہا جا سکتا ہے کہ شوکت اپنے اس طویل افسانے میں بھی اپنے فن کو قربان نہیں کرتے۔ یہ ان کا ایسا وصف ہے جو بہت کم ان کے معاصرین کے حصے میں آیا ہے اور جو ایسا محتاط رویہ اختیار کرتے ہیں وہ انگلیوں پر گنے جا سکتے ہیں، نام گنوانے کی ضرورت نہیں۔ ''سرپٹ گھوڑا'' کی آخری سطور ملاحظہ ہوں :

> ''کچھ دن کے بعد حالات نارمل ہوئے تو اسے اس انجان فرشتہ صفت محسن کا خیال آیا۔ ادھر ادھر سے پانچ سو اکٹھا کر کے اس نے قرض کی ایک قسط فوراً ادا کرنے کا فیصلہ کیا۔
>
> پرانی پتلون کی جیب میں پڑے ہوئے کاغذوں کے انبار میں وہ اس کے پرزے کو بڑی مشکلوں سے ڈھونڈ پایا لیکن لکھے ہوئے پتے اور ٹھکانے پر پہنچ کر اس کو معلوم ہوا کہ وہ گھر خالی ہے۔ محلے میں بہت دریافت کرنے پر معلوم ہوا کہ اپنے بیٹے کی موت پر خودکشی کیے ہوئے ایک عرصہ بیت چکا۔ اب تو ان کی راکھ بھی فضا میں تحلیل ہو چکی ہوگی۔
>
> سکتے کے عالم میں واپس لوٹتے ہوئے اسے لوگوں کے ازدحام میں سرپٹ گھوڑے کی ٹاپ معدوم ہوتی ہوئی سنائی دی۔
>
> پست لہجے میں بیوی کو واقعے کی روداد سناتے ہوئے اس نے محسوس کیا کہ اس کی اپنی آواز ایک ناتواں سی ہنہناہٹ میں تبدیل ہوتی جا رہی ہے۔
>
> ''کیا ہوا آپ کو؟'' بیوی نے جھنجھوڑتے ہوئے پوچھا لیکن اب اس کے منہ میں کوئی لفظ نہ رہ گیا تھا۔''

استحصال کا ایک افسانہ جو تقریباً پون صدی پہلے پریم چند نے لکھا تھا، اتنا مشہور ہوا کہ نام بتانے کی ضرورت نہیں۔ بہر حال ''کفن'' کے کردار ذہن و دماغ پر آج بھی چھائے ہوئے ہیں۔ میں نے پہلے بھی لکھا تھا کہ موصوف کے کردار مادھو اور گھیسو کامیو کے ناول Outsider کے مرسول کے سوتیلے بھائی ہیں لیکن یہ تو ایک الگ بات ہوئی۔ مجھے کہنا یہ ہے کہ شوکت حیات کے افسانے کا 'مادھو' پریم چند سے تعلق بھی رکھتا ہے اور اس سے آگے بھی ہے۔ پریم چند شاید اس وقت یہ نہیں سوچ سکتے تھے کہ یہ کردار استحصال کرنے

والوں سے لڑ بھی سکتے ہیں، انہیں پسپا کر کے آگے بھی بڑھ سکتے ہیں اور اپنی ایک نئی دنیا بسا سکتے ہیں۔ شوکت حیات نے ایک طرف استحصال کی کیفیت واضح کی ہے تو دوسری جانب اس کا بھی احساس دلایا ہے کہ آج کا مادھو استحصال کے خلاف مسلسل ٹکراتے ہوئے آگے بڑھ سکتا ہے۔ یہ اور بات ہے کہ ہر جگہ استحصال کرنے والے کتے بھونکتے نظر آتے ہیں لیکن مادھو اس سے ہراساں نہیں ہے۔ دراصل مادھو کی زندگی کے حالات تو وہی ہیں جو پریم چند کے یہاں تھے لیکن آج الٹرا لفٹ ذہن کی انقلابی قوتیں ابھر چکی ہیں جن کے سامنے بھونکتے ہوئے کتوں سے خوف نہیں کھانا ہے بلکہ ان کے بھونکنے کے عمل کو ایک نہ ایک دن خامشی میں مبدل کر دینا ہے۔ ایسا ہو یا نہ ہو لیکن مادھو سے یہی سبق حاصل ہوتا ہے۔ افسانہ ''مادھو'' کے چند سطور دیکھئے :

> ''لوگوں نے اسے کندھے پر اٹھا لیا اور 'مادھو زندہ باد' کے نعروں سے فضا گونجنے لگی۔
>
> دفعتاً اسے بہت سارے کتوں کے بھونکنے کی آوازیں دور سے آتی سنائی دیں۔
>
> اس کے چہرے سے کڑواہٹ مترشح ہونے لگی۔ کندھوں سے ایک جھٹکے سے کود گیا۔
>
> جنگل کے اس پار سے نگاڑوں کی آوازیں آرہی تھیں۔ دور کسی مسجد سے مغرب کی اذان کی آواز فضا میں گونجی۔ ہجوم کی طرف دیکھتے ہوئے اس کے چہرے پر ناگواری کے تاثر ابھرے۔
>
> معنی خیز نظروں سے اطراف کا جائزہ لیتے ہوئے وہ جنگل کی طرف کوچ کر گیا۔
>
> اس کے ہونٹوں پر رینگتی ہوئی پر اسرار مسکراہٹ دھیرے دھیرے پھیلتی جارہی تھی۔''

افسانے میں جو موضوع اپنایا گیا ہے وہ معمولی سی لغزش سے نعرے میں مبدل ہو سکتا تھا لیکن شوکت حیات تو ایک چوکس اور باخبر افسانہ نگار ہیں۔ وہ فنی برتاو کے طریقے سے آگاہ ہیں۔ ایسے میں کہیں بھی ایسا شور سنائی نہیں دیتا جو شور محض ہو۔

یاد رکھنا چاہئے کہ شوکت حیات نے بہت پہلے ایک افسانہ ''بانگ'' تخلیق کیا تھا۔ اس میں بھی امکانی انقلاب کی بشارت تھی۔ یہ افسانہ اس وقت سامنے آیا تھا جب افسانے کے کردار، پلاٹ وغیرہ منفی صورتیں اختیار کر چکے تھے لیکن شوکت حیات نے بہت پہلے اس کا احساس کر لیا تھا کہ Plotless افسانے یا متشدد قسم کے علامتی افسانے مشرقی مزاج سے لگّا نہیں کھاتے۔ لہٰذا ''بانگ'' کو اگر اردو افسانے کا

اہم Turning Point تسلیم کیا جائے تو شاید بے جا نہ ہوگا۔ اس میں علامت کا ایک ہلکا پردہ ہے جس کے آر پار دیکھا جا سکتا ہے۔ دراصل اس افسانے کے مرغ وہ انقلابی ہیں جو آنے والے انقلاب کی خبر دیتے ہیں جیسے اب فتح ان کے بہت قریب ہو :

''بہت دیر بعد لڑکھڑاتے ہوئے سرخ پانی سے وہ باہر نکلے تو زرد ہو چکے
تھے۔ دریا کے کنارے سارے مرغ ایک ساتھ بلند آواز میں بانگ دے رہے
تھے، یعنی ''نوید فتح و بشارت بہ مہر و ماہ رسید۔''

تو کیا شوکت حیات ذہنی سطح پر فاتح بننے کی سبیل پیدا کرتے رہتے ہیں؟ کیا یہ ان کی خوش فہمی ہے؟ اس کا جواب ان کے افسانے ''شکنجہ'' سے مل جاتا ہے۔ جس میں ایک غریب مزدور کا بچہ تعلیم حاصل نہیں کر پاتا اور اس کا باپ اس قدر لاچار ہے کہ آخرش اسے مزدور بنا دیتا ہے۔ Child labour کے قوانین اپنی جگہ پر اور حالات کا جبر اپنی جگہ پر۔ گویا شوکت حیات یہ نہیں بھولتے کہ انسانی زندگی کی بے بسی کا کوئی مداوا ابھی ممکن نہیں لیکن ایک بڑے تناظر میں وہ ذہن کو اس حد تک لچکدار بنا سکتے ہیں کہ کسی بھی منفی صورت واقعہ کو تبدیل کرنے کی ذمہ داری انسان ہی کو قرار دیتے ہیں۔ یعنی شوکت سارے بگڑے ہوئے معاملات کو درست کرنے کے باب میں کوئی الوہی رخ اختیار نہیں کرتے، انہیں راہ راست پر لانے کی ساری ذمہ داری انسانون کی ہی ہے۔ دیکھئے ایک حالیہ افسانہ ''کوبڑ'' کا قوام کیا ہے؟

افسانہ ''کوبڑ'' میں دو سگے بھائیوں کی کہانی قلم بند کی گئی ہے۔ ایک کسی طرح مشرق وسطیٰ نکل گیا جہاں اس کی آمدنی خاصی ہوگئی ہے۔ اس کے مقابلے میں اس کا غریب بھائی بھی ہے جو گھر ہی پر رہتا ہے۔ سب کے لئے مخلص، گھر کے لئے بھی اور باہر کے لئے بھی۔ اس کا اپنا بھائی پڑو ڈالر کما کر بہت خوش ہے۔ اب ہوتا یہ ہے کہ جب وہ گھر واپس آتا ہے تو اس کی آن بان نرالی ہے۔ ہر شخص اس کے آگے بچھا جاتا ہے۔ یہاں تک کہ یہ غریب بھائی بھی محبت نچھاور کرنے میں کسی سے پیچھے نہیں بلکہ کہیں کہیں تو بہت آگے نکل جاتا ہے۔ اب بھائی کو واپس جانا ہے۔ یہ غریب بھائی مختلف قسم کے گھریلو کام سے نپٹ کر تھکا ماندا جب گھر آتا ہے تو ماں اسے کچھ پیسے دے کر ٹرین سے دہلی روانہ کرتی ہے کہ وہ اپنے بھائی کو رخصت کر دے۔ جب کہ امیر بھائی ہوائی جہاز سے جاتا ہے۔ غریب کا حال یہ ہے کہ وہ راستے ہی میں لٹ پٹ جاتا ہے، ایک پھوٹی کوڑی اس کے پاس نہیں رہتی۔ امیر بھائی ملاقات پر اس سے کچھ نہیں پوچھتا حد تو یہ ہے کہ کھانے پینے کے بارے میں بھی کوئی سوال نہیں کرتا۔ ہاں رخصت ہوتے وقت بغلگیر ہوتا ہے تو اپنے بھائی کا ''کوبڑ'' اس کے ہاتھوں سے مس کر جاتا ہے اور وہ بجلی کی سی سرعت سے پیچھے ہٹ جاتا ہے۔ متعلقہ منظر دیکھئے :

''خاموشی کی زبان میں کہتے کہتے اس کے جذبات بے قابو ہونے لگے۔ آنکھیں ڈبڈبانے لگیں۔ سمندر اچھل اچھل کر اس کے وجود کے کناروں کو ریزہ ریزہ کرنے کے درپے تھا۔

خوابیدہ آواز دوبارہ گونجی۔

''امریکہ کے یاتری گن اب سیکورٹی چیکنگ کے لئے پرستھان کریں۔ رن وے تک لے جانے والی بس ان کا انتظار کر رہی ہے۔

اس کا بھائی بھی آبدیدہ ہو گیا۔

'بھیا تم اپنا خیال نہیں رکھتے......کیسی صحت ہوگئی ہے تمہاری...... چند سال بڑے ہو......لیکن دیکھنے میں باپ لگتے ہو......!'

سب چلتا ہے بھائی......اگلی بار جب تم آؤ گے تو میں تمہارا دادا لگوں گا......اور اس سے اگلی بار شاید میں......!

وہ خود کلامی کرتا ہے۔

'بھیا! اب رخصت کی گھڑی ہے......آؤ......ہم لوگ گلے مل لیں۔ اب نہ معلوم کب ملنا نصیب ہو......!'

اس کے بھائی نے دھیرے سے اس کے کاندھے پر ہاتھ رکھتے ہوئے کہا۔

دونوں بھائی ایک دوسرے کے گلے لگ گئے۔

دونوں کی آنکھوں سے زار وقطار آنسو رواں تھے۔

اچانک چھوٹا بھائی چیخ مار کر الگ ہو گیا۔

'بھیا......تمہاری پیٹھ پر یہ کیسا ابھار ہے......مگر وہ خبیث کے سر جیسا۔!'

بڑے بھائی کو کاٹو تو لہو نہیں۔ اس کی سمجھ میں نہیں آیا کہ بھائی کی اس بات کا کیا جواب دے۔ چھوٹا بھائی پھر بولا۔

'بھیا!...... یہ کیسا آسیب سوار ہے تم پر...... تم نے آج تک نہیں بتایا......!'

امریکہ جانے والے ایک ہمسفر نے سکیورٹی چیکنگ کے لیے جاتے ہوئے اس کا ہاتھ زور سے پکڑا۔

’جلدی کرو...... دیر ہو رہی ہے...... گیسٹ کو گڈ بائی کہو......!‘

’خدا حافظ بھائی...... فی امان اللہ...... بھائی......!‘

اس کا بھائی خوف و دہشت کا تاثر لیے جا رہا تھا۔ لگا تار وہ اس کی پیٹھ کی جانب دیکھے جا رہا تھا۔

’بھیا! اس خبیث سے چھٹکارا حاصل کرو ...... جیسے بھی ہو......!‘‘

جاتے جاتے اس نے پکار پکار کر کہا۔ چند لمحوں بعد ہی وہ نظروں سے اوجھل ہو گیا۔‘‘

یہ دوری دراصل معاشی دوری ہے، جو اپنے ہی بھائی سے اسے بیگانہ بنائے ہوئے ہے۔ غریب بھائی بھری جوانی میں جو’ کوبڑ‘ کا شکار ہے دراصل یہ’ کوبڑ‘ معاشی اور اقتصادی ہے۔ میں نے افسانے کے محتویات کو بہت بھونڈے طریقے سے بیان کر دیا لیکن سچی بات تو یہ ہے کہ شوکت حیات نے جس فنی گرفت کے ساتھ اس موضوع کو برتا ہے وہ ان کے فن اور فکر کے ارتفاعی کیف کا پتہ دیتا ہے۔ مجھے کہنے دیجیے کہ اس افسانے نے مجھے کئی دن بے چین رکھا۔ اس نے میرے ذہن پر ایک ایسا نقش قائم کیا جو جوانی کے دنوں میں فلم ’’دیوداس‘‘ سے مرتب ہوا تھا۔

شوکت حیات نے معاشی تنگ دستی کے کئی افسانے تخلیق کئے ہیں۔ ’’مسٹر گلیڈ‘‘ کچھ ایسی ہی کیفیت کا افسانہ ہے۔ پیسے کی ریل پیل سے تو سبھی خوش رہتے ہیں، بھائی، بہن، بیوی، بچے وغیرہ لیکن اگر حالات مختلف ہوں تو پھر کیسی تصویر سامنے آتی ہے، سوچنے کی بات ہے۔ مسٹر گلیڈ ایسی ہی تصویر ہیں۔ ایک تنگ دست دوسروں کی نظروں میں ہی اوچھا نہیں وہ اپنے بیوی اور بچوں کی نظروں سے بھی گر جاتا ہے لیکن وہ کر بھی کیا سکتا ہے؟

زندگی در گردنم افتاد بیدل چارہ نیست
شاد باید زیستن ناشاد باید زیستن

تو یہی صورت یہاں پیدا ہوتی ہے۔ متعلقہ شخص یعنی مسٹر گلیڈ خواب اور زندگی کی سزا کو ہنستے ہوئے جھیل جاتا ہے۔ یہ اپنے محتویات کے اعتبار سے ایک مابعد جدید رویہ کا افسانہ ہے۔ اس سے ناخوشگوار حالات میں زندگی جینے کا ایک سبق ملتا ہے۔

شوکت حیات نے مختلف طریقے پر مسلمانوں کی زبوں حالی، ان کا انتشار، فرقہ پرستی کے نتیجے میں ان کا المیہ، اپنے وطن سے ہجرت کے بعد وطن واپس لوٹنے پر ان کی بے سروسامانی اور لیڈر شپ وغیرہ جیسے موضوعات کو فنی طریقے سے تخلیقی جہات دینے کی کوشش کی ہے۔ ایسے افسانوں میں ’’پھسنڈا‘‘، ’’تفتیش‘‘، ’’بلی کا بچہ‘‘، ’’گھڑیال‘‘ ’’سانپوں سے نہ ڈرنے والا بچہ‘‘ ’’بیگانگی‘‘، ’’گنبد کے کبوتر‘‘ وغیرہ قابل مطالعہ ہیں اور شوکت حیات کی تخلیقی صلاحیت کے آئینہ دار بھی۔

''پھسنڈا'' میں یہ مسئلہ درپیش ہے کہ ہندو مسلم مشترکہ کلچر کا شعوری زوال کس طرح ہوا؟ معصوم انسان تو لاگ لپٹ نہیں رکھتے۔ ان کا دل دردمند ہوتا ہے پھر ایسے مظلومین کے اندر تبدیلی کیسے آئی۔ سمجھنا چاہئے کہ جب حالات ناخوشگوار ہوتے ہیں تو ہوتے ہی چلے جاتے ہیں۔ شوکت حیات نے اپنے افسانے ''پھسنڈا'' میں صرف اس مسئلے کو پیش نہیں کیا ہے بلکہ نکسل آندولن کو بھی ذہن میں رکھا ہے جس کے انتشار کی وجہ یہ تلاش کی گئی کہ نکسلی آپس کے بھید بھاو کا شکار ہوئے اور انقلاب کا مقصد ان کے ذہن سے اوجھل ہو گیا۔ ذاتی معاملات نے مرکزیت اختیار کر لی۔ پھر خود غرضانہ عوامل نے بعض انقلابیوں کے لئے غنڈہ گردی کی راہ ہموار کر دی۔ غور کرنے کی بات ہے کہ ایک ایسی تنظیم جس کے مقاصد ارفع و اعلیٰ تھے، کس طرح پراگندگی کا شکار ہو کر استحصال کی راہ اختیار کر لیتی ہے۔ ایسے امور کو ایک افسانے میں سمیٹنا آسان نہ تھا لیکن شوکت حیات ایسی نیم سیاسی، نیم انقلابی تحریک کو ایک موثر اور حقیقی شکل دینے میں کامیاب ہوئے، یہ بڑی بات ہے۔ اسی طرح ''تفتیش'' فرقہ وارانہ فساد کے اسباب و علل کی تفتیش پر مملو افسانہ ہے اور کامیاب کہا جا سکتا ہے۔ افسانہ ''بلی کا بچہ'' میں ہندستان کے Lower middle class کے انسانوں کی معاشی، ثقافتی اور انسانی جدوجہد کی تصویریں پیش کی گئی ہیں۔ ''سانپوں سے نہ ڈرنے والا بچہ'' میں ہندو فرقہ پرستی کے مکروہ چہرے کی شناخت کی کوشش کی گئی ہے۔ اس کا علاج کیا ہے؟ جواب یہ ہے کہ ہماری آئندہ کی نسل کو اپنی حفاظت خود کرنی ہے محض سپر ڈالنے سے کام نہیں چل سکتا۔ اس کے لئے متشدد صورت حال کا مقابلہ ایسی ہی جوابی صورت سے کیا جا سکتا ہے۔ یہاں شوکت حیات نے عام جدوجہد کرنے والوں کو جس طرح terrorist کہہ دیا جاتا ہے، اسے بھی رد کرنے کی کوشش کی ہے۔ تقریباً یہی کیفیت افسانہ ''پاؤں'' میں بھی ملتی ہے۔ نقطۂ نظر یہ ہے کہ نئی نسل پر ہندستان کی تقسیم کی کوئی ذمہ داری نہیں۔ لہٰذا اس باب میں اس نسل کے ساتھ ناانصافی ہوگی تو وہ اس کے ساتھ لوہا بھی لے گی اور اب یہ کیفیت پیدا بھی ہو چکی ہے۔ افسانہ ''گنبد کے کبوتر'' کی آخری سطور دیکھئے :

> ''کال بیل بجانے پر بیوی نے دروازہ کھولا تو اس کی آنکھیں سوجی ہوئی لگیں۔ جیسے بہت دیر سے روتی رہی ہو۔
>
> 'کیا حال ہے میرے پھولوں کا......؟'
>
> 'خود دیکھ لو جا کر...!'
>
> بچے اپنے بستروں میں گہری نیند میں مبتلا تھے۔ سب کے چہرے پر ایسی اذیتیں جیسے کوئی بہت ڈراونا اور تکلیف دہ خواب دیکھ رہے ہوں......آخر وہی ہوا جس کا ڈر تھا... اس کے جسم میں کاٹو تو لہو نہیں۔ بالکنی کے کھلتے ہی وہاں کے

ٹوٹے پھوٹے منتشر حال زار نے اسے اپنی گرفت میں لے لیا۔ نُچے ہوئے پھول، موزائک کے فرش پر مسلی کچلی بکھری ہوئی پھولوں کی پنکھڑیاں......ٹوٹے پھوٹے گملوں کی مٹیوں کے جابجا ڈھیر...... گوریوں کے گھونسلوں کے منتشر تنکے...... گوریوں کا کوئی پتہ نہیں تھا......گلہری، تتلیاں اور بھنورے تو اب ایک مدت تک دکھائی نہیں دیں گے......اس کی بالکنی کا سارا حسن ملیامیٹ ہو چکا تھا۔

آخر بچوں نے اپنے کھیل میں میرا سب کچھ......اس کا اندیشہ صحیح نکلا۔اس دن اپارٹمنٹ میں گھسے سانپ کو چند بچوں نے اپنے قبضے میں لے لیا تھا اور اس سے کھیلنے کے خطرناک عمل کے عادی ہو گئے تھے۔اسی لئے تو بچّے اتنے زہریلے اور وحشی ہو گئے تھے۔

آسمان میں گنبد کے خون آلود کبوتروں کا غول مستقل جائے اماں کی تلاش اور کچھ کر گزرنے کے جنون میں چکر کاٹ رہا تھا۔

بیوی سے اس کی نگاہیں ملیں تو اسے اچانک احساس ہوا کہ گھر میں میت پڑی ہے اور باہر کرفیو میں اس کی تدفین ایک سنگین مسئلہ ہے۔''

''گنبد کے کبوتر'' ایسے تمام افسانوں کے پس منظر میں مطالعہ کیا جائے تو بابری مسجد کے انہدام کے بعد کی فضا اور اس کا Pathos از خود واضح ہو جائے گا۔لیکن بنیادی Theme اس کی شہادت کے بعد اس پر بسیرا کرنے والے کبوتروں کا ہے جو شام کے وقت لوٹتے ہیں تو ان کا آشیانہ موجود نہیں ہوتا۔ان کبوتروں پر کیا گزری؟ سوچنے کی بات ہے۔کبوتروں اور مسلمانوں کو یکجا کیجئے تو افسانے کی قماش، نہج اور اثر پزیری از خود نمایاں ہو جائے گی۔مفہوم یہ ہے کہ شوکت حیات کسی ایک موضوع میں بند نہیں۔ان کا خلاقانہ ذہن اپنے ارد گرد پھیلے ہوئے مسائل کو نہ صرف سمجھنے کی کوشش کرتا ہے بلکہ انہیں فکر و فن کی راہ دے کر تخلیقی Vision میں مبدل کرنا بھی جانتا ہے۔ایسے میں ان کے موضوعات کا تنوع جس طرح سامنے آتا ہے اور فکر کا Prospective جتنا وسیع ہو جاتا ہے وہ دیدنی ہے۔

شوکت حیات کی افسانہ نگاری کے بعض پہلوؤں سے گفتگو کرتے وقت Situation series کے افسانوں پر بھی ایک نگاہ ڈالنی چاہئے۔وہ ان افسانوں کے بارے میں خود لکھتے ہیں :

''میں نے سچویشن سیریز کی کئی کہانیاں تخلیق کی ہیں۔جن میں سے کچھ شائع ہوئی ہیں۔سچویشن ۱/ (''شب خون''، الہ آباد، شمارہ نمبر ۹۶) سچویشن ۲/ (''تحریک''، دہلی مئی ۷۵ء)، سچویشن ۳/ (''نشانات'' مالیگاؤں، شمارہ نمبر ۸)

سچویئشن ۴/ (''الفاظ''، علیگڑھ، شمارہ نمبر ۶)، سچویئشن ۵/ (''اظہار''، بمبئی، تیسری کتاب) اوراب سچویئشن ۶/ ''جواز'' میں۔

ایک طرح سے قارئین میری تمام کہانیوں کواور شاید یہ تمام افسانہ نگاروں کی تمام کہانیوں کوسچویئشن سیریز کی کہانیاں کہہ سکتے ہیں لیکن نکتہ یہ ہے کہ میں اپنی بعض کہانیوں کو ہی اس سیریز کے تحت کیوں پیش کر رہا ہوں؟ کون سے عناصر ہیں جو کہانی کو سیریز میں قاریوں پر سوالات کی بوچھار کرنے کے لئے لا کھڑا کرتے ہیں۔

آج کے پیچیدہ ادبی تقاضوں کے درمیان میں سوالات گمبھیر ہیں۔ جن کے گمبھیر جوابات شاید رواداری میں ممکن نہیں۔ ان پر مجھے، میرے ہمعصر اور پیش رو افسانہ نگاروں اور آج کے صحیح افسانوں کے تمام سنجیدہ قارئین کو تخلیقی سطح پر سوچنا ہے...... مستقل سوچتے رہنا ہے۔''

گویا سچویئشن کے افسانے ایسے تخلیقی سوالنامے ہیں جو صرف پڑھنے والوں کو ہی نہیں لکھنے والوں کے سامنے بھی کتنے ہی سوالیہ نشانات کھڑے کرتے ہیں۔ اس باب میں میری رائے قدرے مختلف ہے۔ میں نے بلراج مین را کے افسانوں کے سرسری ذکر میں ان کی سچویئشن کی کہانیوں کی طرف توجہ کی تھی۔ مجھے تب احساس ہوا تھا کہ یہ وہ افسانے ہیں جو کسی ایک سچویئشن کو شعری احساسات سے ہمکنار کر دیتے ہیں اور یہ احساسات بڑے Sublime ہوتے ہیں۔ مجھے شوکت حیات کے افسانوں میں ذو جہتی کیفیتوں کا احساس ہوا۔ ایک طرف تو شوکت حیات اس امر میں کامیاب ہیں کہ سوالات کھڑے کریں تو دوسری جانب وہ ہر افسانے کو ایک مکمل اکائی دینے میں بھی کامیاب ہیں۔ یہ اکائی زندگی کے کسی مسئلے سے متعلق ہو کر تخلیق کی ایک قاش بن جاتی ہے۔ مجھے سوالات سے زیادہ سروکار نہیں ہے لیکن ان میں جو تکمیلیت کا پہلو ہے وہ میرے لئے نہایت قیمتی ہے۔ اس پس منظر میں شوکت حیات کے متعلقہ افسانے طویل تجزیے کے متقاضی ہیں جس کا یہاں موقع نہیں۔

مجموعی اعتبار سے یہ کہا جاسکتا ہے کہ شوکت حیات کے افسانے فکری اور فنی افسانے کے ارتقاعی کیف کی مثالیں ہیں جن میں زندگی کی دھڑکنیں ہر جگہ محسوس کی جاسکتی ہیں۔ ایک انقلابی ذہن میں کیسی تخلیقی روشنی پیدا ہوسکتی ہے اس کا ایک مکمل منظرنامہ شوکت حیات کے افسانے ہیں---- اردو افسانے کی مجموعی تاریخ میں ان کی جگہ معتبر بھی ہے اور محفوظ بھی۔

◂◂ ● ▸▸

● وارث علوی

شوکت حیات کی افسانہ نگاری

مئے خانۂ ادب میں ترقی پسند تحریک ساغر کا وہ دور تھا کہ نکلے جو میکدے سے تو دنیا بدل گئی۔ اس تحریک کے ساتھ تاریخ ادب میں ادوار ابواب ختم ہوئے اور شاعر و ادیب دہائی کی رضائیوں سے برآمد ہونے لگے۔ شوکت حیات کا نام ۷۰ء کی دہائی میں نمایاں ہوا جو جدیدیت کی لائی ہوئی علامت پسندی، تجریدیت اور اسطور پسندی کے ادھ کچرے تصورات سے کھدبدا رہی تھی۔ نئے لکھنے والوں کی سمجھ میں نہیں آرہا تھا کہ ان تصورات کے تحت کس نوع کے افسانے لکھیں۔ ان باریکیوں کا علم ان نقادوں کو بھی نہیں تھا جو ڈھول تو اِن تصورات کا پیٹ رہے تھے لیکن کام کلاسیکی ادب پر، میر کے اشعار پر، داستانوں پر، اور لسانیات پر کررہے تھے۔ بہرحال نظریاتی کنفیوزن کے باوجود اس دہائی سے چند افسانہ نگار ایسے نکلے جنہوں نے علامتی، تجریدی اور اسطوری افسانوں کی اچھی مثالیں قائم کیں۔ بہت سے تھے جو ٹیگوریت، خلیل جبرانیت اور ادب لطیف کے دلدل میں ایسے پھنسے کہ کسی نے اُن کا سراغ پانے کی بھی سعی نہ کی۔ انہیں گم راہ کیا اس تصور نے کہ افسانہ تو تھرڈ کلاس صنفِ سخن ہے اور صرف شاعری اُم الفنون ہے۔ یہی وجہ ہے کہ انہوں نے افسانہ نگاروں سے اغماض برتا اور اُن شعراء پر لکھتے رہے جو اُن کی تنقیدوں میں زندہ ہیں۔

شوکت حیات اُن جیالے لوگوں میں سے ہیں جو نہ تو کسی نقاد کی توجہ کی پروا کرتے ہیں نہ دوسروں کی بخشی ہوئی بیساکھیوں پر راہِ ادب طے کرتے ہیں۔ وہ اپنا راستہ خود بناتے ہیں اور اپنے اظہار و بیان کے طریقے آپ ہی ایجاد کرتے ہیں۔

شوکت حیات سے میں زندگی میں صرف ایک دو بار ملا ہوں۔ سمیناروں میں بس یا کار میں اُن کے قریب سیٹ مل گئی تو ہم سفر ہوگئے یا کھانے کی میز پر ساتھ ہوا تو ہم نوالہ کہلائے۔ اُن سے خط و کتابت بھی نہیں رہی۔ انہوں نے مجھے بتایا کہ وہ ڈاکٹر یا انجنیئر بن سکتے تھے کیونکہ بورڈ میں بہت اچھے مارکس سے پاس ہوئے تھے۔ لیکن افسانہ نگاری کا شوق انہیں اس طرف کھینچ لایا۔ میرا جی چاہا کہ انہیں چیخوف اور سامرسٹ مائم کی مثالیں دیتا جو ڈاکٹر بھی تھے اور افسانہ نگار بھی ہمارے زمانہ کی درخشاں مثال سید شیر شاہ ہیں جو ڈاکٹر بھی ہیں۔ سوشیل ورکر بھی اور بے مثال افسانہ نگار بھی۔ شوکت حیات نے مجھے بتایا کہ انہوں نے لگ بھگ

سو افسانے لکھے ہیں۔ میں ہمیشہ ان سے جب بھی موقعہ ملتا کہتا کہ افسانوں کا مجموعہ شائع کرائے۔ میرے اس سیدھے سادے سوال کے جواب میں انہوں نے جو کچھ کہا وہ خاقانی کے کسی شعر کی شرح معلوم ہوتا تھا۔

شوکت حیات آدمی ذرا ترنگی بھی ہیں اور ضدی بھی اب وہ افسانے شائع کرانے پر راضی ہو گئے تو بضد ہیں کہ پہلے مجموعے کا دیباچہ خاکسار ہی لکھے۔ وہ بھی اس وقت جب کہ میں ریڑھ کی ہڈی کی ایسی بیماری میں مبتلا ہوں کہ بیٹھ کر دو حرف لکھنا مشکل ہو گیا ہے۔ اب میری بھی ایک بدعادت یہ ہے کہ دیباچہ وغیرہ میں مجھ سے بات نہیں بنتی اگر میرے سامنے افسانہ نگار کے تمام افسانے ہوں، تو اُن پر ایک مضمون لکھ سکتا ہوں۔ میری یہ مجبوری میں شوکت حیات کو بتانا چاہتا تھا لیکن ریڑھ کی ہڈی کے ایک لشکارے نے یہ بات مجھے سمجھائی کہ اس وقت کہ ''من وگرز وافراسیاب'' کہنے کی سکت بھی مجھ میں نہیں رہی۔ افسانہ کے اس دماوند کو میں کیسے عبور کروں گا۔ چنانچہ دیباچہ کو ہی لبیک کہنے میں عافیت نظر آئی۔

شوکت حیات کو زبان اور بیان پر غیر معمولی عبور حاصل ہے۔ ان کے معمولی افسانوں میں بھی یہ حسن برقرار رہتا ہے۔ ان کی نثر بڑی ہموار ہے۔ ایک کے بعد دوسرا جملہ سمندر کی لہروں کی مانند سبک ساری سے آتا ہے۔ بہت سے لکھنے والوں کی زبان میں جو ہکلا پن ملتا ہے اس سے وہ صاف بچ گئے ہیں۔ ان کے یہاں پیچیدگی ہے لیکن الجھاؤ نہیں، اشارے، کنائے اور اجمال ہے جو اہمال سے بارہ پتھر دور رہتا ہے۔ چونکہ اُن کے زیادہ تر افسانے نفسیاتی اور سماجی مسائل سے تعلق رکھتے ہیں۔ اُن کا طریقۂ کار حقیقت نگاری ہے لیکن اُن کا تعلق چونکہ اس نسل سے بھی رہا جو علامات اور اسطوریات کی گرویدہ تھی، شوکت حیات نے اس نئے افسانہ کے اثرات قبول کئے ہیں۔ لیکن انہوں نے کسی ایک طریقۂ کار سے اپنی وابستگی پیدا نہیں کی کہ وہ پاؤں کی زنجیر بن جاتا۔ لیکن انہوں نے جو بھی طریقۂ کار اپنایا اس سے مکمل انصاف کیا۔ ان کا افسانہ ''گنبد کے کبوتر'' اردو کے چند بہترین افسانوں میں شمار ہونے لگا ہے۔ بلکہ شاہ کار کا درجہ حاصل کر چکا ہے۔

ظاہر ہے یہ افسانہ بابری مسجد کے انہدام پر ہے اور اس موضوع پر دوسرا اثر انگیز افسانہ جو میری نظروں سے گزرا ہے وہ سید محمد اشرف کا ''دوسرا بن باس'' ہے۔ گنبد جب تک تھا علامت تھا۔ ہماری تاریخ تہذیب اور مذہب کی۔ اب نہیں رہا تو ایسا روحانی خلا پیدا ہو چکا ہے جس کی ماہیت کا بھی ہمیں شعور نہیں۔ اس خلا میں اُن کبوتروں کے پروں کی پھڑ پھڑاہٹ کی آواز گونجتی ہے جو گنبد کے نہ ہونے سے بے سہارا ہو گئے ہیں۔ کبوتروں سے قطع نظر آدمی کا بے سہارا پن ایسے دور و دراز اندیشوں کو جنم دیتا ہے کہ وقت کے بہاؤ میں اس کی شکستہ کشتی کو کوئی کنارا مل سکے گا یا نہیں۔ یا پھر یہ ہولناک انجام کا آغاز ہے۔

واحد متکلم کے فلیٹ کے پہلو والے فلیٹ میں رہنے والے سین دادا، جو اسے لیکر مسٹر تھامسن کے یہاں جاتے ہیں جہاں شراب کا دور چلتا ہے اور مسٹر تھامسن کی نرادھار نوجوان ملازمہ مرد کے جنسی تشدد کا شکار ہے، یہاں زندگی کا ایک خاکہ بنا ہوا ہے جو جبلتوں کا تراشیدہ ہے۔ واحد متکلم نہ شراب پیتا ہے نہ اسے ان کی سطحی، چھچھوری زندگی میں کوئی دلچسپی ہے۔ سین دادا اور مسٹر تھامسن کے لئے وقت میں بہاؤ نہیں، ٹھہراؤ ہے۔ جمود ہے۔ اُن کے کائی لگے ٹھہرے پانی میں اور مظلوم ملازمہ کے ساتھ ان کے سلوک میں خارج کا کوئی بھی واقعہ ہلچل پیدا نہیں کرسکتا۔ ایک کبوتر باورچی خانہ میں گھس آتا ہے۔ وہ لہولہان ہے۔ پڑوس کے ایک شخص نے فالج زدہ بڑھیا کے ہاتھ پر کبوتر کا خون ملنے کے لئے اس پر چھری چلائی تھی لیکن کبوتر ہاتھوں کی گرفت سے نکل آیا۔ قدیم بوسیدہ مفلوج عقائد توہمات اور رسم ورواج کو اسی طرح تازہ جوانیوں کا لہو پلا پلا کر زندہ رکھا جاتا ہے۔ اس علاقہ میں ایک سانپ بھی نکل آتا ہے، جوان پھنکارتی زہریلی تقریروں کی یاد دلاتا ہے جو اڈوانی جی کی جاترا میں ایک ایک گاؤں کے مجمع کے سامنے کی گئیں۔

اس سانپ کا تعلق ان بچوں سے تھا جو اس کے ساتھ کھیل کر شاید اب واحد متکلم کے فلیٹ میں سو رہے تھے۔ کیچ دیم ینگ یا ان بچوں کو کم سنی ہی میں اپنے زیر اثر لے آؤ۔ یہ نعرہ آر ایس ایس کا بھی ہے او رطالبان کا بھی۔

واحد متکلم اندر سے ایک ہرا بھرا آدمی ہے۔ جمالیاتی شخصیت کا مالک۔ انسان دوست۔ درختوں، پودوں، پھولوں اور قسم قسم کی چڑیاؤں اور پرندوں سے محبت کرنے والا۔ اس نے اپنے فلیٹ کی بالکنی پر گملوں میں پھولوں کے پودے لگا رکھے ہیں اور پنجروں اور ڈربوں میں پرندے پال رکھے ہیں۔

جب واحد متکلم اپنے فلیٹ پر پہنچتا ہے تو دوسرے فلیٹوں کے بچّے اس کے فلیٹ میں گہری زہریلی نیند سو رہے ہوتے ہیں اور بالکنی میں تمام گملے اور ان کے پودے اور پھول ٹوٹے پڑے ہوئے ہیں اور خوبصورت پرندے یا تو زخمی ہیں یا اڑ گئے ہوتے ہیں۔

ہر فساد کے بعد یہی تو ہوتا ہے۔ لوگ اس طرح رہتے ہیں گویا کچھ ہوا ہی نہیں۔ پورا افسانہ حقیقت نگاری کے اسلوب میں لکھا گیا ہے۔ لیکن گلے تک علامت کے پانیوں میں ڈوبا ہوا ہے۔

شوکت حیات کے یہاں ایسے کتنے ہی افسانے ہیں جن کا حسن اور معنویت کو اجاگر کرنے کے لئے جزرس مطالعہ اور تجزیہ کی ضرورت ہے۔ قاری اساس تنقید کو شوکت حیات کے افسانے نکتہ رس مطالعہ کے لئے صلائے عام ہیں۔

لیکن جیسا کہ میں عرض کر چکا ہوں۔ شوکت حیات کے یہاں نئے تجربات اور اجتہادات میں

دلچسپی ہے لیکن پابستگی نہیں۔ اسی لئے اُن کے یہاں ایک ہی رنگ کے افسانے نہیں ملتے۔ اُن کے افسانوں میں موضوع اور طرزِ بیان کا کافی تنوع ہے۔

مثلاً اسی موضوع یعنی فرقہ وارانہ کشیدگی اور فسادات پر ایک افسانہ ہے جس کا عنوان ہے ''سانپوں سے نہ ڈرنے والا بچہ'' پورا افسانہ حقیقت پسند بیانیہ میں لکھا گیا ہے۔ علامت اور اسطور کا دور دور تک پتہ نہیں۔ افسانہ کا مرکزی کردار ہے عبدالمنان۔ جو ایک بہت ہی عسرت زدہ مزدور ہے جسے کارخانوں میں کام ملتا ہے اور نہیں بھی ملتا۔ یہ مزدور اس زمانہ کا ہے جب کہ دیس میں مزدور تحریک طاقتور تھی، اور عام مزدور بھی طبقاتی کشمکش، انقلاب، روس اور چین کی باتیں کرتے تھے۔ افسانہ میں رجنی پام دت کا ذکر بھی ہے جو عبدالمنان پڑھتا ہے۔ اس زمانہ میں مزدور مختلف علاقائی زبانوں میں ترجمہ شدہ رجنی پام دت کی کتاب پڑھا کرتے تھے۔ عبدالمنان کی بیوی بچے دوسرے شہر میں ہیں اور ان سے ملنے کے لئے عبدالمنان بے چین رہتا ہے۔ اس کا دوست اس کے لئے قرض پر پیسوں کا بندوبست کرتا رہتا ہے۔ عبدالمنان اپنے بچوں کے لئے کھلونے خریدتا ہے۔ بہنوں کے لئے شادی کی تیاری کرتا ہے۔ دوسرے روز وہ اپنے دوست کے ساتھ بوٹینیکل گارڈن میں گھومنے جاتا ہے۔ دونوں دوست خوب گھومتے ہیں اور اچھے اچھے کھانے کھاتے ہیں۔ باغ میں وہ اُن دنوں کو یاد کرنے لگا جب وہ اپنے بیوی بچوں کے ساتھ گھومنے آتا تھا۔ وہ یاد کرتا ہے کہ اس کا بچہ کیسے ہاتھی پر بیٹھا کرتا تھا۔ وہ ماضی کی یادوں کو حال کے آئینہ میں دیکھتا ہے اور اب یہ حال ایک ہی دن کے بعد مستقبل کی زندہ حقیقت بن جائے گا۔

شہر کی فضا میں کشیدگی ہے کیونکہ گنبد گر چکا ہے۔ باغ میں لوگ آہستہ آہستہ کم ہو رہے ہیں۔ دوست چاہتا ہے کہ عبدالمنان سفر کا ارادہ ترک کردے۔ لیکن عبدالمنان تو شوکت حیات کے ایک اور افسانہ ''تفتیش'' کے آفتاب خان کی مانند نہ صرف سیکولر مزاج کا ہے بلکہ ریڈیکل ہونے کے سبب بابری مسجد کے منہدم ہونے پر افسوس کرنے کی بجائے الٹا کہتا ہے کہ ماضی میں مسلمان حکمرانوں نے جو کچھ زیادتیاں کی تھیں۔ انہیں بھی یاد رکھنا چاہئے۔ باغ میں آنے والے لوگ ہراساں گھروں کو لوٹ رہے ہیں۔ اس کا دوست چاہتا ہے کہ وہ سفر کا ارادہ ملتوی کردے۔ عبدالمنان کے چہرے پر بھی خوف ہے۔ لیکن جیب میں ریل کا ٹکٹ اور خریدے ہوئے تحائف بھی ہیں۔ اس کا دوست اسے سٹیشن چھوڑنے جاتا ہے۔ اور ٹرین روانہ ہو جاتی ہے۔

شوکت حیات نے افسانہ کے آخری جملہ میں سعادت حسن منٹو ہی کی طرح غیر متوقع انجام کی کاری ضرب لگائی ہے۔ اور یہ جملہ بھی ایک ہولناک حقیقت کا استعارہ ہے۔ جملہ یہ ہے:

''اور ٹرین اس علاقہ کی طرف روانہ ہو جاتی ہے۔ جہاں انسانی اجسام پھول گوبھیوں میں تبدیل ہو چکے ہیں''

افسانہ کے غیر متوقع انجام کے متعلق جان اپڈائک (John Updike) نے لکھا ہے کہ وہ پیر کے تلئے کا بہت بڑا Enlarge کیا ہوا فوٹو کی مانند ہونا چاہئے۔

دیباچہ میں اتنی گنجائش نہیں کہ شوکت حیات کے تمام اچھے افسانوں کی فنکارانہ پیچیدگیوں کواجاگر کیا جائے۔لیکن یہ حقیقت ہے کہ شوکت حیات کے اچھے افسانے کرداروں کی انفرادیت ،فضا بندی اور پلاٹ کی نہایت نازک پیچیدگیوں کے حامل ہیں۔

خاطر نشان رہے کہ شوکت حیات کے یہاں صاف ستھرے سیدھے سادے افسانے بھی ملتے ہیں۔مثلاً ''بلی کا بچہ'' پورا افسانہ سہل ممتنع ہے (پتہ نہیں شاعری کے صیغہ کی یہ اصطلاح افسانوں کے تذکرے میں کتنی موزوں اور مناسب ہے)۔لیکن یہ افسانہ دل کو چھوتا ہے خصوصاً اس کا انجام۔شوکت حیات کے یہاں سادگی ہے لیکن پیش پا افتادگی نہیں۔فنکارانہ دروبست ان کے ایسے افسانوں میں بھی ملتا ہے جو مجھ جیسے پڑھنے والوں کے لئے بظاہر تو دلچسپ لیکن بہ باطن کمزور ہوتے ہیں۔مثلاً ان کا افسانہ ''مادھو'' جو پریم چند کے افسانے کفن کی پیروڈی ہے۔ایک اچھی پیروڈی کفن پر شفق نے لکھی ہے۔پیروڈی اور بین المتونیت ما بعد جدیدیت کی لائی ہوئی اصطلاحیں ہیں۔مادھو مجھے اس لئے پسند نہیں کہ شروع میں جنسی تلذذ سے کام لیا ہے اور آخر میں فلمی انداز کا تھرل ہے جب مادھو جاگیر دار کے خوں خوار کتے کے ساتھ رضائی لے کر لڑتا ہے اور دس ہزار کا انعام جیت جاتا ہے۔بہت سے نقاد فیشن پرستی کا شکار ہوکر ایسے افسانوں کی تعریف کرتے ہیں اور سمجھتے ہیں پیروڈی یا بین المتونیت کے جلالی الفاظ برقانی بچہ کو بھی گل گودنا بنا دیں گے۔

◄◄ ● ►►

• فاروق ارگلی

شوکت حیات کا فن

ہمارے عہد کے بلند مرتبہ افسانہ نگار شوکت حیات کی فنی اور تخلیقی حیثیت واہمیت پر بات شروع کرنا ہو تو وارث علوی مرحوم سے بہتر تمہید ممکن نہیں کہ " مئے خانۂ ادب میں ترقی پسند تحریک ساغر کا وہ دور تھا کہ نکلے جو میکدے سے تو دُنیا بدل گئی۔ اس تحریک کے ساتھ تاریخ ادب میں ادوار، ابواب ختم ہوئے۔ شاعر و ادیب دہائی کی رضائیوں سے برآمد ہونے لگے۔ شوکت حیات کا نام ستر کی دہائی میں نمایاں ہوا جو جدیدیت کی لائی ہوئی علامت پسندی، تجریدیت اور اسطور پسندی کے اَدھ کچرے تصورات سے کھدبدا رہی تھی، نئے لکھنے والوں کی سمجھ میں نہیں آ رہا تھا کہ ان تصورات کے تحت کس طرح کے افسانے لکھیں، ان باریکیوں کا علم ان نقادوں کو بھی نہیں تھا جو ڈھول تو ان تصورات کا پیٹ رہے تھے لیکن کام کلاسیکی ادب پر، میؔر کے اشعار پر، داستانوں پر اور لسانیات پر کر رہے تھے۔ بہر حال نظریاتی کنفیوژن کے باوجود اس دہائی سے چند افسانہ نگار ایسے نکلے جنھوں نے علامتی، تجریدی اور اسطوری افسانوں کی اچھی مثالیں قائم کیں، بہت سے تھے جو ٹیگوریت، خلیل جبرانیت اور ادبِ لطیف کے دلدل میں ایسے پھنسے کہ کسی نے ان کا سراغ پانے کی بھی سعی نہ کی۔ انھیں گمراہ کیا، اس تصور نے کہ افسانہ تو تھرڈ کلاس صنفِ سخن ہے اور شاعری اُمّ الفنون ہے۔ یہی وجہ ہے کہ انھوں نے افسانہ نگاروں سے اغماض برتا اور ان شعراء پر لکھتے رہے جو ان کی تنقیدوں میں زندہ ہیں۔ شوکت حیات ان جیالے لوگوں میں سے ہیں جو نہ تو کسی نقاد کی توجہ کی پرواہ کرتے ہیں نہ دوسروں کی بخشی ہوئی بیساکھیوں پر راہِ ادب طے کرتے ہیں۔ وہ خود اپنا راستہ بناتے ہیں اور اپنے اظہار و بیان کے طریقے بھی خود ہی ایجاد کرتے ہیں۔"

وارث علوی صاحب نے یہ باتیں شوکت حیات کے افسانوی مجموعے 'گنبد کے کبوتر' کے پیش لفظ میں کہی تھیں، لیکن اس کتاب کے سرورق کی پشت پر ناشر کی طرف سے جو نوٹ درج ہے وہ بھی اس قدر حقیقت پسندانہ اور دانشورانہ ہے کہ چاہے یہ کسی نے بھی لکھا ہو لیکن شوکت حیات کو پڑھنے والے ہر باشعور قاری کو ایسا ہی محسوس ہوتا ہے جیسے یہ خود اس کے دل کی آواز ہو:

"١٩٧٠ء کے بعد کے اس اہم ترین اور ذہین افسانہ نگار شوکت حیات جنھوں نے روایت پسندی سے گریز کیا، ترقی پسندی کی خارجیت پسندی اور جدیدیت کی داخلیت پسندی کے اکہرے پن اور انتہاؤں سے

برأت کرتے ہوئے فرد کو اس کے سماجی و ثقافتی پس منظر اور سچویشن کے حصار کی بندشیں جھیلتے ہوئے مکمّلیت میں دریافت کرنے کی سعی کی ہے۔ شوکت حیات کے افسانے عصر حاضر کے ایسے افسانوں کی داغ بیل ڈالتے ہیں جو بیک وقت عصری اور آفاقی افسانوں کے آمیزے اور اختصاص و انفراد سے مملو ہیں۔ وقت، سماج، روایت، سیاست، نفسیات، ثقافت اور فکر کی جکڑ بندیوں کو جھیلتے ہوئے افسانوں کی تصویر کشی جس دردمندی کے ساتھ شوکت حیات کے یہاں ملتی ہے، وہ دوسروں کے یہاں نہیں، عصری و آفاقی انسان کی بیچارگی، زندگی کی بے ثباتی اور ناکارگیِ ہستی موضوعات ان کے افسانوں میں نئی آب و تاب کے ساتھ جلوہ گر ہوئے ہیں جنھیں سن کر رونگٹے کھڑے ہو جاتے ہیں۔ ۱۹۷۰ء کے بعد اس اہم افسانہ نگار شوکت حیات نے ۱۹۸۰ء۱۹۹۰ء اور نئی صدی میں بھی تازہ کاری اور روانی کے ساتھ اس طرح نئے رنگ و روغن اور نئے خط و خیال میں اپنے افسانے پیش کیے جنھیں پڑھ کر، ان کی دہائیوں کے حصار سے اُٹھ کر اپنی حیثیت و اہمیت دو چند کرانے کا احساس ملتا ہے۔ اسی لیے وہ اپنے افسانوں کو انام، نامیاتی اور جدلیاتی، حرکی، امکانی و فکری افسانے کہتے ہیں۔"

اس میں شک نہیں کہ پریم چند سے شروع ہونے والی مختلف فنی روش و روایات اور محرکات و تحریکات سے خاصے الگ، واحد، منفرد اور اوریجنل افسانہ نگار ہیں جن کا فنی اسلوب فرقہ واریت، طبقہ واریت، بالادستی اور جبر و استحصال کے بدترین سماجی نظام کے استیصال اور دردمند فنکار اور انقلابی مفکر اور مدبر کی صورت میں وہ ایسے ترقی پسند ہیں جو بائیں بازو کے نظریات میں یقین رکھتا ہو، لیکن ان کے یہاں اشتراکیت کی نعرہ بازی اور مبارزت کا شعور و شغب نہیں جس سے ترقی پسندی عبارت ہے۔ فراریت، زخم خوردگی اور شکستگی کا نوحہ و ماتم بھی نہیں، روح و ضمیر کی گہرائیوں میں اُتر جانے والا احتجاج، جہد و عمل کا خاموش پیغام اور صورتِ حال کے گھنے اندھیروں میں نئے اُجالوں کی بشارت ہے۔ شوکت حیات کے افسانوں میں اشاریت، رمزیت، ایمائیت اور علامت آرائی ضرور ہے۔ تشبیہات و استعارات کی نادرہ کاری بھی ہے لیکن شبخونی تجریدیت کی وہ طلسم سازی نہیں جہاں کہانی غائب ہو جاتی ہے اور ناقابلِ فہم انشاپردازی افسانہ کہلاتی ہے۔ شوکت حیات اُردو افسانے کے عصری منظرنامے پر کسی اتباع و تقلید کے بغیر اپنے نجی رنگ و آہنگ کے ساتھ نظر آئے۔ بقول پروفیسر گوپی چند نارنگ: "شوکت حیات ہمارے ان افسانہ نگاروں میں ہیں جو تخلیق کار کی حیثیت سے اپنی ذمہ داریوں کو سمجھتے ہیں، وہ اپنے افسانوں میں ادبیت اور سماجی احساس و شعور دونوں پر اصرار کرتے ہیں، وہ اس نسل سے تعلق رکھتے ہیں جس نے طے شدہ نتائج اور سیاہ و سفید میں بنے ہوئے افسانہ کی روایت سے گریز کرتے ہوئے سچائی کی تلاش اپنے طور پر جاری رکھی اور نئی کہانی کا رشتہ سماجی حقیقتوں سے جوڑا۔"

شوکت حیات سائنس کے طالب علم ہیں، انسانی نفسیات ان کا پسندیدہ موضوع ہے، انھوں نے

انسانی زندگی اور سماج کا سائنٹفک تجربہ کیا ہے اور اپنے گرد وپیش وقوع پذیر ہونے والے واقعات اور کرداروں کی نفسیاتی تحلیل کے ساتھ گونا گوں موضوعات پر زندہ اور متحرک افسانے تخلیق کیے۔ موضوعات وہی ہیں جو ہندستانی سماجی نظام میں نت نئی صورتوں میں سامنے آتے رہتے ہیں، ان پر مسلسل لکھا بھی جاتا رہا ہے لیکن یہ اس ذہین فنکار کا کمال ہے کہ اندازِ بیان، ٹریٹمنٹ اور مخصوص زاویۂ نظر ہی اس موضوع میں نئی زندگی اور تازگی کا احساس کراتے ہیں۔ مثال کے طور پر فرقہ واریت اور عصبیت خاص طور پر تقسیم ملک کے بعد ایک مخصوص بالادست اور فسطائی ذہنیت کے عروج اور کمزور اقلیتی طبقے کی زبوں حالی اس عہد کا بڑا، بلکہ سب سے بڑا موضوع ہے۔ آزادی کے بعد اس موضوع پر بلا مبالغہ لاتعداد افسانے اور ناول لکھے جا چکے ہیں۔ شوکت حیات نے بھی ایک کمزور اور مظلوم طبقہ کا فرد ہونے کے ناطے حالات کی سنگین اور اپنی نظروں کے سامنے پامال ہوتی انسانی قدروں کو دیکھا اور اس بے پناہ کرب و اذیت کو محسوس کیا ہے جو ایک پوری قوم کی تقدیر بن چکا ہے۔ لیکن فرقہ واریت یا فسادات پر ایک صاحبِ ضمیر کشادہ ذہن کتھا کار کے روپ میں شوکت حیات کے افسانے قتل وغارت گری کے ہولناک واقعات کی رپورٹنگ یا رننگ کمنٹری نہیں ہیں بلکہ ایسی مؤثر تخلیق کی صورت میں سامنے آتی ہے جس میں احتجاج وطنز بھی ہے اور غم و بیزاری کا اظہار بھی۔ وہ کسی کا نام نہیں لیتے، کسی کے خلاف زہر افشانی نہیں کرتے، بادی النظر میں کوئی اور کہانی بیان کر رہے ہوتے ہیں اور قاری افسانے کے بین السطور اور مافی الضمیر کے بارے میں سوچنے پر مجبور ہو جاتا ہے اور جیوں جیوں سوچتا ہے تخلیق کا تاثر ذہن وشعور پر گہرا تا جاتا ہے۔ اس ضمن میں ان کے کئی افسانے ہیں جنھیں اُردو ادب ہی نہیں ہندوستانی بلکہ مشرقی ادب میں اضافہ قرار دیا جاسکتا ہے۔ ایسے ہی ناقابلِ فراموش افسانوں میں ایک ہے 'بھائی'۔ یہ ہندوستان میں پیدا ہونے اور زندگی کرنے والے ان دو طبقوں کی کہانی ہے جنھیں گندی عصبیت اور زہریلی سیاستوں نے ایک دوسرے کو ناقابلِ اعتبار سمجھتے ہوئے خوفزدہ رہنے پر مجبور کر دیا ہے۔ یہ چھوٹی سی کہانی ہے جس میں ایک مسلمان فسادات کے دنوں میں بری طرح خوفزدہ ہو کر ایک ٹیمپو میں سفر کر رہا ہے۔ اسے دوسرے مسافر سے جان کا خطرہ محسوس ہوتا ہے، وہ جیب سے سگریٹ بھی نکالتا ہے تو مسلمان ڈر جاتا ہے کہ اب وہ بظاہر دوسری قوم کا دکھائی دینے والا شخص ریوالور نکال کر اسے گولی مار دے گا۔ ہم سفر اسے سگریٹ پیش کرتا ہے تو وہ اس ڈر سے انکار کر دیتا ہے کہ کہیں اس میں زہر نہ ہو اور وہ مر جائے۔ پھر وہ لمحہ بھی آجاتا ہے جب ایک موڑ پر فسادی گروہ ٹیمپو روک کر مسافروں سے کپڑے اُتار کر اپنے مذہب کا ثبوت دینے پر مجبور کرتا ہے، تبھی وہ غیر مسلم شخص ریوالور نکال کر فسادیوں کو بھگا دیتا ہے۔ جب وہ مسلمان اس کا شکریہ ادا کرتا ہے تو ریوالور والے شخص کا یہ کہنا کہ "میں نے تو بھائی کا فرض ادا کیا ہے" لیکن پھر اس کا یہ کہنا "اب تو پئیں گے سگریٹ آپ؟" یہ چھوٹی سی کہانی صدیوں پرانے ملے جلے تکثیری معاشرے

کے زندہ ہونے کی علامت ہے۔

ہمارے فساداتی ادب کا ایک اور افسانوی شاہکار 'تفتیش' شوکت حیات کا بے نظیر کارنامہ ہے، یہ نفرتوں میں گھری سیاست کے طوفانوں میں اس ملک کے سوا سو کروڑ باسیوں کی کہانی ہے۔ آفتاب صاحب ایک روشن خیال اور اپنے وطن کی سیکولر اقدار پر راسخ العقیدہ، لیکن انھیں نفرتوں کے موسم میں اپنا گھر اور محلّہ چھوڑنا پڑتا ہے جہاں دوسروں کی اکثریت تھی، لیکن وہ بددل اور مایوس نہیں ہوتے، ان سے سوال ہوتا ہے: ''آفتاب بھائی، پچھلی بات جو طوفان آیا تھا اس نے اچھے اچھوں کے پیر اُکھاڑ دیئے، بستیاں اُجاڑ دیں، یہاں تک کہ آپ جیسے جانباز اور ثابت قدم انسان کو ہی وہ دیار چھوڑنا پڑا، کیا آپ اب بھی اپنے پرانے اسٹینڈ پر قائم ہیں کہ ہمیں یہیں رہنا ہے اور مل جل کر رہنا ہے؟''

''ہاں صاحب! میں آج بھی اپنے پرانے اسٹینڈ پر قائم ہوں، ہمیں یہیں مل جل کر رہنا ہے۔ ساجھے کی سنسکرتی کی ڈور تھامے رہنا ہے اور ہم جائیں گے بھی کہاں، بنگلہ دیش بننے کے بعد جینا مرنا سب یہیں ہے۔ پیٹرو ڈالر ہمارے مسئلے کا مستقل حل نہیں، مل جل کر رہنے اور شیر وشکر بن کر رہنے میں ہی سب کی عافیت ہے، خود ان کی نجات بھی ہمارے وجود کو مان کر چلنے میں ہی ہے۔''

آفتاب صاحب کہتے ہیں: ''برے لوگوں کے ساتھ اچھے لوگ بھی ہیں جو مدد کرتے ہیں، مرنے والوں کے ساتھ سارے لوگ نہیں مرجاتے ہیں اور زندگی ہر حال میں اپنے آپ کو نارمل بنالینے کی قوت سے مملو ہے۔''

آفتاب صاحب ایک سوال کرتے ہیں جس میں خوفزدہ اور مایوس ہونے کے بجائے استقامت اور عزیمت کا پیغام دیتے ہیں ''لیکن یہ اچھے لوگ برے لوگوں کے سامنے ڈٹتے کیوں نہیں، فرار کا راستہ اختیار کرنے کے بجائے سامنا کیوں نہیں کرتے۔ حقیقت یہ ہے کہ برے لوگ شخص مٹھی بھر ہیں لیکن زیادہ تر اچھے لوگ مل کر مزاحمت کریں تو کہیں کسی طوفان کے ٹکنے کی امید ہی نہیں، برے لوگوں کے پہلے کے مقابلے میں زیادہ منظّم ہونے کے تناظر کا خیال رکھتے ہوئے میں یہ بھی کہوں گا کہ ہمیں اینٹ کا جواب پتھر سے دینے کی جانبازی بھی بنائے رکھنی چاہیے اور پھول بانٹنے کی ہمارے سنت صوفیوں کی روایت بھی اپنی جگہ پوری تابندگی سے قائم رہے۔''

تقسیم کا عذاب برصغیر کی تمام قوموں نے بھگتا ہے۔ اس تاریخی المیے پر بہترین کہانیاں لکھی گئی ہیں جن میں شوکت حیات کی 'کوا' بھی اپنی مثال آپ ہے۔ ایک نوجوان اپنا گھر، ماں باپ چھوڑ کر سرحد پار کے ملک چلا گیا تھا، لیکن اپنے گھر اور اپنے ماں باپ سے جدا رہنا برداشت نہ ہوا تو بہ ہزار دشواری سرحد عبور کر کے اپنے وطن واپس آجاتا ہے اور جب اپنے گھر کے دروازے پر دستک دیتا ہے تو ایک اجنبی شخص برآمد ہوتا ہے اور اسے بتاتا ہے کہ اس کے باپ یہاں کے حالات سے عاجز آچکے تھے اور سب کچھ اونے پونے بیچ کر سرحد

پار چلے گئے۔ چھوٹی سی کہانی کی ایسی علامت ہے جو براہِ راست ذہن کو جھنجھوڑتی ہوئی محسوس ہوتی ہے۔

'سانپوں سے نہ ڈرنے والا بچہ' بھی شوکت حیات کی ایک کی بے نظیر تخلیق ہے۔ عبدالمنان پردیس کے شہر میں ہے، شہر میں کشیدگی ہے، وہ اپنے دفتر سے چھٹی اور قرض لے کر وطن جانے کے لیے بے قرار ہے۔ اسے اپنا بچہ بہت یاد آتا ہے جو سانپوں سے نہیں ڈرتا جبکہ وہ خود بہت ڈرتا ہے۔ وہ اپنے ہندو دوست کو بتاتا ہے کہ ''تعجب ہے کہ میرے بچے سانپوں سے نہیں ڈرتے، شاید ہمارے عہد کی پیڑھی سانپوں سے نہیں ڈرتی، ہم ہی ہیں جو سانپوں سے خوف کھاتے ہیں۔'' عبدالمنان فسادات کے نازک حالات میں اپنے وطن روانہ ہوجاتا ہے۔ اس کا دوست کہانی کا راوی ہے۔ اس کے بعد وہ نہیں لوٹا۔ وہ جس جس علاقے میں گیا وہاں انسانی اجسام پھول گوبھیوں میں تبدیل ہوگئے تھے۔ مجھے یقین ہے کہ اس کا سانپوں سے نہ ڈرنے والا بچہ ضرور زندہ بچ گیا ہوگا۔ ایک مخصوص خواب مجھے پریشان کرنے لگا، چاروں طرف اُونچے اُونچے اسکائی اسکریپر آسمان سے باتیں کررہے ہیں، چشم زدن میں ان کے درمیان ایک بچہ نمودار ہوتا ہے، دیکھتے ہی دیکھتے وہ جوان ہوتا ہے اور مجھے ہاتھ ہلاتے ہوئے کہتا ہے ''ہیلو انکل وی مسٹ بی ہیئر اِن انڈیا۔'' اس کے ہاتھوں میں ہتھیار ہے، دور کہیں سے دھماکوں کے درمیان اُونچی اُونچی بلڈنگوں کے زمین دوز ہونے کی آوازیں آرہی ہیں، میں اس کے چہرے پر غور کرتا ہوں، اس کے چہرے کے نقوش میں عبدالمنان کی نمایاں جھلک ہے۔ وہی سانپوں سے نہ ڈرنے والا بچہ، میں امن پسند اور روشن خیال شہری ہوں، اس بچے سے مجھے ڈر لگنے لگا ہے۔''

ہندوستان کی مسلم اقلیت آزادی کے بعد سے اب تک جانے کتنے المیوں کی شکار ہوئی ہے، تازہ ترین سب سے بڑا گھاؤ بابری مسجد کی شہادت ہے۔ اس سانحۂ عظیم پر 'گنبد کے کبوتر' جیسا علامتی فلسفیانہ افسانہ لکھ کر شوکت حیات نے اُردو افسانہ نگاروں کی اب تک کی سب سے اگلی صف میں وہ مقام حاصل کرلیا ہے جو ہمعصروں میں کسی اور کو نصیب نہیں ہوا۔ کہن سال مسجد کے گنبد پر بسیرا کرنے والے کبوتر مسجد کی شہادت کے بعد اپنے آشیانوں کو لوٹتے ہیں تو وہاں سب کچھ مٹ چکا ہوتا ہے۔ آشیانے سے محروم کبوتروں پر کیا گزری؟ بقول وہاب اشرفی: ''سوچنے کی بات ہے، کبوتروں کی جگہ مسلمانوں کو یکجا کیجیے تو افسانے کی نہج اور اثر پذیری از خود نمایاں ہوجاتی ہے۔ ٹریٹمنٹ اور بیانیہ کہانی کو ادبِ عالیہ بنا دینے کے لیے کافی ہے، یہ افسانہ شوکت حیات کی پہچان بن چکا ہے۔

انسانی معاشرے کی ناہمواریوں، ستم ظریفیوں اور تلخ ترین حقیقتوں پر شوکت حیات کے بعض افسانے ناقابلِ فراموش اور اپنی نظیر آپ ہیں۔ مثال کے طور پر 'کوبڑ' جو دو بھائیوں کی کہانی ہے، ایک بھائی کسی طرح غیر ملک چلا جاتا ہے اور دولت مند بن جاتا ہے۔ اسے اپنے وطن کی ہر چیز بیک ورڈ لگتی ہے،

غریب بھائی اپنے گھر پر ہی محنت مشقت کر کے گھر بار چلاتا ہے۔ امیر بھائی کسی کام سے دہلی آتا ہے، اس نے اطلاع دی تھی کہ فرصت نہ ملنے کی وجہ سے گھر (یعنی بہار میں واقع ایک گاؤں) نہیں آسکے گا، فلاں تاریخ کو اس کی فلائٹ ہے۔ ممتا کی ماری ماں بیٹے کو کچھ روپے دے کر دہلی جانے کو کہتی ہے تا کہ وہ اسے دیکھ سکے اور ہوائی اڈّے سے رخصت کر سکے۔ غریب بھائی بڑی مشکل سے دہلی پہنچتا ہے لیکن یہاں اس کی جیب کٹ جاتی ہے، بھائی سے ملاقات ہوتی ہے۔ خودداری کی وجہ سے بھائی سے یہ نہیں کہہ پاتا کہ اس کے پاس واپسی کا کرایہ بھی نہیں ہے۔ فلائٹ شام کو ہے، بھائی شام تک اپنے غیر ملکی دوستوں وغیرہ کے لیے ہزاروں روپے کے تحائف خریدتا ہے لیکن بھائی کی حالت سے بے خبر ہے۔ رخصت ہوتے وقت گلے ملتا ہے تو اس کا ہاتھ غریب بھائی کی پشت پر اُبھرے ہوئے کوبڑ پر پڑتا ہے، تو وہ حیرانی ظاہر کرتا ہے۔ ہوائی جہاز پرواز کر جاتا ہے اور غریب بھائی سوچتا رہتا ہے کہ اب وہ وطن کیسے جائے گا۔ یہ کوبڑ مفلسی اور تمول کے فرق کی علامت ہے جسے شوکت حیات کی اشتراکی فکر اور فنکارانہ تخلیقیت نے بڑی سنگین علامت بنا دیا ہے۔

شوکت حیات نے اب تک ایک سو سے زیادہ افسانے تخلیق کیے ہیں جو ملک و بیرونِ ملک کے مؤقر جرائد میں شائع ہو کر قبولِ عام کی سند پا چکے ہیں۔ راقم الحروف اُردو کا ایک ادنیٰ سا طالب علم ہے، اس حوالے سے اس کی ایک چھوٹی سی رائے بھی ہے کہ شوکت حیات کی چند ایک کو چھوڑ کر ہر تخلیق ان کی فکری و فنی خصوصیات سے آراستہ ہے۔ اس کی وجہ یہ بھی ہے کہ شوکت نے اب تک جو بھی لکھا پوری ذمہ داری سے اور چھان پھٹک کر اپنے اسلوب، معیار اور تخصص کو برقرار رکھنے کی کوشش کے ساتھ لکھا ہے اور اپنے اس مرتبے پر حرف نہیں آنے دیا جو ادبی سفر کے آغاز سے انھیں حاصل ہو چکا تھا۔ شوکت حیات نے انسانی زندگی کے تمام اہم گوشوں میں جھانکا ہے۔ عشق و محبت اور عورت و مرد کے جسمانی رشتوں کے حوالے سے بھی ان کے یہاں دلوں کو چھو لینے والی کہانیاں موجود ہیں۔ شاعری ہو یا افسانہ، حسن و عشق کی حکایاتِ لذیذ و دلپذیر کے بغیر ادھورے ہیں۔ اس ضمن میں شوکت حیات نے 'رانی باغ' لکھ کر ثابت کیا ہے کہ وہ انسانی زندگی کے اس پہلو پر بھی ایسی تخلیق پیش کر سکتے ہیں جو اپنی قسم کی انوکھی اور نرالی ہو۔ امر پریم کتھاؤں میں واقعی انوکھی اور منفرد یہ کہانی جوانی میں قدم رکھتے ہوئے ایک مسلمان لڑکے اور غیر قوم کی الھڑ لڑکی کے امر پریم کی ہے۔ کھیل کھیل میں لڑکا رحمت اس آزاد باغ کی جھاڑیوں میں فرطِ جذبات سے عملی اظہارِ محبت کر بیٹھتا ہے۔ رانی گھبرا کر بھاگ جاتی ہے، جاتے وقت رانی کی اوڑھنی جھاڑی میں اُلجھ کر پھٹ جاتی ہے، کپڑے کا ایک ٹکڑا جھاڑی میں اٹکا رہ جاتا ہے، جو رحمت کے لیے اس پہلی محبت کی یادگار بن جاتا ہے جسے وہ اعلیٰ تعلیم حاصل کرنے اور امریکہ میں ملازمت حاصل کرنے، شادی اور بچے ہو جانے سے لے کر بوڑھا ہو جانے تک سینے سے لگائے رکھتا

ہے، اس نے ازدواجی زندگی گزاری مگر رانی کے خیال سے ایک لمحہ بھی جدا نہیں ہو سکا۔ یہاں تک کہ بیوی دُنیا سے رخصت ہوگئی، وہ بوڑھا ہو کر رٹائر ہوگیا، بیٹے باروزگار ہوگئے، پھر اسے بیماری لاحق ہوگئی، ڈاکٹروں نے بتادیا کہ وہ سال دو سال ہی زندہ رہ سکے گا۔ وہ بیٹوں سے ضد کرتا ہے کہ وہ اپنی مٹی میں دفن ہونا چاہتا ہے اس لیے وہ اب ہندوستان اپنے وطن جانا چاہتا ہے۔ بیٹے امریکی معاشرے میں پیدا ہوئے ہیں، انھیں یہ پریشانی ہوتی ہے کہ باپ کو ہندوستان پہنچانے جانے میں ان کا کتنا نقصان ہو جائے گا۔ یہ مشکل ایک دور کے رشتہ دار کی وطن روانگی سے حاصل ہو جاتی ہے۔ رحمت اپنے وطن پہنچ جاتا ہے جہاں اسے رانی مل جاتی ہے۔ وہ بتاتی ہے کہ رحمت آج تک اس کے دل میں بسا ہوا ہے۔ اس سے نزدیکی کا وہ لمحہ وہ کبھی نہیں بھول سکی۔ اس کی شادی بھی ہوگئی تھی، مگر وہ شوہر کو مطمئن نہیں کر سکی، رحمت سے اس کے تعلق کی بات راز نہیں رہی، اسے اس نام کے ساتھ ہزاروں اذیتیں اور بدنامیاں سہنی پڑیں، شوہر سے الگ ہو کر اپنے بوڑھے ماں باپ کے گھر رہ رہی تھی، دونوں محبت میں سرشار ہو کر آزاد باغ میں بیٹھ کر خوب باتیں کرتے ہیں، ہنستے ہیں، گھومتے پھرتے ہیں، رانی کے گھر والوں کو اب اس میں کوئی اعتراض نہیں ہوتا۔ وہ خوش ہیں کہ ان کی بیٹی کی گویائی واپس آ گئی ہے۔ رحمت کی حالت دن بہ دن اچھی ہونے لگتی ہے۔ امریکی ڈاکٹروں کی رائے غلط ثابت ہونے لگی۔ محبت کی مسیحائی نے اسے نئی زندگی عطا کر دی تھی۔ بوڑھا رحمت اپنا پیار پا کر دُنیا سے بے نیاز ہوگیا۔ گاؤں میں ایک رشتہ دار کے یہاں امریکہ سے فون آتا ہے۔ رحمت کے بیٹے نے باپ کی خیریت معلوم کی تھی، دونوں بھائی باپ کی صحت کی طرف سے پریشان تھے، رشتہ دار نے بتایا ''تم دونوں خواہ مخواہ پریشان رہتے ہو، تمھارے ابو یہاں بڑے مزے میں ہیں، رانی کے ساتھ روزانہ چہل قدمی کے لیے نکلتے ہیں، وہی رانی، اچھا چھوڑو تم نہیں جانتے ہوگے۔ اس وقت تم لوگ پیدا بھی نہیں ہوئے تھے۔ اس باغ میں جہاں اچھے اچھے سورما بھی جانے کی ہمت نہیں کرتے، وہ اور تمھارے ابو بچپن کو دریافت کرنے کے سفر میں گامزن ہیں۔''

''ڈاکٹر نے کہا تھا کہ انھیں آرام کی ضرورت ہے، دو سال سے زیادہ......'' بیٹے نے مداخلت کرتے ہوئے کہا۔

''ڈاکٹر کی بات چھوڑو۔ ابھی اللہ کے فضل سے ہٹے کٹے ہوگئے ہیں۔ ان کی جوانی لوٹ آئی ہے۔ ابھی بہت دن زندہ رہیں گے۔''

شوکت حیات کے یہاں زندگی اپنے تمام رنگوں میں جلوہ گر ہے، ان کی تخلیقات میں گھونسلا، میت، اپنا گوشت، مرشد، پاؤں، ڈھلان پر رُکے ہوئے قدم، مسٹر گلیڈ، سرخ اپارٹمنٹ، شکنجہ، بانگ، بلی کا بچہ، فرشتے، چیخیں، سکوت، گھڑیال وغیرہ اُردو کے بہترین افسانوں میں شمار کیے جاتے ہیں۔

پریم چند کی لافانی تخلیق 'کفن' کو بین الاقوامی ادب پارہ ہونے کی حیثیت حاصل ہے۔ 'کفن' ہندوستانی سماج کے ایک طبقے کی پسماندگی اور ذلت آمیز زندگی کی دل دہلا دینے والی کہانی ہے۔ مادھو اور اس کا باپ گھیسو طبقہ وارانہ نظام کے عبرتناک اور شرمناک نمائندے ہیں۔ مادھو کی بیوی جھونپڑی میں دردِ زہ سے تڑپ رہی ہے اور دونوں باپ بیٹے عورت کی خبر لینے کے لیے نہیں اُٹھتے کیونکہ وہ کسی کے کھیت سے چرا کر لائے ہوئے آلو الاؤ میں بھون کر کھا رہے تھے۔ ان میں سے کوئی وہاں سے اس لیے نہیں اُٹھتا کہ دوسرا زیادہ آلو نہ کھا جائے۔ عورت بدھیا مرجاتی ہے۔ وہ دونوں باپ بیٹے تو قلاش ہیں، گاؤں والے چندہ کر کے پیسے دیتے ہیں، دونوں کفن لانے کے لیے شہر جاتے ہیں اور کفن خریدنے کے بجائے ان کی ترسی ہوئی روحیں پوری مٹھائی اور شراب میں گم ہو جاتی ہیں۔ دونوں نشے میں بدمست ہو کر ہوش کھو دیتے ہیں۔ پریم چند کا یہ افسانہ یہاں ختم ہو جاتا ہے اور سماج کے اس ہولناک المیے کی کسک چھوڑ جاتا ہے۔ اس سے آگے کیا ہو سکتا ہے، اُردو یا ہندی کے بڑے سے بڑے افسانہ نگار نے سوچا بھی نہیں ہوگا، یہاں شوکت حیات کی تخلیقی بصیرت اپنے کمال کا مظاہرہ کرتی ہے۔ ایک انقلابی، تعمیری سوچ 'کفن' کی توسیع کرتی ہے اور 'مادھو' جیسا شاہکار وجود میں آجاتا ہے۔

پریم چند کا کردار مادھو ہوش میں آنے کے بعد بے منزل کا مسافر ہے۔ اس کے آگے پیچھے مایوسی، شرم اور ذلت کا اندھیرا ہی اندھیرا ہے۔ اس کے ذہن میں زمیندار کا وہ خونخوار السیشین کتا بھونکنے لگتا ہے، مادھو کو اس کتے سے بیحد نفرت تھی، گاؤں کے زمیندار نے اس دن اعلان کیا کہ اس کے کتے سے مقابلہ کرنے والے کو دس ہزار روپے انعام دے گا۔ مقابلہ کرنے والے کو یہ لکھ کر دینا ہوگا کہ اگر وہ کتے سے لڑتے ہوئے مارا جائے تو اپنی موت کا وہ خود ذمہ دار ہوگا۔ کوئی انسان اس خوفناک کتے کا مقابلہ کرنے کی جرأت نہیں کرتا۔ مادھو زمیندار کا یہ چیلنج قبول کر لیتا ہے، لکھا پڑھی کے بعد مقابلہ ہوتا ہے، مادھو کتے کو مار ڈالتا ہے۔ لوگ اس کی جیت پر نعرے لگا رہے ہیں، اس کے کانوں میں بہت سے کتوں کے بھونکنے کی آوازیں آرہی ہیں، وہ حقارت سے ہجوم کی طرف دیکھتے ہوئے جنگل کی طرف کوچ کر گیا۔ وہاب اشرفی کے لفظوں میں: ''پریم چند شاید اس وقت یہ نہیں سوچ سکتے تھے کہ یہ دبے کچلے کردار استحصال کرنے والوں سے لڑ بھی سکتے ہیں۔ شوکت حیات نے ایک طرف استحصال کی کیفیت واضح کی ہے، تو دوسری طرف اس کا بھی احساس دلایا ہے کہ آج کا مادھو جبر اور نابرابری کے خلاف مسلسل ٹکراتے ہوئے آگے بھی بڑھ سکتا ہے۔ یہ اور بات ہے کہ ہر جگہ استحصال کرنے والے کتے بھونکتے نظر آتے ہیں لیکن آج کا مادھو اس سے ہراساں نہیں ہے۔ دراصل مادھو کی زندگی کے حالات تو وہی ہیں جو پریم چند کے یہاں تھے لیکن آج کے الٹرا لفٹ ذہن کی انقلابی قوتیں اُبھر چکی ہیں، جن کے سامنے بھونکتے ہوئے کتوں سے خوف نہیں کھاتا بلکہ ان کے بھونکنے کے عمل کو ایک نہ ایک دن خاموشی میں

بدل کر رکھ دیتا ہے۔ ایسا ہو یا نہ ہو لیکن 'مادھو' سے یہی سبق حاصل ہوتا ہے۔'' (تاریخ ادب اُردو)

سیّد شوکت حیات یکم دسمبر ۱۹۵۰ء کو کاشی چک گیا کے ایک زمیندار گھرانے میں پیدا ہوئے۔ ان کے اجداد کا وطن مشہور موضع گیلان تھا، ان کے دادا سیّد حفیظ الحق کاشی چک میں آباد ہو گئے تھے جہاں ان کی زمینداری تھی۔ شوکت حیات کی ابتدائی تعلیم گھر پر ہوئی، والد پولیس میں انسپکٹر تھے، ان کے تبادلے بہار کے مختلف مقامات پر ہوتے رہتے تھے اس لیے انھوں نے کئی اسکولوں میں پڑھا لیکن پھر انھوں نے ۱۹۶۷ء میں میٹرک اور سائنس کالج پٹنہ سے انٹر سائنس کے بعد میڈیکل کالج پٹنہ میں داخلہ لیا۔ شروع سے ہی ان کا ذہن سرمایہ دارانہ جبر و استحصال اور غیر منصفانہ نظام کے خلاف انقلابی اور باغیانہ تھا، اسٹوڈنٹ لائف میں ان کا جھکاؤ مارکسوادی اور نکسل تحریک کی طرف ہو گیا جس کا وہ کھل کر اظہار کرنے لگے، نتیجہ یہ ہوا کہ وہ میڈیکل تعلیم پوری نہ کر سکے۔ سائنس اور علم و ادب سے دلچسپی اور مطالعہ اور لکھنے کا ذوق کم عمری میں ہی پیدا ہو گیا تھا، اس میں ان کے والد سیّد محفوظ الحق کا فیض شامل تھا جو خود ایک تعلیم یافتہ اور باذوق انسان تھے، ان کی لائبریری بہترین کتابوں اور جرائد کا خزانہ تھا۔ انھوں نے ہی اپنے ذہین بیٹے کو ڈائری لکھنے کی ہدایت دے کر افسانہ نگار بننے کی شاہراہ پر گامزن کیا۔ والد کا انتقال جلد ہو جانے کی وجہ سے کئی بھائیوں بہنوں کے کنبے کی ذمہ داریاں سنبھالیں، بہار کے محکمہ کوآپریٹو میں ملازمت ملی۔ ۱۹۸۵ء میں بھٹہ نوادہ کے سیّد ابوالحسن صاحب کی صاحبزادی ارشاد پروین سے شادی ہوئی۔ ایک محنتی اور عملی انسان کی طرح زندگی کی ذمہ داریاں نبھانے کے ساتھ ساتھ ہی ان کی افسانہ نگاری کا سفر بھی جاری رہا۔ ۱۹۷۰ء میں پہلا افسانہ 'بکسوں میں دبا ہوا آدمی' ماہنامہ 'کتاب' لکھنؤ میں شائع ہوا۔ صحت منداور بالغ نظر ادبی شعور نے آغاز سے ہی اپنی تخلیقی سمت کا تعین کر لیا تھا۔ پروفیسر وہاب اشرفی کے مطابق: ''شوکت نے بہت پہلے افسانہ 'بانگ' تخلیق کیا تھا، اس میں بھی امکانی انقلاب کی بشارت تھی، یہ افسانہ اس وقت سامنے آیا تھا جب افسانے کے پلاٹ، کردار وغیرہ منفی صورتیں اختیار کر چکے تھے، لیکن شوکت نے بہت پہلے اس کا احساس کر لیا تھا۔ پلاٹ لیس افسانے یا متشدد قسم کے علامتی افسانے مشرقی مزاج سے لگا نہیں کھاتے، لہٰذا 'بانگ' کو اُردو افسانے کا ٹرننگ پوائنٹ تسلیم کیا جائے تو شاید بیجا نہ ہوگا۔ اس میں علامت کا ایک ہلکا سا پردہ ہے جس کے آر پار دیکھا جا سکتا ہے۔''

خود شوکت حیات کا یہ بیان بھی ان کے تخلیقی مزاج اور فنی رویوں کی تفہیم کے لیے اہم ہے:

''جب شعور نے آنکھیں کھولیں تو اپنی تنہائی پسندی اور کم گوئی نے مجھے اپنے اندر پناہ لینے پر مجبور کیا، کم بولنے اور چپ رہنے اور خود کلامی کا سلسلہ بڑھا، باہر کی طرف دیکھا تو سارا معاشرہ کائنات، تہذیبی انداز کو خلا میں گم ہوتے دیکھا۔ ساری دُنیا الٹی معلوم ہوئی جس کو کبھی کبھی سیدھا کرنے کی خواہش مجھے عجیب و غریب وجدانی اور تخلیقی امکانات کی نئی نئی دُنیاؤں کی سیر کراتی، مجھے لگا کہ اس الٹی اور غلط دنیا کو

میرے لیے قبول کرنا ممکن نہیں۔ اپنے اور دُنیا کے درمیان کشمکش کے اس آغاز نے مجھ پر شعلوں کی یلغار کردی۔ شعور کی آنکھیں کھلتے ہی یوں جھلسنے، بھگتنے اور کھولنے کا سلسلہ شروع ہوا، والد کی موت نے ذہنی بے سروسامانی اور عدم تحفظ کے احساس کو بڑھایا۔ ذہن کی تخلیقی آوارہ گردی روایت سے یکسر انحراف کرتی ہوئی کیسے کیسے صحراؤں میں بھٹکنے پر مجبور ہوگئی، اپنے اندر ہی اندر خارج کے ان تمام نامساعد حالات کے لشکر کے ساتھ کوچ کیا تو اپنی ذات میں چھپے ہوئے اننت آدمیوں کا عرفان ہوا۔'' (انٹرویو)

یہ عرفانِ ذات ان کی تخلیقی اور نجی عملی زندگی کے ساتھ ساتھ آگے کا سفر طے کرتا آیا ہے۔ علم و ادب سے روح کی وابستگی کا ہی نتیجہ ہے کہ ۲۰۰۷ء میں اُردو ادبیات میں ایم اے کی سند امتیاز طلائی تمغہ کے ساتھ حاصل کی اور یو جی سی نیٹ میں کامیابی حاصل کی۔ محکمہ کوآپریٹو کی پچیس سالہ ملازمت لالو پرساد یادو کے مشہور چارہ گھوٹالہ کیس کے ساتھ ختم ہوئی جب وہ محکمہ ہی زوال سے دوچار ہوگیا۔ تب سے تصنیف و تالیف، اخبارات، جرائد، ریڈیو، ٹی وی جیسے مشاغل میں پورا وقت گزرنے لگا۔ ڈرامہ اور ناٹک سے تعلق زمانۂ تعلیم سے رہا ہے، کئی ڈرامے لکھے بھی ہیں، اداکاری کی اور سوتر دھار بھی بنے، ان کے ناٹکوں میں 'کانے کا بخار'، 'اندھے کا سپنا'، 'پنکھے والا'، 'گنبد کے کبوتر' اور 'داماد کا چناؤ' بہت پسند کیے گئے، وہ اپنے طنزیہ اور باغیانہ نکڑ ناٹکوں کے لیے بھی عوام میں پہچانے جاتے ہیں۔

◂◂ ● ▸▸

● ڈاکٹر ابرار رحمانی

شوکت حیات کے افسانے

میں نے پچھلے دنوں اپنی ایک تحریر میں افسانے کی موجودہ صورت حال پر اظہار خیال کرتے ہوئے کہا تھا:

> ''آج افسانے سیکڑوں کی تعداد میں لکھے جا رہے ہیں اور جیسا کہ میں نے کہا کہ پڑھے بھی جا رہے ہیں (کہ ادب کا قاری انہیں پڑھنے پر مجبور ہے) لیکن بہت کم ہی افسانے ایسے ہیں جو اپنا نقش تا دیر قائم رکھ پاتے ہیں۔ آج بھی جب فکشن کی بات ہوتی ہے تو پریم چند یا پھر ترقی پسند افسانہ نگار منٹو، بیدی عصمت اور کرشن چند کے افسانوں کا ہی بکھان ہوتا ہے یا اس سے بہت آگے گئے تو بلراج مین را، سریندر پرکاش، قرۃ العین حیدر اور جوگندر پال تک آتے آتے ہماری سانس پھولنے لگتی ہے۔

ایک زمانے تک افسانوں سے کہانی کی گمشدگی کا بڑا چرچا رہا۔ خیر سے وہ دور بھی گزرا اور افسانے میں کہانی کی واپسی ہوئی۔ ہم نے اطمینان کی سانس لی کہ چلو کہانی کی واپسی ہوئی لیکن کیا واقعی کہانی کی واپسی ہوئی ہے؟ اگر واقعی کہانی کی واپسی ہوئی ہے تو وہ کہانی کہاں ہے؟ کون سی ہے؟ اور وہ اپنا وجود منوانے میں آخر کامیاب کیوں نہیں ہے؟ آج کوئی کہانی یادگار کیوں نہیں ہو پاتی؟ افسانوں میں کردار کی تخلیق یا کردار سازی بھی آج اس سنہری دور سے بہت پیچھے ہے، جسے ہم ترقی پسند دور کے نام سے جانتے ہیں۔ آج بھی جب ہم کردار نگاری کی بات کرتے ہیں یا یادگار کرداروں کا ذکر کرتے ہیں تو انہیں کہانیوں کی طرف رجوع کرنا پڑتا ہے۔ کیا وجہ ہے کہ آج کوئی یادگار کردار تخلیق نہیں ہو پاتا؟

مطلب یہ کہ نہ پلاٹ، نہ کردار، بس واقعات ہی واقعات آج کے افسانوں کی شناخت ہیں۔ تو کیا افسانہ واقعات کی کھتونی محض ہے؟

ٹھیک ہے آج بھی کچھ افسانہ نگار ہیں جن کے یہاں افسانہ کی فکر و فن کی پاسداری ہے۔ اور ان کی کوشش ہوتی ہے کہ ان کے افسانوں میں کہانی بھی ہو اور جاندار اور یادگار کردار بھی ہوں۔ لیکن تان پھر وہیں آ کر ٹوٹتی ہے کہ کیا یہ سب مذکورہ ترقی پسند افسانہ نگاروں کے افسانوں کے مدمقابل رکھے جا سکتے ہیں؟

ہمارے بعض افسانہ نویس احباب کہہ سکتے ہیں کہ جناب ان کا زمانہ اور تھا اور ہمارا زمانہ اور ہے اور اس پس منظر میں دیکھا جائے تو ہم ان سے آگے ہیں۔ لیکن کیا ہم اپنے اس دعوے میں حق بجانب ہیں؟''(اداریہ ماہنامہ'' آج کل'' مارچ ۲۰۰۳ء)

میری یہ بات ابھی 'لا الہ' کی منزل میں ہی تھی کہ کچھ دانشور ادیب جن میں افسانہ نگار اور افسانہ کے نقاد دونوں ہی شامل تھے، مجھ پر کچھ اس طرح حملہ آور ہوئے کہ 'الا اللہ' کی منزل تک پہنچنے میں، خود کو سنبھالنے میں، خود کو مجتمع کرنے میں مجھے خاصی دقتوں کا سامنا کرنا پڑا۔ حالانکہ میں نے پہلے بھی اعتراف کیا تھا اور آج بھی مجھے اعتراف ہے کہ'' آج بھی کچھ افسانہ نگار ہیں جن کے یہاں افسانے کی فکر و فن کی پاسداری ہے۔ اور ان کی کوشش ہوتی ہے کہ ان کے افسانوں میں کہانی بھی ہو اور جاندار اور یادگار کردار بھی ہوں۔''

ایسے افسانہ نگاروں اور ان کے صرف ایک ایک افسانے کی اگر ایک فہرست تیار کی جائے تو وہ کم سے کم اتنی طویل تو ضرور ہوگی:

ذکیہ مشہدی (قصہ جانکی رمن پانڈے)، حسین الحق (جب اسمٰعیل جاگا)، جابر حسین (مالن مائی)، گلزار (راوی پار)، انیس رفیع (غروب سے پہلے)، شفق (مہاجر پرندے)، سید محمد اشرف (آخری موڑ پر)، طارق چھتاری (برف اور پانی)، صغیر رحمانی (ایک شہزادی کی پریم کتھا)، خورشید اکرم (مذبح کی بھیڑیں)، نورالحسنین (سرد کمرے میں آتش داں)، عبید قمر (نامراد گوتم) شموئل احمد (ندی) مشرف عالم ذوقی (بوڑھے بھی جاگ سکتے ہیں)، ساجد رشید (جنت میں محل)، پیغام آفاقی (کوآپریٹو سوسائٹی)، مشتاق احمد نوری (لمبے قد کا بونا)، انجم عثمانی (شہر گریہ کا مکیں)، غضنفر (خلنہ)، قاسم خورشید (من لاگو.....)، علی امام نقوی (خواہش معصوم)، مظہر الزماں خاں (پچھلے دروازے کے آسیب)، حسن جمال (کیا تم میری بیوی سے شادی کر سکتے ہو)، اسرار کاندھی (بلّی)، احمد صغیر (منڈیر پر بیٹھا پرندہ) ترنم ریاض (یہ تنگ زمیں)، نگار عظیم (بڑی فیملی) اور شوکت حیات (گنبد کے کبوتر) وغیرہ۔ اس فہرست میں اور بھی نام جوڑے جاسکتے ہیں۔

مذکورہ بالا تمام افسانے کسی نہ کسی لحاظ سے اچھے ہیں اور ان سب پر بہت 'دلچسپ' گفتگو ہو سکتی ہے۔ لیکن ایک مختصر سے مضمون میں اپنی گفتگو صرف اور صرف شوکت حیات کے چند افسانوں تک محدود رکھوں گا۔ شوکت حیات کئی وجہوں سے میرے پسندیدہ افسانہ نگار رہے ہیں۔ ایک تو یہی کہ شاید یہ ایک ایسا فنکار ہے جو کسی تمنا اور صلہ کی پرواہ کیے بغیر صرف اپنے فن اور فکر سے مطلب رکھتا ہے۔ وہ کہانیاں لکھتا بھی ہے اور اچھے سے اچھے رسالوں میں چھپنے کی خواہش بھی رکھتا ہے لیکن بس اتنا ہی۔ اس سے آگے اس نے نہ کبھی سوچا اور نہ کیا۔ یہی وجہ ہے کہ یہ سن ستری (یہ خود شوکت حیات کی وضع کردہ اصطلاح ہے) افسانہ نگار اپنی ۳۰۔۳۵ سال کی

فنکاری اور ریاضت کے بعد بھی اپنا ایک مجموعہ شائع نہ کروا سکا۔ یہ ان کی بے نیازی اور انکساری سے زیادہ ان کی لاپرواہی ہے ورنہ ان کے کئی افسانے ایسے ہیں جنہیں قاری دوبارہ پڑھنے کا خواہاں ہوتا ہے۔ کم از کم میں اپنے تعلق سے اس بات کا اعتراف کرتا ہوں۔ دوسرے یہ کہ وہ سکہ رائج الوقت تحریکات و رجحانات کے کبھی زیر اثر نہیں رہے۔ نہ نام نہاد ترقی پسندی کی چکاچوندھ میں ان کی آنکھیں خیرہ ہوئیں، نہ جدیدیت کی داخلیت میں گم ہوئے نہ مابعد جدیدیت کی فارمولہ بازی کے چکر میں پڑے۔ البتہ وہ آزادی کے تب بھی دیوانے تھے اور آج بھی ہیں۔ کھلی فضا میں سانس لینا اور کھلے دل و دماغ سے سوچنا ان کی تحریر و تقریر کا خاصہ ہے۔

ان کے افسانوں میں کئی بہت اچھے اور عمدہ افسانے ہیں۔ ان میں سے کچھ اس طرح ہیں: شکنجہ، چیخیں، گنبد کے کبوتر، بھائی، پھسینڈا، اپنا گوشت، مسٹر گلیڈ، مادھو اور فرشتے وغیرہ۔

ان میں سے ہر افسانہ الگ الگ موضوع پر ہے۔ موضوع کے لحاظ سے ہر افسانے کا الگ الگ ٹریٹمنٹ ہے۔ اور ٹریٹمنٹ کے حساب سے ان کی طوالت بھی الگ الگ ہے۔ کوئی ان میں بہت مختصر ہے اور کوئی خاصا طویل بھی۔

'شکنجہ' ایک غریب قلی کی کہانی ہے۔ بیچارہ قلی کس طرح اپنی قدروں اور پیٹ کی بھوک کے شکنجہ میں پھنس کر رہ گیا ہے وہ اس جملہ سے ظاہر ہے:

> ''چل بیٹے ...... دیر مت کر...... اگلی گاڑی یارڈ سے نکل کر پلیٹ فارم پر لگنے والی ہے...... جلدی کر بیٹے...... جلدی...... اس بار ٹھیک سے دیکھ کر بوجھ اٹھاؤں گا۔ کوئی ناطے دار نہ ہو......'' یہ حقیقت ہے کہ آج ہزاروں لاکھوں لوگ اس طرح پیٹ کی آگ اور قدروں کے شکنجہ کے درمیان پستے رہتے ہیں۔ وہ کراہتے بھی ہیں لیکن ہمارا نظام کچھ ایسا ہے کہ اس سے چھٹکارے کی صورت نظر نہیں آتی۔ شوکت حیات نے قدروں کی پاسداری کی پیش کش میں فن کی پاسداری کا پورا خیال رکھا ہے۔

''مسٹر گلیڈ'' ہر ملک ہر شہر بلکہ ہر گلی محلے میں پایا جانے والا وہ بے ضرر ذی روح ہے جو سماج کو اپنے عمل سے کسی نہ کسی طور پر فائدہ تو پہنچاتا ہے لیکن سماج اسے نظر انداز کرتا رہتا ہے۔ یہ ایک آفاقی کردار ہے۔

ان کی ایک بہت ہی چھوٹی سی کہانی ہے ''اپنا گوشت''۔ رشتوں کے ٹوٹنے بکھرنے اور بھول جانے کا المیہ۔ تاثر انگیزی میں اپنی انتہا کو چھوتا ہوا۔ کہانی بالکل سامنے کی ہے۔ 'بڑے ابو' نے بچپن میں ہی اپنے والد کا سایہ سر سے اٹھ جانے کے بعد طے کیا تھا کہ جب تک وہ اپنے چھوٹے بھائی بہنوں کی ذمہ داریاں پوری نہیں کر لیں گے اپنی شادی نہیں کریں گے۔ لیکن ان ذمہ داریوں کے ادا کرتے کرتے خود ان

کی زندگی کی شام ڈھلنے لگتی ہے اور وہ اپنی شادی نہ کرنے کا فیصلہ کر لیتے ہیں۔ضرورت بھی نہیں تھی کہ گھر بھائی بہنوں کے بچوں سے بھرا پرا تھا۔ وہ ان بچوں کے لیے کبھی گھوڑا بنتے تو کبھی ہاتھی اور چونکہ وہ مجرد تھے اس لیے جائیداد میں حصہ دینا نہ بھائی بہنوں نے پسند کیا اور نہ ہی انہوں نے اس کی ضرورت محسوس کی۔

ایک خاص عمر کے بعد جب بڑے ابو کو بیکار محض ،نٹھلا سمجھا گیا اور جب یہ کہا گیا کہ''اس طرح کے بیکار افراد سے گھر کا ماحول بگڑتا ہے......خاندان کے بچوں پر برا اثر پڑتا ہے'' تو ان کا دل ٹوٹ جاتا ہے اور وہ ''بس اور نہیں'' کہہ کر جس گھر کو بنایا تھا بسایا تھا، جس کی تربیت کی تھی اسی گھر کو چھوڑ کر چلے جاتے ہیں۔ اور ایک دن انتہائی کسمپرسی میں ان کی موت ہو جاتی ہے۔

کہانی کا کلائمکس یہ ہے کہ ان کی موت کی خبر سے ان کے اہل خاندان کو کوئی فرق نہیں پڑتا۔اس حال میں بھی بڑے ابو کے چھوٹے بھائی مرغ کی ٹانگ چباتے ہوئے اپنے بیٹے سے کھانے کے لیے اصرار کرتے ہیں تو اس سے کھانا نہیں کھایا جاتا۔

ڈائننگ ٹیبل پر کھاتے ہوئے اسے ایسا لگ رہا تھا کہ جیسے''میں اپنا گوشت کھا رہا ہوں۔'' افسانہ نگار کا یہ آخری جملہ بلاشبہ دل کی گہرائیوں سے نکلا ہوا اور خون دل میں ڈبو کر لکھا گیا جملہ معلوم پڑتا ہے اور ہماری آنکھیں بے اختیار چھلچھلا اٹھتی ہیں۔یہ افسانہ تادیر اپنا نقش قائم رکھنے میں کامیاب ہے۔

'چیخیں' موجودہ تعلیمی نظام پر لکھا گیا افسانہ ہے کہ کس طرح آج انگلش میڈیم اسکول میں اپنے بچوں کو پڑھانا اسٹیٹس سمبل بن چکا ہے۔خواہ آپ میں ان اسکولوں میں پڑھانے کی سکت نہ ہو لیکن آپ اپنے بچوں کو انہی اسکولوں میں پڑھوائیں گے۔افسانہ نگار نے بڑے خوبصورت انداز میں دکھایا ہے کہ کس طرح فیس سلیپ دیکھ کر ایک عام آدمی کی چیخیں نکل پڑتی ہیں۔کس طرح وہاں کے اسٹینڈرڈ اور رکھ رکھاؤ کو منٹین کرنے میں ان کی چیخیں نکل پڑتی ہیں اور تو اور افسانہ نگار نے یہ دکھایا ہے کہ کس طرح ایک انگریزی میڈیم اسکول میں داخل کرانے کے لیے ایڈمیشن ٹیسٹ ہوتا ہے اور منتخب طلبہ کی لسٹ دیکھتے ہوئے کس طرح بہت سے والدین اور گارجین کی چیخیں نکل پڑتی ہیں۔موجودہ تعلیمی نظام پر یہ افسانہ ایک بھرپور طمانچہ ہے۔

'بھائی' شوکت حیات کا ایک اہم افسانہ ہے۔فرقہ وارانہ فسادات کے پس منظر میں لکھے گئے اس افسانے میں افسانہ نگار نے انسانی نفسیات کی بڑی خوبصورت عکاسی کی ہے۔جب ماحول بگڑتا ہے تو اس طرح ایک دوسرے فرقے پر سے اعتماد اور اعتبار اٹھ جاتا ہے کہ فریق مخالف کا ہر ایکشن اور عمل خوفزدہ کرتا رہتا ہے۔مبادا اب وہ اس پر حملہ کردے۔

افسانہ 'گنبد کے کبوتر' تو شوکت حیات کی شناخت بن چکا ہے۔اپنے موضوع اور ٹریٹمنٹ کے لحاظ سے ''گنبد کے کبوتر'' شوکت حیات کا کامیاب ترین افسانہ ہے۔بابری مسجد سانحہ کے پس منظر میں بہت سے

افسانے لکھے گئے ہوں گے لیکن 'گنبد کے کبوتر' کی بات ہی اور ہے۔ یہ اس سانحہ کے پس منظر میں لکھا گیا سب سے اہم افسانہ ہے۔ افسانہ اس طرح شروع ہوتا ہے:

''بے ٹھکانہ کبوتروں کا غول آسمان میں پرواز کررہا تھا۔ متواتر اڑتا جارہا تھا۔ اوپر سے نیچے آتا۔ بیتابی اور بے چینی سے اپنا آشیانہ ڈھونڈتا اور پھر پرانے گنبد کو اپنی جگہ سے غائب دیکھ کر مایوسی کے عالم میں آسمان کی جانب اڑ جاتا۔''

یہ افسانہ ان سوگوار الفاظ پر ختم ہوتا ہے۔

''آسمان میں گنبد کے خون آلود کبوتروں کا غول مستقل جائے اماں کی تلاش اور کچھ کر گزرنے کے جنون میں چکر کاٹ رہا تھا۔

بیوی سے اس کی نگاہیں ملیں تو اسے اچانک احساس ہوا کہ گھر میں میت پڑی ہے اور باہر کرفیو میں اس کی تدفین ایک سنگین مسئلہ ہے۔''

افسانہ یہاں ختم ہوجاتا ہے اور چھوڑ جاتا ہے اپنے پیچھے تاثر کا ایک سمندر۔ بلاشبہ یہ ایک جاندار اور یادگار کہانی ہے۔ اس کہانی کا تانا بانا بننے کے لیے جس طرح کے واقعات اور کردار تخلیق کیے گئے ہیں وہ بے مثال ہیں۔ واقعات تو خیر سامنے کے ہیں جسے شوکت حیات نے اپنے ٹریٹمنٹ سے اور یادگار بنا دیا ہے۔ کرداروں کی تخلیق میں بھی شوکت حیات نے بڑی مہارت اور فنکاری کا ثبوت دیا ہے۔ اس کہانی میں ایک کردار ہے ریٹائرڈ فوجی افسر سین دادا کا، جسے شوکت حیات نے ینگ مین آف سکسٹی ٹو سین دادا کے خطاب سے نوازا ہے۔ اس کردار کی تخلیق ملاحظہ کریں:

''اس کا دل دوسرے گنبدوں میں الجھا ہوا ہولناک 'کیفیات سے گزر رہا تھا۔ سین دادا نرم و گداز جسمانی گنبدوں میں ٹامک ٹوئیے مارتے ہوئے چٹخارے بھر رہے تھے۔

عمر کی کیا بات کرتے ہو...... ہمیشہ خود کو جوان سمجھو...... یہی زندگی ہے...... دیکھنا اور دیکھتے ہوئے ان رنگین تصویروں میں ڈوب جانا اور بار بار ڈوبنا ابھرنا......!

سین دادا نے پھر کہا۔

''ینگ مین، تم جوانی میں بوڑھا ہو گیا..... ذرا نظر تو اٹھا.....''

سین دادا نے اس کے شانے پر انگلیوں کی گرفت سخت کی۔ آگے تین قیامتیں فاختاؤں کی چال چلتی ہوئی گپ شپ میں مصروف تھیں۔

سین دادا آپ ان فاختاؤں میں الجھے ہوئے ہیں۔ ذرا اوپر دیکھئے۔ بے ٹھکانہ کبوتروں کا غول

مستقل آسمان میں چکر کاٹ رہا ہے۔ اپنے مستقر کے بے دردی اور بربریت کے ساتھ مسمار کر کے غائب کر دیے جانے کے بعد کیسی بے گھری داور بے امانی جھیل رہا ہے۔ آپ ان کبوتروں کی آنکھیں دیکھ رہے ہیں ....ان میں اترتا خون، بیچارگی اور کچھ کرگزرنے کی تڑپتی ہوئی آرزوئیں محسوس کر رہے ہیں......

سین دادا اپنی دھن میں مگن تھے۔ آسمان کی طرف نظر اٹھانے کی ضرورت کیا تھی۔ ان کے پاس تو پوری زمین تھی اور زمین پر آسمانی جلوے موجود تھے...... وہ ان سن رسیدہ لوگوں میں تھے جن کی آنکھوں سے بیویوں کے مرجانے کے بعد شہوت کے شرارے پھوٹتے رہتے ہیں۔''

سین دادا کا ذاتی کیریکٹر چاہے جتنا کمزور ہو شوکت حیات نے اپنی زبان و بیان اور قلم کے زور سے اسے ایک مضبوط اور یادگار کردار بنا دیا ہے۔ اس افسانے کا قاری مشکلوں سے اسے بھلا پاتا ہے۔

ایک کہانی 'پھسینڈا' ہے۔ کہانی شہر پٹنہ سے تعلق رکھتی ہے۔ اب پٹنہ ہو یا دلّی یا ممبئی، کسی بھی بڑے شہر میں متوسط طبقے کی حالت کم و بیش ایک جیسی ہوتی ہے۔ صبح دفتر کے لیے نکلیے یا کسی اور کام کے لیے۔ آپ کو بس کا سفر اختیار کرنا پڑتا ہے کہ یہ سفر سستا بھی ہوتا ہے اور نسبتاً محفوظ بھی۔ پٹنہ جیسے شہر میں یہ سفر مشترکہ ٹیمپو (تھری وہیلر) میں کرنا پڑتا ہے، جس میں کم و بیش دس سے بارہ سواریاں ٹھنسی ہوتی ہیں۔ اس سفر میں کن کن اذیتوں سے دو چار ہونا پڑتا ہے وہ اس کے مسافر ہی جانتے ہیں۔ یہ کھچا کھچ بھری ہو تب بھی آپ اس پر چڑھنے کے لیے مجبور ہیں کہ آفس لیٹ نہ ہو جائے۔ اس بھیڑ والی گاڑی میں کس کس قماش کے لوگ ہوتے ہیں اور شریفوں کو اور خاص طور پر لڑکیوں کو کیسی کیسی پریشانیاں جھیلی پڑتی ہیں، وہ سب پر عیاں ہے۔

دلّی ہو، ممبئی ہو یا پٹنہ یا اور کوئی بڑا شہر۔ یہ روزانہ کا معمول ہے اور اس سے شہر کی ایک بڑی آبادی کو دو چار ہونا پڑتا ہے۔ ان میں فرق ہے تو بس یہ کہ دلّی، ممبئی اور کلکتہ میں بس، ٹرین یا ٹرام سے سفر کرنا پڑتا ہے جب کہ پٹنہ جیسے شہر میں ٹیمپو (تھری وہیلر) ہی وہاں کا واحد سادھن ہے۔ لیکن حالات کم و بیش سبھی جگہ ایک جیسے ہوتے ہیں۔ اسی کہانی سے ایک سین ملاحظہ کریں:

''کچھ دیر بعد مسٹر دیونرائن سنگھ آئیں گے اور ایک پان کی دکان میں پان کھانے کے بہانے کھڑے ہو جائیں گے۔ انہیں کوئی عجلت نہیں ہوتی۔ چہرے پر ایک خاص طمانیت ہے۔ پان کی دکان کے لمبے چوڑے آئینے میں خو کو کم دیکھتے ہیں اور آس پاس کے نظاروں میں ٹنگے ہوئے خوبصورت اور گداز جسموں سے لطف اندوز زیادہ ہوتے ہیں۔ اسکرٹ سے جھانکتے ہوئے چکنے زانو......

سڈول پنڈلیاں......

برفیلے پہاڑوں کی چوٹیاں......
کھنکھناتی ہوئی مسکراہٹ......

سورج دیونرائن سنگھ کی تشبیہات کی لمبی فہرست ہے۔ موقع بہ موقع درجہ بندیوں میں تبدیلی بھی کرتے رہتے ہیں۔ اگر کوئی 'خاص چیز' پسند آجائے تو وہ اپنی نگاہوں سے اسے پوری لذت کے ساتھ نگلنے کی کوشش کرتے ہیں۔ اکیلی ہو تو اغل بغل میں ایستادہ ہو جاتے ہیں اور جتنی بھی دیر ہو جائے لیکن ٹیمپو میں اس کے ساتھ ہی سیٹ حاصل کرنے کی کوشش کرتے ہیں۔

پندرہ بیس منٹ کے سفر میں اوبڑ کھابڑ سڑک پر ٹیمپو کے ہچکولوں میں لمسیاتی لذت حاصل کر کے نہ معلوم ان کی پیاس بجھتی ہے یا بڑھتی ہے۔ لیکن روزانہ کا ان کا یہ معمول ایسے دکانداروں کی نگاہوں سے چھپا نہیں ہے جن کی دکانیں کم چلتی ہیں اور جو بے کار بیٹھے اس چورا ہے کے مشاہدے میں مصروف ہو کر اپنا غم غلط کرتے ہیں۔''

یہ واقعہ ہر بڑے شہر کا روزمرہ کا معمول ہو کر رہ گیا ہے۔ اس واقعہ میں کہانی کار نے پھر بھی ایک حد کا لحاظ کھا ہے ورنہ معاملہ تو اس سے آگے تک جاتا ہوا ہم آئے دن مشاہدہ کرتے ہیں۔

''سورج دیو'' کا کردار آفاقی اور یونیورسل ہے اور مختلف شہروں میں مختلف ناموں کے ساتھ یہ کردار پایا جاتا ہے۔ کردار کا ذکر آ گیا ہے تو بتا تا چلوں کہ یہ افسانہ نہ صرف اپنی کہانی یا ماجرا نگاری کی وجہ سے اچھا ہے بلکہ یہ اپنے طاقتور اور مضبوط کردار کی وجہ سے بھی اہم ہے۔ اس کہانی میں ٹیمپو کا ڈرائیور مرکزی کردار ہے، جو ایک پڑھا لکھا نوجوان ہے۔ وہ اعلیٰ ذات سے تعلق رکھتا ہے لیکن اپنی بے روزگاری کے سبب کرایے کا ٹیمپو چلانے پر مجبور ہے۔ وہ دن بھر ٹیمپو چلانے کے بعد بھی اپنی اور اپنے کنبہ کی اچھی دیکھ ریکھ اس لیے نہیں کر پاتا کہ اس کی کمائی کا ایک حصہ اسے ٹیمپو مالک کو دینا پڑتا ہے۔

یہ کردار چونکہ پڑھا لکھا اور ایک ذہین شخص ہے چنانچہ جب بھی اسے پڑھی لکھی سواری مل جاتی ہے تو وہ اپنے دل کا بوجھ ہلکا کرنے کے لیے اپنے تجربات و مشاہدات ضرور شیئر کرتا ہے۔ یہ اس کا معمول بھی ہے اور اس کی مجبوری بھی۔

ایک دن اس ڈرائیور کی خوش قسمتی سے بدرالدین صاحب جیسا پڑھا لکھا اور ایماندار آفیسر مل جاتا ہے (جو اپنی ایمانداری کے سبب ٹمپو کی سواری کرنے پر مجبور ہے) اور وہ شروع ہو جاتا ہے۔ پٹنہ کے کرجی موڑ سے گاندھی میدان تک کے کم و بیش ایک گھنٹہ کے سفر میں وہ ایسی ایسی دانشورانہ اور عالمانہ باتیں کرتا ہے کہ لوگ حیران رہ جاتے ہیں۔ سب سے بڑی بات یہ ہے کہ وہ انتہائی فنکارانہ انداز میں اپنے ایک دوست کی کہانی بیان کرتا ہے اور کہانی اپنے تکمیلی مرحلہ میں ہوتی ہے کہ گاندھی میدان آجاتا ہے۔ اور جب

بدرالدین صاحب پر اشتیاق لہجے میں اس کہانی کا انجام جاننا چاہتے ہیں تو وہ کہتا ہے:

''ہمیشہ یہی ہوتا ہے جناب...... کہانی مکمل ہونے سے پہلے گاندھی میدان آ جاتا ہے اور کہانی درمیان میں ہی ختم کرنی پڑتی ہے...... یہی ٹریجڈی ہے اس کہانی کی ...... اب تو واپسی کے لیے نمبر لگنا ہے جناب...... پھر کبھی۔''

دیکھتے دیکھتے وہ اپنے ٹیمپو کے ساتھ بھیڑ میں تحلیل ہو چکا تھا۔

اچانک گاندھی میدان کے آگے دھماکہ ہوا اور لوگ سرپٹ بھاگنے لگے۔

اس نے دونوں ہاتھ جیب میں ڈال لیے۔

انگلیاں جیب میں پڑی تختیوں سے مس ہوئیں۔

چاروں طرف طائرانہ نظروں سے دیکھتے ہوئے اس نے اطمینان کی سانس لی اور ایک جانب روانہ ہو گیا۔ ہونٹوں پر پراسرار مسکراہٹ رینگ رہی تھی۔''

'شوکت حیات کی کہانی یہاں ختم ہو جاتی ہے اور ہمارے سوچنے کے لیے بہت کچھ چھوڑ جاتی ہے یا شاید کچھ بھی نہیں چھوڑتی یا شاید ہم خود ہی سوچنا نہیں چاہتے کہ سوچنے سے ہمارے سر میں درد ہونے لگتا ہے۔ اب یہی ہمارا وطیرہ ہو کر رہ گیا ہے۔ ''سب کچھ پھسینڈا ہو گیا'' لفظ پھسینڈا آپ کو کسی ڈکشنری میں نہیں ملے گا۔ لیکن اس 'پھسینڈا' میں جو ایک جہان معنی پوشیدہ ہے وہ اس کی قرأت کے بعد ہی سمجھ میں آتا ہے۔ کہانی اپنے واقعات اور اپنے کردار ہر دو لحاظ سے کامیاب ہے۔

مذکورہ بالا تمام افسانوں میں شوکت حیات نے اپنے اردگرد کے واقعات اور سانحات کو جس خوبی اور فنکاری سے پیش کیا ہے وہ انہیں کا حصہ ہے۔ ان کے ہاں ماجرا نگاری، پلاٹ، جاندار کردار سبھی کچھ بدرجہ اتم موجو ہیں۔ ان کے افسانے محض واقعات کی کھتونی نہیں ہیں۔ انہوں نے جس باریکی سے واقعات کی پرتوں کو کھولا ہے، جس جزئیات نگاری کا مظاہرہ کرتے ہوئے سماج کی دکھتی ہوئی رگ پر ہاتھ رکھا ہے وہ ان کا کمال ہے۔ ان افسانوں میں جمع کردہ درد و غم بہت کچھ میر کے درد و غم کے مانند ہیں۔ میر نے درد و غم جمع کر کے ایک 'دیوان' تیار کر لیا تھا لیکن شوکت حیات نے اتنے سارے درد و غم جمع کرنے کے باوجود ابھی تک کوئی مجموعہ ترتیب نہیں دیا ہے۔ کتاب گردی کے اس دور میں بھی شوکت حیات کا اس طرف دھیان نہ دینا ان کے جینوئن فنکار ہونے پر دال ہے۔

● ڈاکٹر سید احمد قادری

شوکت حیات اوران کے افسانے

شوکت حیات کا پہلا افسانہ ''بکسوں سے دبا آدمی'' عابد سہیل، لکھنؤ کے مشہور زمانہ رسالہ 'کتاب' میں ۱۹۷۰ء کے کسی شمارہ میں شائع ہوا تھا۔ یہ افسانہ بقول شوکت حیات فاشزم کے خلاف زبردست احتجاج پر مبنی تھا۔ اس افسانہ سے ان کا افسانوی سفر شروع ہوا اور بہت جلد انھوں نے اپنے منفرد اسلوب اور موضوعات کے تنوع کے باعث افسانوی ادب کے افق پر چھا گئے۔لیکن انھیں یہ احساس ہمیشہ کچوکے لگاتا رہا کہ ان کی ادبی تپسیا کا انھیں جو صلہ ملنا چاہیئے تھا۔ وہ انھیں نہیں ملا، اس کا قلق انھیں ہمیشہ رہا۔

شوکت حیات کا شمار ان خوش نصیب افسانہ نگاروں میں ہوتا ہے جن کے ذکر کے بغیر ان کے عہد کی افسانہ نگاری کا کوئی بھی تذکرہ مکمل نہیں ہوا۔ بہار سے تعلق رکھنے والے ۱۹۷۰ء کے بعد کی دہائی کے کئی افسانہ نگاروں میں ایک تثلیث شوکت حیات، شفق اور حسین الحق کی ہوا کرتی تھی، بلکہ ہندو پاک کے اس دور کے افسانہ نگاروں کے سلسلے میں بھی کوئی تذکرہ یا مضمون ہوتا، ان میں بھی شوکت حیات تقریباً پہلے نمبر پر ہی ہوتے تھے۔ اتنی اہمیت کے باوجود شوکت حیات کو ہمیشہ اس بات کا شکوہ رہا کہ افسانوی ادب میں ان کی خدمات کا جو صلہ ملنا چاہیئے، وہ انھیں نہیں ملا۔ اپنے آپ کو پوری طرح افسانوی ادب میں گم کرنے والا یہ فنکار معاشی بدحالی کا بھی شکار رہا اور گھریلو مسائل سے بھی دوچار رہا۔ ان مخالف حالات نے شوکت حیات کے اندر جھنجھلاہٹ اور دماغی الجھنوں نے جگہ لے لی تھی۔ ان کا مطالعہ بلاشبہ گہرا تھا اور وہ سماجی، سیاسی، معاشرتی تبدیلیوں پر بڑی گہرائی سے سوچتے، سمجھتے تھے۔ اشتراکی نظریہ سے وابستگی ان کے عہد کی خاص بات تھی اور اس دور کے بیشتر فنکار اور دانشور کا بائیں بازو سے گہرا لگاؤ رہا ہے۔ ان کی آواز پاٹ دار تھی۔ اس لیے جب کبھی وہ تقریر کرتے تو اپنے مطالعہ، مشاہدہ اور تجربات کا ایسا دریا بہاتے کہ مجمع میں موجود ہر شخص متاثر ہوئے بغیر نہیں رہتا۔ جدیدیت کے عروج میں ان کے ابتدائی چند افسانوں نے جدید ناقدین اور مدیران کی توجہ مبذول کرائی تھی۔ اس وقت کلام حیدری صاحب ترقی پسندی اور جدیدیت کے دوراہے پر کھڑے تھے۔ انھوں نے اپنے بعد کی نئی نسل کے کئی شاعروں اور افسانہ نگاروں کو بطور خاص اپنے رسالہ ''آہنگ'' میں ''میں کا تعارف'' کے ساتھ ان کی تخلیقات کو ایک ساتھ شائع کرنے کا سلسلہ شروع کیا تھا۔

شوکت حیات پر خصوصی گوشہ کلام حیدری صاحب نے ۱۹۷۱ء کے ۲۱۔۲۲ کے شمارہ میں پیش کیا تھا۔ اس خصوصی شمارہ سے قبل شوکت حیات کا ایک افسانہ بہ عنوان ''میں تم وہ میں'' اسی سال کے 'آہنگ' کے شمارہ نمبر ۱۳/ میں کلام حیدری شائع کر چکے تھے۔ شاید اسی افسانہ سے کلام حیدری نے شوکت حیات کے اندر افسانہ نگاری کی بلند پرواز کا اندازہ لگایا ہوگا۔ اس کے بعد ہی ان کا حوصلہ بڑھاتے ہوئے انھیں اپنے رسالہ میں اس انداز سے متعارف کرایا کہ شوکت حیات کے افسانے افسانوی ادب میں دھوم مچانے لگے تھے۔ شوکت حیات کے نام ''آہنگ'' کے اس خصوصی گوشہ میں شوکت حیات کے 'بکسوں سے دبا آدمی' 'میں تم وہ میں' 'پنڈولم' 'سبز منڈیر پر سیاہ کبوتر' 'دائرے کے کنارے' 'قطبین کے بیچ' اور 'ہواؤں کی زد میں' عنوانات سے سات عدد جدید افسانے شامل تھے۔ اس خصوصی گوشہ کی اشاعت کے بعد تو شوکت حیات کی شہرت کو پر لگ گئے۔ ہر طرف شوکت حیات کے چرچے ہونے لگے۔ ان کے افسانے کو کچھ نے سمجھنے کا دعویٰ کیا تو کچھ نے اپنی نارسائی کا اعتراف کیا۔ کئی افسانوں پر کچھ مثبت اور کچھ منفی باتیں بھی ادبی نشستوں میں ہوئیں۔ شوکت حیات کے یہ افسانے شہرت کے لیے زینہ ضرور بنے، لیکن خود شوکت حیات کی نگاہ میں وقت گزرنے کے ساتھ یہ افسانے قابل قدر نہیں رہے کہ انھوں نے ان افسانوں کا کبھی ذکر کیا اور نہ ہی ان میں سے بیشتر افسانوں کو اپنے افسانوی مجموعہ میں شامل کیا۔ اس کیا وجہ رہی یہ بہت ہی تفصیل طلب بحث ہے۔

حقیقت یہ ہے کہ جدیدیت کے ہنگامی اور بحرانی دور میں جب علامتوں، استعاروں اور تشبیہات کا جادو فنکاروں کے سر چڑھ کر بول رہا تھا اور ہر چھوٹا بڑا فنکار جدیدیت کی دوڑ میں آگے نکل جانا چاہ رہا تھا اور اپنی شناخت بنانے کے لیے اپنے جدید افسانوں کی طرح طرح کی تاویل اور تشریح دے رہا تھا۔ نیز تجریدی، تمثیلی اور علامتی و استعاراتی افسانوں کو صنف افسانہ کا اعلیٰ نمونہ قرار دیا جا رہا تھا۔ اس بے راہ روی کے شکار ہونے والوں میں قمر احسن، بلراج مینرا، حمید سہروردی، سریندر پرکاش، شوکت حیات، انیس رفیع، رشید امجد، مرزا حامد بیگ وغیرہ کے نام اس زمانے میں موضوع بحث بنے لیکن ان افسانہ نگاروں میں سے جینوئن افسانہ نگاروں نے اینٹی پلاٹ، اینٹی اسٹوری، اینٹی ہیرو، سرریلزم اور شعور کی رو کی بھول بھلیوں میں خود کو زیادہ نہیں بھٹکایا اور بہت جلد انھیں اپنے وجود کے ساتھ ساتھ اردو افسانے کے خاتمہ کا خدشہ بھی ستانے لگا تھا۔ ان افسانہ نگاروں نے بڑی شدت سے اس بات کو بھی محسوس کیا کہ صرف ذات کی تنہائی، کرب، گھٹن، خوف اور تذبذب میں محدود رہ کر اور معاشرتی، وسماجی مسائل سے جڑے بغیر افسانہ، قاری کو متوجہ نہیں کر سکتا۔ افسانہ یقینی طور پر افسانویت، ماجرا، پلاٹ اور کردار کے بغیر ادھورا ہے، اور یہ عناصر افسانے میں جز و لاینفک کی حیثیت رکھتے ہیں۔ شوکت حیات نے بھی جدیدیت کے علمبردار ہونے کے

باوجود جدیدیت کی بھول بھلیوں میں خود کو زیادہ نہیں بھٹکایا اور اس بات کو محسوس کیا کہ افسانوں میں علامتوں ،تشبیہوں اور استعاروں سے حسن تو پیدا کیا جاسکتا ہے ، بشرطیکہ افسانے میں ان کی ضرورت ہو۔ حقیقت یہ ہے کہ یہ ترکیبیں افسانے میں خود بخود فنکارانہ طور پر در آتی ہیں ، جو افسانے کے موضوع اور فن کو جلا بخشتی ہیں ۔ افسانے کے موضوعات ، عہد اور زمانے کے مطابق بدل سکتے ہیں اسلوب اور اسٹائل بدل سکتا ہے لیکن افسانے کے جو بنیادی تقاضے ، افسانویت ، ماجرا سازی اور کردار نگاری‘ لازم وملزوم کی حیثیت رکھتے ہیں جو کامیاب افسانے کی ضمانت بنتے ہیں۔

جدیدیت اور فیشن زدگی کے اس دور کے بیشتر شہرت پائے ایسے افسانوں کو نہ صرف قاری نے بلکہ خود تخلیق کار نے ردّ کیا ہے۔ یہی وجہ تھی کہ اس دور میں ہی اردو افسانہ کے خاتمے کا اعلان کر دیا گیا تھا۔ شمس الرحمٰن فاروقی نے تو ایسے افسانوں کے ساتھ ساتھ ایسے افسانے لکھنے والوں کو بھی دفن کر دینے کی بات کہی تھی ۔حالانکہ یہ وہی شمس ارحمٰن فاروقی تھے جنھوں نے اپنے رسالہ ’شب خون‘ میں جدیدیت کے نام پر ایسے افسانوں اور افسانہ نگاروں کو خوب خوب بانس پر چڑھانے کی کوشش کی تھی۔

بہر حال شوکت حیات کی شہرت کا وہ دور بھی رہا جب دہلی کے جامعہ ملیہ میں ۱۹۷۱ء میں منعقد ہونے والے سہ روزہ ہند و پاک سیمینار اور گوپی چند نارنگ نے اردو افسانہ روایت اور مسائل ۱۹۸۰ اور اردو افسانے پر ایک بین الاقوامی نوعیت کا پانچ روزہ اردو افسانہ ورک شاپ ۱۹۸۵ ء کا انعقاد کیا تھا۔ مابعد جدیدیت کے حوالے سے ۱۹۹۷ ء میں بھی ایک سیمینار کا انعقاد ہوا تھا۔ان تمام سیمینار میں شوکت حیات سمیت ملک و بیرون ملک کے بہت سارے افسانہ نگار اور فکشن کے ناقدین نے شرکت کی تھی ۔اس فکشن سیمینار میں شوکت حیات کے افسانے اور تقاریر کی خوب پذیرائی ہوئی تھی اور شوکت حیات پوری طرح چھائے رہے تھے۔خود شوکت حیات نے اپنے دور کے افسانوں کے ضمن میں یہ کہتے نظر آئے کہ......

’’سچ پوچھئے تو ہم ہی لوگوں نے (۱۹۷۰ کے بعد والوں نے) اردو افسانے میں تخلیقی آزادی کی فضا بحال کی‘‘ ۔اپنی تھیوری کے تعلق سے شوکت حیات نے اپنے افسانوی مجموعہ ’’گنبد کے کبوتر‘‘ کے پہلے صفحہ پر درج کیا تھا کہ ’’غیر روایتی ، غیر ترقی پسند ، غیر جدید ، غیر مابعد جدید افسانے جنھوں نے ’’انا میت‘‘ ، نا میاتیت‘‘ اور سارک رائٹرس کانفرنس ۲۰۰۵ ء علی گڑھ کے موقع پر ’’امکانیت پسندی‘‘ کی تھیوریز دیتے ہوئے انام افسانے اور امکانی افسانوں کی بنیاد گزاری کی ہے ۔ ان کے خد و خال کو متشکل کرتے ہوئے عصری و آفاقی افسانوں کی تخلیق کی ہے۔‘‘

اپنی ان باتوں کی وضاحت کے لیے انھوں نے بلاشبہ کئی مضامین بھی لکھے اور اپنے انٹرویوز میں

بھی اپنی تھیوری پر دانشوارانہ انداز میں گفتگو کی ہے۔ جو اس دور میں بحث ومباحث کے موضوع بھی بنے۔ اردو ، ہندی ،انگریزی اخبارات نے بھی شوکت حیات کی تقاریر کو بہت نمایاں طور پر شائع کیا کرتے تھے۔خاص طور اس زمانے کے ایک ہندی ہفت روزہ رسالہ'دِنمان'' نے شوکت حیات کی باتوں کو کافی نمایاں طور پیش کیا تھا۔ بعد میں گوپی چند نارنگ نے اس پورے پانچ روزہ فکشن سیمینار/ ورکشاپ میں پڑھے گئے افسانوں اوران افسانوں پر ہونے والے تجزیوں کے ساتھ ساتھ پوری کاروائی کی تفصیل ضخیم کتاب ''نیا اردو افسانہ :انتخاب، تجزیے اور مباحث'' مرتب کر شائع کی تھی۔ جو اس دور کے افسانوی ہنگامہ آرائی اور جاری سفر پر بلا شبہ اہمیت کی حامل ہے ۔اس افسانوی ورکشاپ پر کلام حیدری صاحب نے تو اپنے رسالہ ''آہنگ'' کا ایک خصوصی شمارہ ہی اپریل ۱۹۸۵ء میں شائع کر دیا تھا۔ جس میں بہت سارے اور بڑے اہم تبصرے شائع ہوئے تھے۔اس عالمی نوعیت کے افسانوی ورکشاپ/سیمینار کی ایک خاص بات یہ ہوئی تھی کہ میں نے ابتدا میں جس تثلیث کی بات ہے، یعنی شوکت حیات، شفق اور حسین الحق۔اس تثلیث کے تیسرے نام یعنی حسین الحق کو گوپی چند نارنگ نے مدعو نہیں کیا تھا۔ جس کے باعث وہ بہت زمانے تک نارنگ سے خفا خفا رہے تھے۔ دہلی کے اس مزکورہ فکشن سیمینار اور پھر ۲۰۰۵ء میں سارک رائٹرس کانفرنس میں افسانوں کے فنی، فکری، حرکی، ہیتی جدلیاتی، ریڈیکل اور امکانی اختصاص پر شوکت حیات نے بہت واضح طور اپنے خیالات کا اظہار کیا تھا۔ جن پر کچھ لوگوں نے جہاں حمایت کی وہیں اختلاف بھی ہوا۔ اردو افسانے کے لئے وہ وقت کئی لحاظ سے اہم تھا کہ اردو افسانے کی بنیادیں ہل رہی تھیں اور بقول کلام حیدری......

''جتنی بڑی تعداد میں میرے ہم عمر ہونہار افسانہ نگار اردو میں معتبر ہو سکتے تھے ،ان کی اچھی خاصی تعداد تھک ہار کر راستے میں ہی رہ گئی ۔ یہ تو جوگندر پال، رام لعل، غیاث احمد گدّی، احمد یوسف اور خاکسار کی ڈھٹائی ہے کہ وہ یہاں تک پہنچے، مگر اس حال میں پہنچے کہ ہم سب لہولہان ہیں۔''

لیکن حقیقت یہ تھی کہ نئی کونپلیں پھوٹ رہی تھیں ۔اپنے ان تمام تخلیقی اور عہد کے بدلتے مسائل سے نبرد آزما ہوتے ہوئے شوکت حیات بڑی دل جمعی کے ساتھ افسانے لکھتے رہے اور اپنی شہرت ومقبولیت میں اضافہ کرتے رہے۔اسی زمانے میں، میں نے اپنے ہفتہ وار اخبار ''بودھ دھرتی'' میں مختلف شخصیات پر گوشے شائع کر رہا تھا۔شوکت حیات نے مجھ سے اپنا گوشہ نکالنے کی خواہش ظاہر کی۔ چنانچہ سرورق پر ان کے شاندار اسکیچ کے ساتھ ''ایک شمارہ شوکت حیات کے نام'' ۱۴ اکتوبر ۱۹۸۵ء کو شائع کیا۔ جو ادبی حلقوں میں کافی پسند کیا گیا تھا۔اسی خصوصی گوشہ میں شامل ہونے والے کئی مشاہیر ادب مثلاً نظام صدیقی، رام لعل، مظہر امام، حامدی کاشمیری، زبیر رضوی اور ناچیز کی آراٗ کو شوکت حیات نے اپنے افسانوی مجموعہ ''گنبد کے

کبوتر'' میں شامل بھی کیا ہے۔ اس خصوصی شمارہ کے اداریہ میں، میں نے شوکت حیات کے افسانوں سیاسی اور سماجی شعور نیز نئی حقیقت پسندی کی بابت اشارہ کرتے ہوئے لکھا تھا کہ......

''شوکت حیات نے جدیدیت کے ہنگامی اور بحرانی دور میں بھی زندگی کی شدتوں کا مظاہرہ کرتے ہوئے اپنے افسانوں میں ہیئتی اور فنی تجربہ کرنے کے باوجود سیاسی اور سماجی اعتبار سے ایک طرح کی نئی حقیقت پسندی پر زور دیا ہے......''

شوکت حیات کی خواہش تھی کہ 'بودھ دھرتی' میں شائع ہونے والے پورے مواد کو میں کتابی شکل میں ترتیب دے کر شائع کروں۔ میں رضامند بھی ہو گیا تھا۔ لیکن بہار اردو اکادمی کی مجلس عاملہ (اس وقت میں بہار اردو اکادمی کا ایکزیکیٹو ممبر تھا) کی ایک میٹنگ میں دوست نوازی کے لیے ایک غیر اصولی تجویز کے ذریعہ بہار کے کئی نامور ادیبوں، شاعروں اور صحافیوں کی حق تلفی کی دانستہ کوشش کی جا رہی تھی۔ میں نے شخص واحد (شوکت حیات) کے بجائے اصولی طور پر اس تجویز کی مخالفت کی اور اپنی بات میٹنگ میں منوا کر رہا۔ میٹنگ ختم ہوتے ہی اکاڈمی کے سکریٹری نے اپنی خوشامدی ذہنیت کا ثبوت دیتے ہوئے شوکت حیات کو فون کر دیا کہ میں تو تمہاری مجموعی خدمات کے اعتراف میں ایوارڈ دے رہا تھا لیکن سید احمد قادری نے تمہاری مخالفت کر دی کہ انھیں پہلے ہی یہ اعزاز مل چکا ہے۔ اس بات کو سن کر شوکت حیات کافی چراغ پا ہوئے اور معاملہ نے طول پکڑ لیا۔ جس کی تفصیل اس زمانے میں کئی اخبارات میں بھی آئی تھی۔ وقت گزرتا رہا اور کچھ دنوں بعد شوکت حیات کا رویہ اعتدال پر آ گیا۔ پٹنہ ریڈیو اسٹیشن کے ایک پروگرام کے دوران ملاقات ہوئی تو وہ اسی طرح گلے لگ کر ملے اور شکوے گلے ختم ہو گئے۔ پھر پہلے کی طرح ان کے فون کا سلسلہ شروع ہو گیا۔ فون پر وہ اس بات کا شکوہ کرتے کہ ان کی ادبی تپسیا کا انھیں جو صلہ ملنا چاہیے تھا نہیں ملا۔ اس سلسلے میں وہ کئی لوگوں سے شاکی رہے۔ زمانے کے بے رحم رویہ پر وہ اندر ہی اندر پیچ و تاپ کھاتے رہے۔ یہاں تک کہ انھیں کئی طرح کی بیماریوں نے آ دبوچا۔ جب کبھی ٹھیک ہوتے مجھ سے فون پر بھول جانے کا شکوہ کیا کرتے تھے۔ میں انھیں دلاسہ دیا کرتا تھا کہ آپ بہت جلد ٹھیک ہو جائیں گے اور پہلے کی طرح متحرک اور فعال ہو کر افسانوی ادب میں تہلکہ مچائیں گے۔ لیکن افسوس کہ میرا دلاسہ حقیقت میں نہیں بدل سکا اور اس وقت جب افسانہ نگاروں، ناقدوں، شاعروں اور صحافیوں کا قافلہ سفر آخرت کی طرف رواں دواں تھا، شوکت حیات بھی ۲۱/ اپریل ۲۰۲۱ء کو ان کے ساتھ ہو لئے اور اس طرح یکم دسمبر ۱۹۵۰ کو میں آنکھیں کھولنے والا یہ ایک جینوئن فنکار شوکت حیات اپنے افسانوی سفر کو چھوڑ کر رخصت ہو گیا۔ بے چین آتما کو چین مل گیا ہوگا۔ شوکت حیات کے والد کا نام سید محمد محفوظ الحق تھا۔ جو شوکت حیات کو بچپن میں ہی داغ

مفارقت دے گئے۔ والد کی محرومی کے اثرات شوکت حیات نے بہت شدت سے قبول کیا۔ اپنے افسانوی مجموعہ 'گنبد کے کبوتر' کے انتساب میں وہ اپنے والد کے تعلق سے لکھتے ہیں'' والد سید محمد محفوظ الحق مرحوم کے نام جن کے مطالعے کے شوق اور مجھے دہلی کے سفر میں ڈائری لکھنے کی ہدایت نے مجھے افسانہ نگار بنا دیا...... بابا میں آپ کو بچپن سے مس کر رہا ہوں۔ بچپن میں ہی آپ کو کھونے کا دکھ میری زندگی کا سب سے بڑا غم ہے'' اس غم اور دکھ کا اظہار شوکت حیات کے کئی افسانوں میں ملتا ہے۔ خاص طور پر افسانہ'' گھونسلا'' میں اپنے والد کے ساتھ ساتھ اپنی شاندار روایت، تہذیب اور اپنی جڑوں کی تلاش کی جو تڑپ ہے، وہ بہت گہرا تاثر چھوڑ جاتا ہے۔ گھر کا بڑا ہونے کے ناطے انھیں گھر کی بہت ساری ذمہ داریوں کا بوجھ بھی اٹھانا پڑا ۔ شوکت حیات کے افسانوی مجموعہ کا پہلا افسانہ'' کوبڑ'' بظاہر ایک سیدھا سادہ افسانہ ہے، دو بھائیوں کے درمیان دولت کا حائل ہونا۔ بڑا بھائی پیار و محبت، ایثار کی دولت سے مالا مال ہے اور چھوٹے بھائی کو پٹرو ڈالر نے دولت مند بنایا ہے۔ لیکن لوگوں کے برتاؤ، میں محبت، ایثار کی قدر نہیں، قدر ہے تو اس دولت کی، جو چھوٹا بھائی مشرق وسطیٰ سے کما کر لایا ہے۔ لوگ اس دولت سے مرعوب ہیں، اس کی عزت و احترام، بڑے بھائی کے مقابلے زیادہ ہے، صرف اس لیے کہ روپئے پیسے اس کے پاس بے انتہا ہیں۔ چھوٹا بھائی جب واپس بیرون ملک جانے لگتا ہے تو وہ دہلی تک ہوائی جہاز سے جاتا ہے اور بڑا بھائی ٹرین سے۔ راستے میں لٹ پٹ جاتا ہے بھوکا رہتا ہے، لیکن اس کا چھوٹا بھائی اس کے حال پر ترس نہیں کھاتا۔ ہاں جب الواعی لمحے میں دونوں گلے ملتے ہیں، تو چھوٹے بھائی کا ہاتھ بڑے بھائی کی پیٹھ پر ابھر آئے کوبڑ کو چھو جاتا ہے۔

یہ کوبڑ، دراصل وہ کوبڑ نہیں ہے، جو عام طور پر لوگ دیکھتے اور سمجھتے ہیں، درحقیقت شوکت حیات نے اپنے فکر و فن کا بڑی چابکدستی سے مظاہرہ کرتے ہوئے عصر حاضر کی سماجی اور اقتصادی کوبڑ کو علامتی انداز میں دکھانے کی سعی کی ہے۔ جن لوگوں نے شوکت حیات کی زندگی کو قریب سے دیکھا ہے وہ اس افسانہ کو پڑھنے کے بعد سمجھ سکتے ہیں کہ یہ افسانہ دراصل شوکت حیات کے اپنے آنگن کا ہے۔ جس میں انھوں نے افسانوی رنگ و آہنگ سے انفرادیت بخشا ہے۔

شوکت حیات کے یہاں عصری مسائل، خواہ سیاسی ہوں سماجی، معاشرتی، اقتصادی، تہذیبی ہوں۔ ان تمام مسائل پر ان کی فکرمندی اور فنی ہنرمندی دیکھنے کو ملتی ہیں۔ شوکت حیات نے افسانوی ادب میں اپنی ایک منفرد پہچان بنائی ہے اور وہ اپنے ہر قدم کے نشان بنانے میں بھی کامیاب رہے ہیں۔ افسانوی ادب میں شوکت حیات نے جس حسن و معیار کے ساتھ گرانقدر اضافہ کیا ہے، انھیں کبھی بھی فراموش نہیں کیا جا سکتا ہے۔ اس امر کا اعتراف کئی ناقدین ادب نے بہت ہی واضح طور پر کیا ہے۔ معروف نقاد پروفیسر

وہاب اشرفی کا شوکت حیات کے افسانوں کے سلسلے میں مجموعی تاثر یہ تھا کہ......

"وہ پختہ ذہن فنکار کی طرح آہستہ آہستہ اپنے ذہن کی تصویر کو مکمل کرتے ہیں اور اس کی تکمیل میں مناسب رنگ بھرتے ہیں جو ہر طرح متوازن بھی ہوتا ہے. کہیں کوئی لاتعلق دوغ دھبّہ نہیں. اب جو تصویر سامنے آتی ہے وہ حقیقت واقعہ کا عکس محض نہیں ہوتی بلکہ اس کے اندر ایک ایسی تخلیقی جوت ہوتی ہے جو اس کی شدت کو سرتاسر بڑھا دیتی ہے......ایک انقلابی ذہن میں کیسی کیسی تخلیقی روشنی پیدا ہو سکتی ہے۔اس کا ایک مکمل منظرنامہ شوکت حیات کے افسانے ہیں۔اردو افسانے کی مجموعی تاریخ میں ان کی جگہ معتبر بھی ہے اور محفوظ بھی"۔

شوکت حیات نے جدیدیت کے ہنگامی اور بحرانی دور میں بھی زندگی کی شدتوں کا مظاہرہ کرتے ہوئے اپنے افسانوں میں ہیئتی اور فنّی تجربہ کرنے کے باوجود سیاسی اور سماجی اعتبار سے ایک طرح کی حقیقت پسندی پر زور دیا ہے۔ اس سلسلے میں شوکت حیات کے ابتدائی دور کے افسانے مثلاً "بانگ"، "پاؤں"، "تین مینڈک"، "صدیوں کے لمحے"، "ڈھلان پر رکے ہوئے قدم" اور سچویشن سیریز وغیرہ اور بعد میں سامنے آنے والے افسانے جیسے "خواب"، "وبا"، "جبین"، گھونسلا"، "اتلاف"، "ریگزار"، "ستون"، "پھسینڈا"، "رانی باغ" اور "گنبد کے کبوتر" وغیرہ کئی لحاظ سے اہمیت کے حامل ہیں۔

شوکت حیات کا پہلا اور آخری افسانوی مجموعہ "گنبد کے کبوتر" ۲۰۱۰ء منظرعام پر آیا ہے۔ جس میں انہوں نے کل پچیس افسانوں کو منتخب کیا ہے۔ان افسانوں کے مطالعہ کے بعد بہت ساری رائے بن سکتی ہیں۔لیکن سب سے اچھی رائے مجھے وارث علوی کی لگی وہ لکھتے ہیں:

"شوکت حیات ان جیالے لوگوں میں سے ہیں جو نہ تو کسی نقاد کی توجہ کی پرواہ کرتے ہیں، نہ دوسروں کی بخشی ہوئی بیساکھیوں پر راہِ ادب طے کرتے ہیں۔ وہ اپنا راستہ خود بناتے ہیں اور اپنے اظہار و بیان کے طریقے آپ ہی ایجاد کرتے ہیں۔"

اپنے افسانوی مجموعہ 'گنبد کے کبوتر' میں شوکت حیات نے ان ہی افسانوں کو ہی شامل کیا ہے، جو ان کے خیال میں جدید، مابعد جدید افسانے ہیں اور جو نامیاتی، امکانی، انامیت، نامیات کے قریب ہیں۔ ان افسانوں میں بلاشبہ عہد حاضر کے انسانی مسائل کو جس طور پر برتا گیا ہے ان میں انفرادیت کا پرتو نمایاں ہے۔ اس تناظر میں "کوبڑ"، "گھونسلا"، "میّت"، "گنبد کے کبوتر"، "اپنا گوشت"، "رانی باغ"، "مادھو"، "مرشد"، "سانپوں سے نہ ڈرنے والا بچہ"، "ڈھلان پر رکے ہوئے قدم"، "بھائی"، "مسٹر

گلیڈ''، ''تفتیش''، ''سرخ اپارٹمنٹ''، ''بانگ''، ''شکنجہ''، فرشتے''، ''بلی کا بچہ''، ''گھڑیاں''، ''رحمت صاحب''، ''کوّا''، ''چیخیں''، ''سکوت'' جیسے افسانے پورے اترتے ہیں نیز ان تمام افسانوں میں بیشتر افسانے ایسے ہیں جو نہ صرف مشہور ہوئے، بلکہ مقبول بھی ہوئے اور بحث مباحثہ کے موضوع بھی بنے ہیں۔ اپنے ان افسانوں کے حوالے سے شوکت حیات کا خیال تھا کہ......

> ''میرے افسانے اس تناظر میں دیکھیں جائیں کہ یہ وہ نئے جدید مابعد جدید افسانے ہیں جو دراصل نامیاتی، اور امکانی ہیں اور انامیت، نامیاتیت اور امکانیت پسندی کے سرمدی اوصاف سے مملو ہیں۔ ان افسانوں میں آج کے عہد اور آج کے انسان، اس کے مسائل کو نئے ڈھنگ، لہجے، تکنک، ٹریٹ منٹ، موضوع، فکری بصیرت اور تیور کے ساتھ دریافت کرنے کی کوشش کی گئی ہیں''

شوکت حیات کے اپنے افسانوں کے ضمن میں بیان کیے گئے خیالات کی روشنی میں جائزہ لیا جائے تو یہ محسوس کیا جاسکتا ہے کہ شوکت حیات نے زندگی کے نشیب وفراز کو بہت قریب سے دیکھا ہے اور شدت سے محسوس کیا ہے۔ مطالعہ کی گہرائی، مشاہدہ کی وسعت اور تجربات کی تپش نے ان کے بیشتر افسانوں میں حیات وکائنات کی جدت طرازی اور فنکارانہ حسن کی آمیزش سے افکار واظہار کا شاہکار بنانے کی کوشش کی ہے۔

اپنے عہد کے مسائل کو فکری وفنّی تقاضوں کو شوکت حیات نے اپنے افسانوں بخوبی برتا ہے۔ اس امر کا اعتراف کرتے ہوئے نامور نقاد شمس الرحمٰن فاروقی شوکت حیات کے افسانوں کا جائزہ لیتے ہوئے لکھتے ہیں۔

> ''دوسری باتوں کے علاوہ ان کے یہاں جو خاص بات مجھے نظر آئی ہے وہ یہ کہ ان کی کہانیاں صرف سماجی شعور کا ہی پتہ نہیں دیتیں بلکہ ان کے یہاں 'سماجی ضمیر' کو پوری گہرائی کے ساتھ گرفت میں لینے کا رجحان بھی ملتا ہے۔''

شمس الرحمٰن فاروقی نے شوکت حیات کے کس یا کن افسانوں کے مطالعہ کے بعد یہ رائے قائم کی تھی اس بات کا اندازہ نہیں ہوسکا۔ لیکن جن لوگوں نے شوکت حیات کا افسانہ ''گنبد کے کبوتر'' کو پڑھا ہے۔ انھیں اس بات کا ضرور احساس ہوا ہوگا کہ شوکت حیات کے اس افسانے میں سماجی ضمیر کے احساسات کے ساتھ ساتھ اپنی گہری سیاسی بصیرت کا بھی احساس کرانے کی کامیاب کوشش کی ہے۔ اس افسانہ کا پہلا پیراگراف بابری مسجد کے انہدام کے المناک سانحہ کی جانب اشارہ کرتا ہوا نظر آتا ہے۔ اس افسانہ کا یہ

اقتباس ملاحظہ کریں۔

"بے ٹھکانہ کبوتروں کا غول آسمان میں پرواز کر رہا تھا۔ متواتر اڑتا جا رہا تھا۔ اوپر سے نیچے آتا۔ بیتابی اور بے چینی سے اپنا آشیانہ ڈھونڈتا اور پھر پرانے گنبد کو اپنی جگہ سے غائب دیکھ کر مایوسی کے عالم میں آسمان کی جانب اڑ جاتا..."

یہ افسانہ جس خوبصورتی اور فنکارانہ طور پر بُنا گیا ہے۔ اس کی تعریف ہر طرف کی گئی ہے۔ خود شوکت حیات کو اپنا یہ افسانہ کافی پسند تھا، یہی وجہ رہی کہ انھوں نے اپنے افسانوی مجموعہ کا نام اسی افسانہ پر رکھا۔ ناقد وارث علوی نے اس افسانہ کے عنوان اور معنویت سے متاثر ہو کر لکھا تھا کہ ......

"گنبد جب تک تھا، علامت تھا ہماری تاریخ تہذیب اور مذہب کی۔ اب نہیں رہا تو ایسا روحانی خلا پیدا ہو چکا ہے جس کی ماہیت کا بھی ہمیں شعور نہیں۔ اس خلا میں ان کبوتروں کے پروں کی پھڑ پھڑاہٹ کی آواز گونجتی ہے جو گنبد کے نہ ہونے سے بے سہارا ہو گئے ہیں۔ کبوتروں سے قطع نظر آدمی کا بے سہارا پن ایسے دور دراز اندیشوں کو جنم دیتا ہے کہ وقت کے بہاؤ میں اس کی شکستہ کشتی کو کوئی کنارہ مل سکے گا یا نہیں یا پھر یہ ہولناک انجام کا آغاز ہے۔"

شوکت حیات کے یہاں عصری مسائل، خواہ سیاسی ہوں سماجی، معاشرتی، اقتصادی، تہذیبی ہوں، ان تمام مسائل اور موضوعات پر ان کی فکرمندی اور فنّی ہنرمندی بڑے ہی رچاؤ بساؤ کے ساتھ سامنے آتی ہیں۔ شوکت حیات نے افسانوی ادب میں اپنی ایک خاص شناخت بنائی ہے جو ہمیشہ قائم و دائم رہے گی، اس کا مجھے یقین ہے۔

● ڈاکٹر شہاب ظفر اعظمی

شوکت حیات کا افسانوی اختصاص

شوکت حیات ہمارے عہد کے اردو افسانے کی منفرد آواز تھے۔ ان کے اسلوب، لہجے اور موضوعات کی انفرادیت کا یہ عالم ہے کہ ان کی افسانہ نگاری سب سے الگ پہچانی جاتی ہے۔ بانگ، گنبد کے کبوتر، پھسینڈا، شکنجہ، سرخ اپارٹمنٹ، بھائی، کوا، کوبڑ، تفتیش، قرارداد، رحمت صاحب، ڈھلان پر رکے ہوئے قدم، ختم سفر کی ابتدا، ریپ، مادھو، سرپٹ گھوڑا، سانپوں سے نہ ڈرنے والا بچہ، چیخیں، فارمولا اور مسٹر گلیڈ وغیرہ ان کے افسانوی شعور کی عظمتوں کی امین کہانیاں ہیں۔ ان کہانیوں کے مطالعے سے یہ حقیقت کھل جاتی ہے کہ ان کا خالق ایک زندہ، توانا اور متحرک فنکار ہے جس کی قوت متخیلہ نامیاتی، زرخیز اور کائنات گرد ہے۔

شوکت حیات خوشبوؤں، خوبصورتیوں، روشنیوں، رنگوں اور امن وآشتی کی متلاشی ایک بے چین وبے قرار شخصیت کے مالک تھے۔ یہ بے قراری اور بے چینی شاید اس لئے تھی کہ متعفن فضاؤں نے خوشبوؤں کو جلا وطن کر دیا ہے، بدصورت کرداروں نے خوب صورتیوں کو نیست ونابود کر دیا ہے اور اندھیروں نے اجالوں کو مقفل کیا ہوا ہے۔ شوکت حیات امن وآشتی کی جلاوطنی اور خوب صورتی وروشنی کی قفل بندی پر پُرزور احتجاج کرتے ہیں۔ بہتر دنیا، بہتر معاشرہ اور بہتر انسانوں کی جستجو ان کے آؤٹ لک کا خصوصی خاصہ ہے اس لئے وہ اس تلاش کو اپنے فن کی بنیاد سمجھتے ہیں۔ وہ ناہمواریوں کے خلاف جدوجہد کرتے ہوئے صرف گلہ نہیں کرتے بلکہ ان سے ہمہ وقت ٹکرانے کو تیار بھی رہتے ہیں۔ اسی لئے ممتاز نقاد پروفیسر وہاب اشرفی نے انہیں بجا طور پر ”Protest کا فنکار“ قرار دیا ہے۔

شوکت حیات موجودہ عہد کے ایک جنوین اور سچے فنکار بھی تھے جو کسی تمنا اور صلے کی پروا کئے بغیر صرف اپنے فکروفن سے مطلب رکھتے تھے۔ انہوں نے مختلف تحریکوں اور رجحانوں کو دیکھا اور ان پر اپنی رائے بھی قائم کی مگر کبھی کسی تحریک ورجحان کے زیر اثر نہیں رہے اس لئے ان کی افسانہ نگاری کو کسی دبستانی فکروسیاست سے وابستہ کرنا ناانصافی ہوگی۔ ترقی پسندی، جدیدیت اور مابعد جدیدیت کے نام نہاد اصولوں نے ان کے فن پر کوئی اثر نہیں ڈالا۔ وہ ہر محفل میں آزادی سے اپنی بات کہتے تھے اور ہر افسانے میں اپنا فنی اصول قائم رکھتے تھے اسی لئے ان کے افسانوں میں سماجی ناہمواریوں اور ماحول کے جبر کا تذکرہ نعرہ بازی

اور پروپگینڈے کے انداز میں نہیں ہے بلکہ سماجی بے انصافیوں اور ماحول کے نامساعد ہونے کا فنکارانہ اظہاران کی افسانہ نگاری کا جزوِ خاص ہے۔فن کے تعلق سے ان کا نقطۂ نظر خالص غیر کاروباری ہے۔ وہ آرڈر پر افسانے لکھنے کا سطحی کام نہیں کرتے نہ ہی انہوں نے قلم کی تقدیس کو نیلام گھر کی زینت بنایا ہے۔ان کے ذہن وفکر پر جس واردات نے بھی اثر ڈالا انہوں نے اسے بغیر لگی پٹی صفحۂ قرطاس پر فنکارانہ انداز میں سجادیا ہے۔یہی عمل ایک سچے فنکار کی شناخت کرواتا ہے۔

شوکت حیات افسانوی ادب میں ''اَکہانی'' کی آواز بلند کرتے ہوئے ساتویں دہائی میں داخل ہوئے۔ یہ اینٹی اسٹوری لکھنے کی تحریک تھی جس کے ڈانڈے بلراج مینرا کی ''کمپوزیشن'' سریز اور سریندر پرکاش کے ''تلقارمس'' سے ملتے تھے۔شوکت حیات نے بھی ایسی کہانیاں بڑی تعداد میں لکھیں اور کمپوزیشن سریز کی طرح ''سچویشن سریز'' کی کہانیاں بھی لکھیں مگر ان کی شناخت احتجاج پر مبنی افسانے ''بانگ'' سے قائم ہوئی۔ یہ وہ وقت تھا جب شوکت حیات نے محسوس کرلیا تھا کہ ''اکہانی'' مشرقی مزاج سے لگا نہیں کھاتی۔لہذا ''بانگ'' شوکت حیات کے ساتھ ساتھ اردو افسانے کا بھی Point Turning ثابت ہوا جس میں علامت کا پردہ بہت باریک ہے اور احتجاج کی لئے دبیز۔ یہ افساد متشدد قسم کے علامتی اور Plotless افسانوں کے خلاف بھی احتجاج تھا جس کے آر پار بڑی آسانی سے فن کے ساتھ افسانے کے مستقبل کو دیکھا جاسکتا تھا۔اس کے بعد شوکت حیات کے اکثر افسانے بیانیہ لہجہ لئے ہوئے سامنے آئے مگر ان کا بیانیہ بالکل برہنہ اور شفاف نہیں ہوتا۔وہ ہلکے سے ابہام اور پردہ داری کے قائل ہیں جو تخلیق کے حسن کو بڑھاتی ہے اور تاثر کی شدت میں سرتاسر اضافہ کرکے نیا رنگ پیدا کرتی ہے۔

''بانگ'' کے بعد جتنے افسانے ہمارے سامنے آئے ان میں کسی نہ کسی رویئے کے خلاف احتجاج کا پہلو نمایاں ہے اس لئے وہ سب زمین سے جڑے ہوئے ہیں۔ان میں سماجی زندگی سے ان کے گہرے تعہد اور وابستگی کا احساس پایا جاتا ہے اور سماجی احتجاج کی لئے شدت اختیار کرتی جاتی ہے۔شوکت حیات تصورات کی حسین وادیوں میں وقت گزاری کے قائل نہیں۔ان کے افسانوں میں عصری آگہی ہے، حادثات زمانہ کی دھمک ہے۔ وہ اپنی دنیا میں گم رہنے والے فنکار بھی نہیں، بلکہ پوری انسانیت کے دکھوں اور لوگوں کے جھمیلوں میں شامل ہوتے ہیں، ان کے کرب کو اپناتے ہیں اور پھر اسے اپنے تجربے کا حصہ بناتے ہیں۔ان کی کہانیاں نادار، محنت کش، محروم اور بے روزگار لوگوں کی صدائیں ہیں۔ جبر واستبداد، استحصال ودادا گیری اور تہذیب وسیاست کے نام پر مکاریوں کو اکسپوز کرتی ہیں۔اس اکسپوزر میں ان کے اندر کا فنکار تمام واقعے حادثے اور المیے پر بہت خاموشی کے ساتھ اپنا احتجاج بھی درج کراتا رہتا ہے مگر یہ احتجاج نعرہ یا پروپگنڈہ نہیں بنتا کیونکہ

فن کارانہ چابکدستی اور حسن کاری ان کی آواز کو پرتاثیر اور پرکشش بنادیتی ہے۔

شوکت حیات کی ایک خوبی یہ بھی ہے کہ وہ افسانوں کی تلاش میں ادھر ادھر نہیں بھٹکتے بلکہ اپنے اردگرد اور آس پاس کے ان واقعات اور معاملات کو افسانوں میں ڈھالتے ہیں جو ہماری نظروں کے بالکل سامنے ہیں لیکن ہم ان سے سرسری گزر جاتے ہیں۔ چھوٹے چھوٹے واقعات اور موضوعات کو وسعت بخشنے کو بھی شوکت حیات نے اپنا خاصہ بنانے کی کوشش کی ہے۔ موضوعاتی اعتبار سے ان کے افسانے دو حصوں میں تقسیم کئے جاسکتے ہیں۔ اول ایسے افسانے جن میں مرکزیت کردار کو حاصل ہے۔ اس طرح کے بیشتر افسانے سماجی، معاشی اور سیاسی حقیقت نگاری کے زمرے میں آتے ہیں۔ دوسری طرح کے افسانوں میں اہمیت کردار کے بجائے ماحول کو ہے اور یہاں مخصوص انفرادی اور مرکزی کردار کے بجائے ایسے کردار پیش کئے گئے ہیں جو اپنے تجربات میں اجتماعی آہنگ کو پیش کرتے ہیں۔ اس طرح کے افسانے عموماً معاشی اور نفسیاتی حقیقت نگاری کے مختلف عناصر سے مملو ہیں۔ مگر ہر افسانے کا موضوع الگ ہے اور موضوع کے لحاظ سے ہر افسانے کا الگ الگ ٹریٹمنٹ ہے۔ لیکن ہر افسانہ اپنی انفرادیت قائم کرنے کی صلاحیت ضرور رکھتا ہے۔ آیئے ذیل میں دونوں طرح کے چند منتخب افسانوں پر ایک نظر ڈالیں۔

''بھائی'' فرقہ وارانہ فسادات کے پس منظر میں لکھا گیا ایک اہم افسانہ ہے۔ اس میں افسانہ نگار نے انسانی نفسیات کی خوب صورت عکاسی کی ہے۔ جب ماحول بگڑتا ہے تو اس طرح ایک فرقے کا دوسرے پر سے اعتماد اٹھ جاتا ہے کہ فریق مخالف کا ہر عمل اور ہر حرکت خوفزدہ کرتی رہتی ہے کہ وہ اس پر حملہ آور نہ ہو جائے۔ تذبذب کی اس فضا میں ہر منزل، گرد و پیش کا ہر منظر، غرض کہ زمین اور آسمان نادیدہ اور نامعلوم خطروں سے بھرے ہوئے معلوم ہوتے ہیں۔ دوسرے آدمیوں کی دھند میں مٹی مٹی شکلیں اتنی پراسرار اور غیر حقیقی معلوم ہوتی ہیں کہ ان سے خوف آتا ہے اور دشمنی کی بو۔

''اس تندرست آدمی سے محتاط رہنا ضروری ہے...... اس نے سوچا اسے بے حد افسوس ہوا کہ آج اس کی جیب میں وہ کی رِنگ بھی نہیں تھی جس میں پھل کاٹنے والا ایک ننھا سا چاقو ہوتا تھا۔ اس کے حملہ آور ہونے کی صورت میں کچھ تو اپنا بچاؤ کرسکتا تھا۔ لیکن وہ تو نہتا تھا۔ اس تنومند آدمی کی جیب میں نہ جانے کون سا ہتھیار ہوگا۔ نہ بھی ہوا تو کیا اس کا مضبوط جسم ہی اسے زیر کرنے کے لئے کافی نہیں۔ اس نے غور کیا کہ تنومند آدمی مستقل اپنا ہاتھ جیب میں ڈالے ہوئے تھا'' (بھائی)

یہ افسانہ ایک مخصوص فضا اور ماحول پر مبنی ہے جس میں ہر آدمی دوسرے کو خطرہ سمجھتا ہے۔ یہ وہ ماحول ہے جو ہمارے آس پاس ہر جگہ پیدا کر دیا گیا ہے۔ یہ اس صدی کی کڑوی سچائی ہے۔ مگر افسانہ اپنے

خاتمے پر اِس کڑوی سچائی کو مٹھاس میں تبدیل کر کے امید کی فضا قائم کر دیتا ہے کہ اس ماحول اور فضا میں صداقت، دوستی بھائی چارگی اور زندگی بھی ہے جو ہمارے سماج کی بقا کی ضامن ہے اور جس کی وجہ سے یہ فضا دیر پا نہیں رہ سکتی۔ شوکت حیات کے کئی افسانے فرقہ وارانہ فسادات اور اس کے مضمرات کے تجزیے پر مبنی ہیں۔ مثلاً ''تفتیش'' فرقہ وارانہ فساد کے اسباب وعلل کی تفتیش پر مملو افسانہ ہے اور پلاٹ کے اعتبار سے ڈھیلا ڈھالا ہوتے ہوئے بھی کامیاب کہا جا سکتا ہے۔ ''سانپوں سے نہ ڈرنے والا بچہ'' میں ہندو فرقہ پرستی کے مکر وہ چہرے کی شناخت کی کوشش کی گئی ہے اور نئی نسل کو یہ سبق دیا گیا ہے کہ اب صرف احتجاج سے کام نہیں چلنے والا، انہیں اپنی حفاظت خود کرنی ہوگی۔ متشدد صورت حال کا مقابلہ ایسی ہی جوابی کارروائی سے کیا جا سکتا ہے۔

بابری مسجد سانحے اور فرقہ وارانہ فسادات کے پس منظر میں لکھا جانے والا افسانہ ''گنبد کے کبوتر'' تو شوکت حیات کی شناخت ہی بن چکا ہے۔ ''بانگ'' کے بعد ان کا یہ دوسرا افسانہ ہے جسے بے حد مقبولیت حاصل ہوئی۔ اِس موضوع پر کئی افسانے لکھے گئے مگر دو افسانے ''گنبد کے کبوتر'' اور زاہدہ حنا کا افسانہ ''منزل ہے کہاں تیری'' زیادہ قابل اعتنا سمجھے گئے۔ اس کے باوجود دونوں میں کہانی پن، ٹریٹمنٹ اور زاویہ نظر کا جو فرق ہے وہ شوکت حیات کے افسانے کو انفرادیت اور دائمی زندگی بخشتا ہے۔ افسانے کا آغاز یوں ہوتا ہے :

''بے ٹھکانہ کبوتروں کا غول آسمان میں پرواز کر رہا تھا۔ متواتر اڑتا جا رہا تھا۔ اوپر سے نیچے آتا، بے تابی اور بے چینی سے اپنا آشیانہ ڈھونڈتا اور پھر پرانے گنبد کو اپنی جگہ سے غائب دیکھ کر مایوسی کے عالم میں آسمان کی جانب اڑ جاتا۔''

یہ آغاز ہی بابری مسجد کی شہادت کے بعد کی فضا کو واضح کرنے کے لئے کافی ہے کہ شام کے وقت گنبد کے اوپر بسیرا کرنے والے کبوتر لوٹتے ہیں تو ان کا آشیانہ موجود نہیں ہوتا۔ ان کبوتروں پر کیا گزری؟ یہاں پر کبوتروں اور مسلمانوں کو یکجا کر کے افسانے کی نہج اور اثر پذیری کا اندازہ لگایا جا سکتا ہے۔ اور پھر افسانہ اِن سطور پر ختم ہوتا ہے :

''بچے اپنے بستروں میں گہری نیند میں مبتلا تھے۔ سب کے چہرے پر ایسی اذیتیں جیسے کوئی بہت ڈراؤنا اور تکلیف دہ خواب دیکھ رہے ہوں۔

آخر وہی ہوا جس کا ڈر تھا...... اس کے جسم میں کاٹو تو لہو نہیں۔ بالکنی کے کھلتے ہی وہاں کے ٹوٹے پھوٹے منتشر حال زار نے اسی اپنی گرفت میں لے لیا۔ نچے ہوئے پھول، موزائک کے فرش پر مسلی کچلی بکھری ہوئی پھولوں کی پنکھڑیاں ٹوٹے ہوئے گملوں کی مٹیوں کے جا بجا ڈھیر...... گوریوں کے گھونسلوں کے منتشر تنکے...... گوریوں کا کوئی پتہ نہیں تھا...... گلہری، تتلیاں اور بھنورے تو اب ایک مدت تک دکھائی نہیں

دیں گے......اس کی بالکنی کا سارا حسن ملیامیٹ ہو چکا تھا۔ آخر بچوں نے اپنے کھیل میں میرا سب کچھ ......اس کا اندیشہ صحیح نکلا۔ اُس دن اپارٹمنٹ میں گھسے سانپ کو چند بچوں نے اپنے قبضے میں لے لیا تھا اور اس سے کھیلنے کے خطرناک عمل کے عادی ہو گئے تھے۔ اسی لئے تو بچے اتنے زہریلے اور وحشی ہو گئے تھے۔''

آسمان میں گنبد کے خون آلود کبوتروں کا غول مستقل جائے امان کی تلاش اور کچھ کر گزرنے کے جنون میں چکر کاٹ رہا تھا۔ بیوی سے اس کی نگاہیں ملیں تو اسے اچانک احساس ہوا کہ گھر میں میت پڑی ہے اور باہر کرفیو میں اس کی تدفین ایک سنگین مسئلہ ہے۔ (گنبد کے کبوتر)

افسانہ ختم کرنے کے بعد قاری تاثر کے بیکراں سمندر میں دیر تک غوطہ زن رہتا ہے۔ وہ چاہ کر بھی نہیں نکل سکتا کیونکہ کہانی کا تانا بانا، واقعات اور کردار اسے پوری طرح گرفت میں لینے کی طاقت رکھتے ہیں۔ بلاشبہ اس موضوع پر یہ ایک جاندار و یادگار کہانی ہے جس کی بنت میں شوکت حیات نے اپنی ارفع فنکاری کا ثبوت دیا ہے۔

ہندو مسلم مشترکہ کلچر کے زوال اور نکسلی آندولن کے مسائل پر مشتمل شوکت حیات کا افسانہ ''پھسینڈا'' بھی ایک کامیاب افسانہ ہے جو ایک طرف تو یہ دکھاتا ہے کہ عام معصوم انسان جو ہمیشہ امن وسکون کے حامی رہتے ہیں کس طرح دھیرے دھیرے تبدیل ہو رہے ہیں؟ حالات کیسے ان کے ذہن وفکر میں آہستہ آہستہ مسموم ہوائیں داخل کر رہے ہیں؟ دوسری طرف نکسلی آندولن جو مثبت اور اعلیٰ مقاصد کے ساتھ شروع ہوا تھا کس طرح پراگندگی کا شکار ہو کر احتجاج کے بجائے استحصال کی علامت بن گیا ہے۔ دو مختلف موضوعات کو ایک افسانے میں پیش کرنا آسان نہ تھا مگر شوکت حیات نے انہیں جس فنکاری سے پیش کیا ہے وہ قابل تعریف ہے۔ مزید یہ کہ محبت کی ایک کہانی بھی درمیان میں آہستہ روی کے ساتھ بڑھتی رہتی ہے۔ اس افسانے میں مرکزیت ایک کردار ٹیمپو ڈرائیور کو حاصل ہے جو تعلیم یافتہ اور اعلیٰ ذات سے تعلق رکھنے کے باوجود بے روزگاری کے سبب کرائے کا ٹیمپو (تھری وہیلر) چلانے پر مجبور ہے۔ یہ کردار بظاہر عام سا ہے مگر مضبوط و طاقتور ہونے کے سبب ذہن پر دائمی نقش ثبت کر دیتا ہے۔ ایک دن اُسے پٹنہ شہر کے کُرجی موڑ سے گاندھی میدان کے درمیان سفر میں بدرالدین صاحب جیسا تعلیم یافتہ اور شریف آفیسر مل جاتا ہے اور وہ ''بک بکوا'' ڈرائیور شروع ہو جاتا ہے۔ ایک گھنٹے کے سفر میں وہ بے روزگاری، سیاست، نکسلی آندولن اور محبت جیسے موضوعات پر ایسی دانشورانہ و عالمانہ گفتگو کرتا ہے کہ بدرالدین صاحب حیران رہ جاتے ہیں۔ ساتھ ساتھ انتہائی فن کارانہ انداز میں ایک دوست کی کہانی بیان کرتا جاتا ہے مگر کہانی مکمل ہونے سے قبل ہی منزل آجاتی ہے۔ اور جب بدرالدین صاحب کہانی کا انجام جاننے کے خواہش مند ہوتے ہیں تو وہ کہتا ہے:

''ہمیشہ یہی ہوتا ہے جناب...... کہانی مکمل ہونے سے پہلے ہی گاندھی میدان آجاتا ہے اور کہانی درمیان میں ختم کرنی پڑتی ہے...... یہی ٹریجڈی ہے اِس کہانی کی...... اب تو واپسی کے لئے نمبر لگنا ہے جناب...... پھر کبھی۔''

دیکھتے دیکھتے وہ اپنے ٹیمپو کے ساتھ بھیڑ میں تحلیل ہو چکا تھا۔

اچانک گاندھی میدان کے آگے دھماکہ ہوا اور لوگ سرپٹ بھاگنے لگے اس نے دونوں ہاتھ جیب میں ڈال لئے۔ انگلیاں جیب میں پڑی سختیوں سے مس ہوئیں۔ چاروں طرف طائرانہ نظروں سے دیکھتے ہوئے اس نے اطمینان کی سانس لی اور ایک جانب روانہ ہو گیا۔ ہونٹوں پر پراسرار مسکراہٹ رینگ رہی تھی'' (پھسینڈا)

افسانہ ختم ہو جاتا ہے اور ساتھ ہی ساتھ وہ نامکمل کہانی بھی قاری کے ذہن میں تکمیل تک پہنچ جاتی ہے کیوں کہ افسانہ نگار نے اشاروں اشاروں میں اتنا کچھ کہہ دیا ہے کہ قاری دیر تک سوچ وفکر میں مبتلا رہنے پر مجبور ہے۔ لفظ ''پھسینڈا'' جو عنوان کے طور پر اُسے حیران کن لگا تھا اور جسے اس نے کسی ڈکشنری میں بھی نہیں پایا تھا کہانی کی قرأت کے بعد جہان معنی پیش کرتا ہے۔ یہ ایک کرداری افسانہ ہے مگر افسانہ نگار نے کردار کو اپنے عقائد واحتساب کا پابند نہیں بنایا۔ وہ کردار کے قاضی بھی نہیں صرف واقعہ نویس ہیں۔ انہوں نے اپنی ہمدردیوں کو تعطل میں ڈال کر قاری کو آزاد چھوڑ دیا ہے کہ وہ اس کے بارے میں جو رائے چاہے قائم کرے۔

فرقہ وارانہ فسادات اور مشترکہ کلچر کے زوال کے علاوہ پرانی تہذیبوں اور قدروں کی شکست وریخت بھی شوکت حیات کو بے چین کرتی ہے۔ صداقت وبصیرت اور روایات واقدار کی تلاش، انسان کے مقدر کی شدید جستجو، موت کی قطعیت اور حیات بعد الموت کی پیچیدگی اور زندگی کی معنویت سے محروم ہو جانے کے احساس کو انہوں نے اپنے کئی افسانوں میں خوب صورتی سے برتا ہے۔ ایسا ہی ایک افسانہ ''گھونسلا'' ہے جس میں ایک شخص برسوں بعد اپنے شہر لوٹ کر گھپ اندھیری رات میں اپنے گھر کی تلاش میں نکلتا ہے۔ وہ رکشے میں سوار ہو کر پورے شہر کا چکر لگاتا ہے اور بار بار رکشے والے کو نئے راستوں سے چلنے کی ہدایت کرتا ہے لیکن ہر بار اسے مایوس ہونا پڑتا ہے۔ رکشے والا جو لوٹ کر آنے والے مسافر شخص کا باپ ہے اور جو خود بھی گھر سے محروم ہو چکا ہے ناکام تگ ودو کے بعد بالآخر اس مطلوبہ ٹھکانے کا انکشاف کرتا ہے جواب صاف اور چٹیل میدان کی صورت اختیار کر چکا ہے۔ رکشے پر سوار شخص اپنے ٹھکانے تک پہنچنے کے لئے بے چین ہے۔ اس تمثیلی کہانی میں شناخت کے آثار سے محروم ہو جانے والا اصل ٹھکانہ (چٹیل میدان) پرانی روایت اور تہذیب کا امین ہے اور اس ٹھکانے سے سفر کرنے والے شخص کا روحانی اور جذباتی تعلق ہے۔ زندگی ایک

سفر ہے اس لئے افسانہ بھی سفر سے شروع ہوتا ہے اور تا آخر سفر جاری رہتا ہے۔ وہ شخص بار بار راستے بدلتا ہے لیکن سارے راستے اسے اسی چٹیل میدان تک پہنچاتے ہیں۔ اس نے مندر، مسجد، چرچ اور گردوارے کا راستہ بھی اختیار کیا لیکن یہ بھی اسے وہیں تک پہنچا سکے یعنی مذہب جو روحانی اقدار وافکار کے تحفظ کا وسیلہ ہے وہ بھی مٹتی ہوئی تہذیبوں اور فنا پذیر قدروں کو محفوظ نہ رکھ سکا اور نئی تہذیبیں ان پر حاوی ہوگئیں۔ افسانہ اِن سطور پر ختم ہوتا ہے جب روتے ہوئے رکشہ والا سفر کرنے والے شخص سے کہتا ہے۔

''تم جس علاقے، جس بستی کو ڈھونڈ رہے ہو اسے عرصہ پہلے بلڈوزروں نے چٹیل میدان میں تبدیل کر دیا...... میں بھی ہفتوں اسی طرح پورے شہر میں دیوانہ وار پاگلوں کی طرح چکر کاٹتا ہوا بار بار اسی چٹیل میدان تک پہنچا تھا...... بلڈوزروں نے سب کچھ اجاڑ دیا۔ بھری پری بستی کو ملبے میں تبدیل کیا اور پھر چٹیل میدان بنا دیا...... میری دکان، میرا گھر اور تمام اہل وعیال زندہ درگور ہوگئے...... بیٹے میں نے تو صبر کر لیا تھا لیکن آج بار بار اس چٹیل میدان کو دیکھ کر پرانے زخم ہرے ہوگئے'' (گھونسلا)

افسانے کی آخری سطروں میں اس تمثیلی افسانے کو واضح کرنے والے چند معنی خیز اشارے موجود ہیں۔ بلڈوزروں (تہذیب نو) کے ذریعہ بستی (پرانی تہذیب) کو مٹا ڈالنا دراصل نظام اقدار کی کشمکش میں نئے نظام کے غلبے اور پرانے اقدار اور پرانی تہذیبوں کی شکست کا المناک منظر نامہ ہے۔ اس منظر نامے کی ترتیب میں دوسرے اجزا بھی معاون ہوتے ہیں مگر سب مل کر ایک ہی مفہوم تک پہنچاتے ہیں اور وہ مفہوم ہے ہماری روایتوں اور قدروں کا زوال...... شوکت حیات نے اس افسانے کو بڑے اختصار اور جامعیت کے ساتھ پورا کیا ہے اور تمثیلوں کے وسیلے سے ایسی کہانی تخلیق کی ہے جو بیک وقت خارجی اور داخلی دونوں سطحوں پر چلتی ہے۔

جہاں مقامی سطح پر فرقہ پرستی، دہشت گردی، فرقہ وارانہ فساد اور قدروں کے زوال جیسے مسائل کو شوکت حیات نے اپنے افسانوں کا موضوع بنایا ہے وہیں بین الاقوامی مسائل جیسے مغربی ملکوں کے ذریعہ نام نہاد امن عالم، مسلم ممالک میں بیداری کی لہریں، بوسنیا، عراق اور افغانستان کے مسائل اور دہشت گردی کے نام پر لڑی جانے والی جنگوں کو بھی شوکت حیات نے اپنی فکر کا حصّہ بنایا ہے۔ ان کا افسانہ ''فارمولا'' ایک ایسے ہی موضوع پر مبنی ہے جو افغانستان کی جنگ کا پس منظر لئے ہوئے ہے۔ اس افسانے میں شوکت حیات نے بڑی فنکاری سے یہ دکھایا ہے کہ کس طرح ایک غریب ملک جس کے سینے میں قدرتی دولتیں دفن ہیں اس پر دو دہائی سے دنیا کی عظیم طاقتیں اپنے دانت گڑائے ہوئے ہیں۔ افسانہ ان طاقتوں کی سامراجی سازشوں سے پردہ اٹھاتا ہے کہ پہلے اس ملک پر قبضہ کرنے والی ایک سپر پاور کو بے دخل

کرنے کے لئے دوسری سپر پاور وہاں کے عوام کو مسلح کرتی ہے اور جب عوام فتح حاصل کر لیتے ہیں تو بے خطر ہو کر دوسری طاقت سازشوں کا جال بن کر اس ملک پر جنگ تھوپ دیتی ہے۔ اس دوران ایک ''طویل مدتی منصوبہ'' بھی تیار ہوتا ہے اور جب اس کا نفاذ ہوتا ہے درختوں کی پتیاں زرد ہونے لگتی ہیں، جڑیں کھوکھلی ہو جاتی ہیں اور پھل کڑوے ہو جاتے ہیں۔ ایسے حالات میں ملا محمد سالم اپنی تدبیر سے ایک حکمت عملی ترتیب دیتے ہیں۔ وہ اپنی تقریر میں عہد حاضر کی مکروہ بین الاقوامی سیاست اور مغرب کے عیسائی ممالک کی سازشوں پر سے پردہ اٹھا کر اپنے ہم وطنوں کو ان سے نبرد آزما ہونے کی حکمت عملی پیش کرتے ہیں۔ افسانے کی اصل خوبی یہ ہے کہ بغیر افسانویت کو مجروح کئے ہوئے مغربی سازشوں اور عصر حاضر کی حقیقتوں کو افسانہ نگار نے نہایت رمزیت اور معنویت کے ساتھ پیش کیا ہے۔

شوکت حیات کے یہاں موضوعات کا تنوع حیرت انگیز ہے۔ انہوں نے بڑے بڑے مسائل اور تغیرات کے ساتھ چھوٹی چھوٹی باتوں، معمولی اور غیر اہم حادثوں کو بھی افسانے کا موضوع بنایا ہے جو بظاہر عام اور غیر اہم ہوتے ہیں مگر ان کے بطن سے انسانی ہمدردی، مساوات، قدروں کی پاسداری کی کرنیں پھوٹتی ہیں اور استحصال، بے بسی، غریبی، بھوک جیسے مسائل اور حالات کا جبر قاری کو فکر و عمل کی دعوت دیتے ہیں۔ شکنجہ، کوبڑ، مسٹر گلیڈ، چیخیں، رحمت صاحب، قرارداد اور کوّا جیسے افسانے اسی زمرے میں آتے ہیں۔

''شکنجہ'' ایک غریب قلی کی کہانی ہے جو پیٹ کی بھوک کے شکنجے میں پھنس کر بھی اپنی قدروں سے بے نیاز نہیں ہو سکا۔ اور بیٹے کو تعلیم دلانے کی خواہش رکھتے ہوئے لاچار ہے کہ اس سے مزدوری کرائے۔ بچہ بھی باپ سے شفقت و محبت کے بجائے صرف محنت اور مزدوری کی باتوں کی ہی توقع رکھتا ہے۔ اسی لئے حادثے میں جان بچ جانے کے بعد اسے باپ کا پیار کرنا حیرت انگیز معلوم ہوتا ہے (لیکن بس تھوڑی دیر کیونکہ فوراً باپ کی نگاہوں میں بھاگتی ہوئی ٹرین، اترتے ہوئے مسافر اور مزدوری کے پیسے آجاتے ہیں)

''پورا مجمع مسرت سے ہمکنار تھا۔ سب لوگ بیٹے کی جان بچ جانے پر خوش ہو رہے تھے۔ باپ نے بیٹے کو دوبارہ گلے لگایا تو اسے گہری طمانیت اور سکون کا احساس ہوا۔ ساری دنیا جیسے اس کے چاروں طرف رقص کر رہی تھی۔ باپ نے طرح طرح کے رنگ برنگے چہچہاتے ہوئے پرندے اپنے آس پاس دیکھے۔ اس کے سر اور کاندھوں پر پرندوں نے گیت گانا شروع کر دیا۔ باپ ایسی کیفیت سے کبھی نہیں گزرا تھا۔ بیٹا خود متحیر تھا۔ اس کے باپ نے مدت کے بعد اسے اس طرح بھرپور شفقت سے گلے لگایا تھا۔'' (شکنجہ)

لیکن یہ مسرت تھوڑی ہی دیر قائم رہتی ہے کیونکہ فوراً باپ کی نگاہوں کے سامنے بھاگتی ہوئی ٹرین اترتے ہوئے مسافر اور مزدوری کے پیسے آجاتے ہیں۔

''اچانک باپ کو کچھ یاد آ گیا۔ چل بیٹے......دیر مت کر......اگلی گاڑی یارڈ سے نکل کر پلیٹ فارم پر لگنے والی ہے، جلدی کر بیٹے......اس بار ٹھیک سے دیکھ کر بوجھ اٹھاؤں گا کوئی ناطے دار نہ ہو' بیٹے کی آنکھوں کے آگے پھر وہی کثیف دھواں تھا خوشنما پرندے کہیں غائب ہو چکے تھے''

گویا پیٹ کی بھوک کے آگے موت سے بچ جانے کی خوشی بھی اتنی اہم نہیں کہ قلی اپنا کام بھول جائے۔ غربت اور انسانی بے بسی و مجبوری کی کتنی عجیب اثر انگیز تصویر ہے یہ۔

معاشی تنگدستی سے پیدا شدہ المیے پر مبنی افسانہ ''قرارداد'' بھی ہے۔ جس میں دفتر کے ایک ایماندار کلرک ''احمد بابو'' کی زندگی پیش کی گئی ہے جو بے حد محنتی ایماندار تھے، گھر کی خوشحالی کے لئے دفتر کو وقت بھی زیادہ دیتے تھے مگر ایک زمانے سے انہیں کوئی پروموشن نہیں مل سکی تھی۔ ایک بیٹی شادی کے انتظار میں عمر کی حدیں پار کر چکی تھی۔ بیمار بیوی بستر علالت پر درد سے کراہتی رہتی۔ مگر انہوں نے دفتری ناانصافیوں کے لئے یونین کے بجائے ہمیشہ اپنا معاملہ خدا کے سپرد کیا تھا۔ ایک دن ایک فائل دیکھتے ہوئے اچانک ان کی آنکھیں سرخ ہو گئیں۔ دیر تک فائل کو گھورتے رہے اور پھر انہوں نے ہنسنا شروع کر دیا اور ہنستے ہنستے چیخ کر منہ کے بل فائل پر گرے اور انتقال کر گئے۔ ان کے انتقال پر کمپنی میں ہنگامہ ہوتا ہے اور فائل کو ''قاتل فائل'' قرار دے دیا جاتا ہے۔ دراصل وہ فائل منیجنگ ڈائرکٹر کے پاس سے آئی تھی جس میں ڈائرکٹر نے ان کی ترقی کی عرضداشت نہ صرف رد کر دی تھی بلکہ کمپلسری رٹائرمنٹ کے تحت زد میں آنے والے ملازمین کی فہرست بھی فوراً طلب کی تھی۔

''مسٹر گلیڈ'' بھی ایسی ہی کیفیت کا افسانہ ہے جس کا مرکزی کردار ایک عام انسان ہے اور ہر طرح اپنی کوششوں سے سب کو خوش رکھنے کی کوشش کرتا ہے۔ پیسے کی ریل پیل ہو تو سبھی خوش رہتے ہیں ماں، باپ، بھائی، بہن، بچے وغیرہ۔ مگر حالات مختلف ہوں تو کیسی تصویر سامنے آئے گی؟ ایسی ہی تصویر ''مسٹر گلیڈ'' ہیں۔ معاشی تنگدستی دوسروں کی نظروں میں ہی نہیں اپنی بیوی بچوں کی نگاہ میں بھی اوچھا بنا ڈالتی ہے۔ ''مسٹر گلیڈ'' کا کردار اس لحاظ سے قابل تعریف ہے کہ وہ اس صورت حال کو ہنستے ہوئے جھیل جاتا ہے اور قاری کو ناخوشگوار حالات میں بھی جینے کا درس دیتا ہے۔

مادیت پرستی کی جانب بڑھتے ہوئے رجحان، دولت کی ہوس اور رشتوں کے ٹوٹنے بکھرنے کا المیہ ''اپنا گوشت''، ''رحمت صاحب'' اور ''کوبڑ'' میں انتہائی تاثر انگیزی کے ساتھ پیش ہوا ہے۔ ''رحمت صاحب'' کی زندگی رٹائرمنٹ کے بعد عذاب بن جاتی ہے کیونکہ اکاؤنٹ سے دھیرے دھیرے تمام پیسے نکلوا لینے کے بعد سارے لڑکے اور بہوئیں انہیں بوجھ سمجھنے لگتی ہیں۔ چاروں بیٹوں کے یہاں سال میں تین

تین مہینے قیام کا بٹوارا ہونے کے باوجود انہیں وقت پر کوئی لینے نہیں آتا اور جب وہ خود مجبور ہو کر چلے جاتے تو بہوؤں اور بیٹوں کے طعنے سے ان کے دل و دماغ میں عجیب عجیب سے سوال اٹھتے ہیں اور زندگی ایک عذاب محسوس ہونے لگتی ہے۔

''اپنا گوشت'' میں بھی یہی کیفیت ہے۔ بڑے ابو نے بچپن میں ہی والد کا سایہ سر سے اٹھ جانے کے بعد فیصلہ کیا تھا کہ جب تک بھائی بہنوں کی ذمہ داریاں پوری نہیں کرلیں گے اپنی شادی نہیں کریں گے۔ لیکن ذمہ داریوں کو ادا کرتے کرتے خود ان کی زندگی کی شام ڈھلنے لگی تو انہوں نے خود اپنی شادی نہ کرنے کا فیصلہ کرلیا۔ ضرورت بھی نہیں تھی کہ گھر بھائی بہنوں اور ان کے بچوں سے بھرا پڑا تھا۔ مگر جب جائیداد کی تقسیم ہوئی تو چونکہ وہ مجرد تھے انہیں حصّہ دینا بھائی بہنوں نے پسند نہیں کیا اور ایک خاص عمر کے بعد جب بڑے ابو کو بیکار محض، نٹھلا سمجھ کر یہ کہا گیا کہ ''اس طرح بے کار افراد سے گھر کا ماحول بگڑتا ہے'' بچوں پر برا اثر پڑتا ہے'' تو انہوں نے ٹوٹے ہوئے دل کے ساتھ گھر چھوڑ دیا اور کسمپرسی کی حالت میں انتقال فرما گئے۔ المیے کی انتہا یہ ہے کہ ان کی موت کی خبر سے بھی اہل خاندان پر کوئی فرق نہیں پڑتا اور بڑے ابو کے چھوٹے بھائی مرغ کی ٹانگ چباتے ہوئے بڑے آرام سے اپنے بیٹے سے کھانے کے لئے اصرار کرتے ہیں۔ مگر ڈائننگ ٹیبل پر کھانا کھاتے ہوئے اسے ایسا محسوس ہوتا ہے کہ جیسے ''میں اپنا گوشت کھا رہا ہوں'' ...... افسانے کا یہ آخری جملہ بے حد اثر انگیز ہے اور قاری پر دیرپا نقش قائم کرتا ہے۔

''کوبڑ'' دو سگے بھائیوں کی کہانی ہے جس میں چھوٹا بھائی کسی طرح امریکہ نکل گیا اور خوش حال ہو گیا۔ اس کے مقابلے میں بڑا بھائی جو گھر پر رہتا ہے، سب کے لئے مخلص ہے مگر غریب ہے۔ اس کا اپنا بھائی پٹرو ڈالر کما کر گھر آتا ہے تو اس کی آن بان نرالی رہتی ہے۔ ہر شخص اس کے آگے بچھا جاتا ہے یہاں تک کہ غریب بھائی بھی اپنی اوقات سے بڑھ کر محبت نچھاور کرتا ہے۔ یہاں تک کہ اسے رخصت کرنے کے لئے بغیر ریزرویشن ٹرین سے دہلی جاتا ہے۔ امیر بھائی ہوائی جہاز سے جا چکا تھا غریب بھائی نے کبھی دہلی کا منہ بھی نہ دیکھا تھا اس لئے چالاکی سے کام لینے کے باوجود لٹ پٹ جاتا ہے۔ امیر بھائی اسے اچھی زندگی، اچھے کھانے اور صحت وغیرہ کی تلقین و تاکید تو کرتا رہتا ہے مگر اس کے تعاون کے لئے ایک لفظ بھی نہیں کہتا۔ اخیر میں جب رخصت ہونے کے لئے غریب بھائی سے بغلگیر ہوتا ہے تو غریب بھائی کی پشت کا ''کوبڑ'' اس سے مس کر جاتا ہے اور وہ بجلی کی سرعت سے پیچھے ہٹ جاتا ہے۔

''اچانک چھوٹا بھائی چیخ مار کر الگ ہو گیا

بھیا، یہ تمہاری پیٹھ پر کیسا ابھار ہے؟...... مکروہ خبیث کے سر جیسا......!''

بڑے بھائی کو کاٹو تو لہو نہیں۔ اس کی سمجھ میں نہیں آیا کہ بھائی کی اس بات کا کیا جواب دے۔ چھوٹا بھائی خوف و دہشت کا تاثر لے کر دور امریکہ چلا جاتا ہے اور جاتے جاتے اس خبیث سے چھٹکارا حاصل کرنے کی تلقین کرتا جاتا ہے۔ وہ شروع سے آخر تک ہر مرض، ہر پریشانی سے نجات کی صرف تلقین ہی کرتا رہتا ہے۔ نجات کے لئے جن وسائل کی ضرورت ہے اسکی طرف اشارہ بھی نہیں کرتا۔ دونوں بھائیوں میں جو دوری ہے وہ معاشی دوری ہے اور اسی نے چھوٹے بھائی کو بے گانہ بنا کر رکھ دیا ہے۔ ''کوبڑ'' معاشی عدم استحکام اور اقتصادی بوجھ کا استعارہ ہے جسے شوکت حیات نے نہایت فنکاری کے ساتھ افسانے کا حصّہ بنایا ہے۔

متذکرہ افسانوں کے تجزیے سے ایک بات تو ظاہر ہے کہ شوکت حیات کے یہاں موضوعات کی کمی نہیں۔ وہ اردگرد کی زندگی کا مشاہدہ بڑی گہرائی اور باریکی سے کرتے ہیں اور زندگی سے متعلق ہر مسئلے پر غور وفکر کر کے اسے اپنے افسانے کا حصّہ بناتے ہیں۔ یہ افسانے سیدھے سادے واقعہ کی شکل میں نہیں آتے بلکہ ان کی فنی گرفت انہیں بڑی خوبی سے ادبی تخلیق کی شکل دے دیتی ہے اور یہ افسانے اپنی رمزیت، ایمائیت، اشاریت اور تہہ داری کے سبب عام بیانیہ افسانوں سے مختلف اور منفرد ہو جاتے ہیں۔ ان کی زبان، ہیئت، بنت اور اسلوب بیان متاثر کرتے ہیں۔ ہر کہانی اپنے آغاز کا سرا اپنے ساتھ لاتی ہے۔ ایک فطری قصّہ گو کی طرح افسانہ نگار اس رمز سے واقف ہیں کہ نظم ہی کی طرح کہانی کہیں سے بھی شروع کی جا سکتی ہے۔ آغاز، وسط اور اختتام کی حد بندی، درجہ بندی اور نوعیت کا سوال اس لحاظ سے قطعاً بے معنی ہے۔ منٹو نے جب کہا تھا کہ کہانی کا پہلا جملہ میں لکھتا ہوں بقیہ افسانہ وہ جملہ لکھتا ہے تو اس سے منٹو کی مراد یہی رہی ہوگی کہ لکھنے والے کا اصل مسئلہ کہانی لکھنا ہے، اس کے آغاز کا تعین کرنا نہیں۔ شوکت حیات کے افسانے اسی رویّے سے مربوط ہیں۔ ان کی زبان اور اسلوب بیان میں آورد اور تکلف کا کوئی عنصر شامل نہیں، ہر کہانی اپنی منطق کی تعمیر خود کرتی ہے۔ کہیں اس بات کا شائبہ تک نہیں ہوتا کہ افسانہ نگار کی طرف سے کسی طرح کی مداخلت ہو رہی ہے۔ جتنا فطری کہانی کا آغاز ہوتا ہے اس کا انجام بھی اتنا ہی فطری ہوتا ہے۔ موضوع کی پیچیدگی کے باوجود افسانے اپنے تاثر کی وحدت کو شروع سے آخر تک برقرار رکھتے ہیں، کہانی کا تار و پود کہیں بکھرتا نہیں۔ وہ اپنی بات کم سے کم لفظوں میں کہنے کا جادو جانتے ہیں اور یہ کوئی معمولی بات نہیں۔ نوجوان ناقد ڈاکٹر نسیم احمد نسیم شوکت حیات کے افسانوی اختصاص پر گفتگو کرتے ہوئے لکھتے ہیں :

''اُن کی ایک خصوصیت یہ ہے کہ وہ مرصع اور پرشکوہ زبان لکھ کر بھی اپنی کہانیوں کو فطری پن سے دور نہیں ہونے دیتے۔ جبکہ اُن کے کئی ہمنوں کے یہاں یہی مرصع اور پرشکوہ زبان کہانی کا تاثر زائل کرنے کا سبب بن جاتی ہے۔ اُن کی دوسری خوبی یہ ہے کہ وہ کہانی مکمل کرنے کے مرحلے میں کسی عجلت یا افراتفری

کا شکار نہیں ہوتے۔ اُن کے یہاں فن کارانہ ٹھہراؤ ہے جو اُنہیں بہت متانت اور سلیقے کے ساتھ کہانی کے فطری انجام تک لے جاتا ہے۔‘‘

شوکت حیات کا افسانوی سفر تا حیات جوش وخروش کے ساتھ جاری رہا۔ یہ ان کی بے نیازی تھی کہ سینکڑوں افسانوں کی اشاعت اور جہان فکشن میں اعتبار قائم ہونے کے بعد بھی قارئین کے شدید اصرار پر انہوں نے صرف ایک افسانوی مجموعے کی اشاعت کو منظوری دی۔ حالانکہ ان کے افسانوں کی تعداد اتنی بڑی ہے کہ بڑی آسانی سے کم از کم تین یا چار افسانوی مجموعے منظر عام پر آسکتے تھے۔ تمام نگارشات سامنے ہوں تو فن کار کی تفہیم اور تجزیے کی صورتیں آسان اور کثیر الجہت ہو جاتی ہیں۔ اب جبکہ وہ ہمارے درمیان موجود نہیں ہیں، ضرورت ہے کہ ناقدین اور قارئین ان کے افسانوں کی طرف سنجیدگی سے متوجہ ہوں۔ اور اہم اشاعتی ادارے ان کی تمام تخلیقات کی اشاعت کی جانب ضرور توجہ مبذول کریں۔ اِس مختصر مضمون میں متفرق رسائل وجرائد اور ان کے واحد مجموعہ ''گنبد کے کبوتر'' سے افسانے اخذ کر کے شوکت حیات کے افسانوی رویّوں کی جو نامکمل تلخیص کی گئی ہے ظاہر ہے وہ ان کے افسانوی تجربات کی وسعتوں کو بس ایک حد تک ہی سمیٹ سکتی ہے۔ لیکن ان کے مطالعہ کے بعد اتنا تو یقیناً دعوے کے ساتھ کہا جا سکتا ہے کہ یہ افسانے ایک مخصوص اور منفرد مزاج کے آئینہ دار ہیں اور افسانوی زبان کی توانائی، اسلوب واظہار کی تہہ داری اور افسانوی تجربات کی نادرہ کاری کو بھرپور طریقے سے ظاہر کرتے ہیں۔

● **ڈاکٹر محمد حامد علی خان**

شوکت حیات کا فن

شوکت حیات نام ہے ایک نہایت ہی حساس افسانہ نگار کا، ایک پُر مغز اور مفکر تنقید نگار کا جسے عبور حاصل ہے نہایت ہی ہموار نثر اور غیر معمولی زبان لکھنے پر، جسے قدرت حاصل ہے بیان قصہ کے دوران یا نقطۂ نظر کی وضاحت کے دوران زبان و بیان میں سبک رفتاری کا رس گھولنے پر اور یہی ہو خوبیاں رہیں کہ ۱۹۷۰ء کے آس پاس جب شوکت حیات نے افسانہ نگاری شروع کی تو چند افسانوں کی اشاعت کے بعد ہی نہ صرف یہ کہ سنجیدہ قریوں کا ذہن ان کی طرف متوجہ ہوا بلکہ ادبی رسائل کے مدیران نے بھی ان کی طرف حسرت بھری نگاہوں سے دیکھنا شروع کیا اور شوکت حیات کا قلم نت نئے بلکہ ان چھوٹے موضوعات کو اپنی مخصوص رواں وسبک زبان میں افسانوں کا لباس دیتے ہوئے برق رفتاری کے ساتھ آگے نکلتا گیا گویا یہ وسیم بریلوی نہیں شوکت حیات فرمار ہے ہیں کہ:

آگے بڑھنا ہے تو آوازیں سنی جاتیں نہیں　　　راستہ دینے کا مطلب ہے کہ خود پیچھے رہیں

جی ہاں شوکت حیات سے میری ملاقات پٹنہ کے ایک امتحانی مرکز پر ہوئی تب ان کی بیگم اور ایک عدد سالی جامعہ اردو علی گڑھ کے امتحان میں شامل ہو رہی تھیں۔ شوکت بھائی روزانہ ان دونوں کو امتحان مرکز پر لے کر آتے ہیں امتحان مکر کز کے برابر کے مکان میں اپنے منجھلے بھائی محمد آصف علی خاں (شومی قسمت کہ ان کا انتقال ۱۰ر جون ۲۰۰۵ء) کو ایک سواری گاڑی کے حادثے میں ہو گیا) کے ساتھ رہ رہا تھا اور ان سے شوکت حیات کے دیرینہ روابط تھے لہٰذا امتحان شروع ہوتے ہی شکوت بھائی میرے ڈبرے میں آجاتے اور ہم دونوں چار پانچ گھنٹے خوب باتیں کرتے کیوں کہ بھائی جان تو دس بجے بینک چلے جاتے تھے کہ وہ ان دنوں بینک آف انڈیا، فریزر روڈ پٹنہ میں ملازم تھے۔ یہ زمانہ ۹۰-۱۹۸۶ء کے دوران کا ہے اور میں چونکہ تازہ تازہ اردو ادب کا طالب علم ہوا تھا سائنس سے ہجرت کرتے ہوئے اور تمام اردو والے نہ جانے کیوں مجھے حقارت اور نفرت کی نگاہ سے دیکھنے لگے تھے۔ لہٰذا میں نے شوکت بھائی کی ملاقات کو اپنی تربیت کے لیے غنیمت جانا۔ ادبی چھیڑ چھاڑ کے ذریعہ ان کی باتوں کو سننے میں بڑا لطف آتا کیوں کہ اس وقت بھی ان کی زبان کافی سلجھی ہوئی صاف وشفاف اور دلوں کو متاثر کرنے ولای ہوا کرتی تھی۔ لیکن کوئی ہفتہ بھر کی اس مسلسل بے تکلف ملاقات میں انہوں نے کبھی بھی یہ ظاہر نہیں ہونے دیا کہ وہ بڑے فن کار ہیں۔ ہاں میری بڑی منت و آرزو پر انہوں نے ایک رسالہ مجھے پڑھنے کو دیا جس میں ان کی ایک کہانی بھی تھی اس وقت مجھے نہ تو اس کہانی کا عنوان

یاد ہے اور نہ رسالہ کا نام لیکن اس اعتراف حقیقت سے مجھے کوئی عار نہیں کہ اس وقت میں ان کی کہانی تو نہیں سمجھ سکا تھا پر اتنا ضرور یاد ہے کہ میں نے ان سے کہا تھا کہ کاش آپ کی زبان کو سمجھنے کا سلیقہ میسر آجائے اور آج بھی یہ سچ ہے کہ میں ان جیسی زبان نہیں لکھ پاتا۔ ہاں ان کی کہانیوں کی ترسیل کسی طرح ہو جاتی ہے۔ کیوں کہ ۱۹۹۰ء کے بعد شائع ہونے والے ان کے اکثر افسانوں کو میں نے بار بار پڑھنے کی کوشش کی ہے۔ میری یہ کوشش مجھے اس نتیجہ پر پہنچاتی ہے کہ ۱۹۷۰ء کے بعد جو بھی افسانہ نگار افسانوی منظر نامے پر نمودار ہوئے ان میں کوئی بھی شوکت حیات سے بہتر زبان یا نثر نہیں لکھ سکے۔ موضوعات کے تئیں بھی شوکت حیات کا نہ صرف یہ کہ مطالعہ و مشاہدہ بہت ہی وسیع ہے بلکہ وہ ہر لمحہ اس کی فنی اہمیت اور معیار کے تئیں فکر مند بھی رہتے ہیں اور افسانہ نگاروں سے متعلق ان کا اپنا ویژن یہ ہے کہ:

> ''افسانہ کوئی ہوا میں معلق چیز نہیں۔ شاعری سے یہ زیادہ مشکل کام ہے کہ اس میں استدلال کی سطح بحال کرنی پڑتی ہے۔ سماج، سیاست، معاشرے اور انسان اور اس کے عمل و تعامل کے بغیر افسانے کا وجود ممکن نہیں۔ یہ ایک روشن حقیقت ہے کہ افسانے کی جڑیں زندگی میں پیوست رہتی ہیں۔ افسانہ ہر حال میں انسانی صورتِ حال کے بیانیے سے عبارت ہے اور اس کی پیش کش کے 'طور' کو مواد کی فوقیت کے ساتھ تسلیم کرنا پڑتا ہے۔ مواد پیش کش، بیانیہ اور محوریت سے افسانے کو گلوخلاصی کبھی حسل نہیں ہو سکتی۔''
>
> (رسالہ 'ایوان اردو' ستمبر ۲۰۰۹ء دیلی اردو اکادمی، دہلی قمر رئیس نمبر، ص ۸۱)

جی ہاں شوکت حیات کے اس بیان سے عام قاری تک کم از کم یہ پیغام تو پہنچ جاتا ہے کہ وہ افسانوں میں تجربات اور امکانات کے دروں کو نہ صرف یہ کہ وا رکھنا چاہتے ہیں بلکہ ہم عصر افسانہ نگاروں کو بھی دعوتِ فکر دیتے ہیں اسی مستحکم ارادے اور عزم کے ساتھ شوکت حیات ۱۹۷۰ء میں اردو افسانہ کے منظر نامے پر رونما ہوئے اور ان کا پہلا باضابطہ افسانہ ''بکسوں سے دبا آدمی'' رسالہ کتاب لکھنؤ میں شائع ہوا تو قاری کو ذہنی ورزش کی ضرورت پڑی کہ شوکت حیات کو بھی دیکھا اور سمجھا جائے۔ لیکن جدیدیت کے اس دور میں علامت نگاری اور تجریدیت کے قائلوں نے ان کی طرف دیکھنا مناسب نہیں سمجھا اور قاری کا ایک گروہ بھی علامت نگاری اور تجریت کی بھول بھلیوں میں کھو گیا لیکن شوکت حیات کے قلم نے جس روانی کے ساتھ ایک کے بعد ایک نئے تجربے سے بھرے ''شگاف دراڑ، خلا، انت کا انت، ڈھلان پر رکے ہوئے قدم، بانگ، تین مینڈک، کاغذ کا درخت، ہوسٹل، سیلاب اور پھر گنبد کے کبوتر'' جیسے شاہکار افسانے ہندو پاک کے ممتاز و مشہور رسائل کے ذریعہ قاریوں تک پہنچائے تو قاری تو بے چارہ انگشت بدنداں رہا۔ ناقدین افسانہ کے ضمیر نے بھی انہیں للکارا کہ فکری، فنی اور داخلی زندگی کے مقدس آتش کدہ سے تپا ہوا علامتی تمثیلی افسانہ کا دور شروع ہو چکا ہے۔ لہٰذا ناقدین نے ان کے افسانہ ''بانگ'' مطبوعہ ''تناظر'' ستمبر ۱۹۷۷ء کو سنجیدگی کے ساتھ اپنے مطالعے میں شامل کیا:

''شوکت حیات نے بہت پہلے ایک افسانہ ''بانگ'' تخلیق کیا تھا اس میں بھی امکانی انقلاب کی بشارت تھی۔ یہ افسانہ اس وقت سامنے آیا تھا جب افسانے کے کردار پلاٹ وغیرہ منفی صورتیں اختیار کر چکے تھے۔ لیکن شوکت حیات نے بہت پہلے اس کا احساس کر لیا تھا کہ Plotless افسانے یا متشدد قسم کے علامتی افسانے مشرقی مزاج سے لگا نہیں کھا سکتے۔ لہٰذا بانگ کو اگر اردو افسانے کا اہم Truning Point تسلیم کیا جائے تو شاید بیجا نہ ہوگا۔ اس میں علامت کا ایک ہلکا پردہ ہے جس کے آر پار دیکھا جا سکتا۔''

(تاریخ ادب اردو، جلد سوم، وہاب اشرفی، ص ۱۳۴۹)

جب کہ مہدی جعفری کا بیان ہے کہ ''شوکت حیات کا افسانہ 'بانگ' اردو افسانے کا ٹرننگ پوائنٹ ہے۔ ۱۹۷۰ء کے بعد کے افسانے میں بھرپور کہانی پن کی واپسی اسی کہانی کے بعد ہوئی۔'' شوکت حیات کی کہانی ''بانگ'' پر قمر رئیس نے بھی پسندیدگی کی مہر لگائی ہے۔

دراصل ''بانگ'' طبقاتی کشمکش کی کہانی ہے اور یہ طبقاتی کشمکش مذہبی یا فرقہ دارانہ نہیں بلکہ معاشی صورت حال کی عکاسی ہے۔ اس میں مرغے زرخرید ہیں یا Pet Servant کے طور پر علامتی تمثیلی صورت میں ابھرے ہیں جیسا کہ اس کے ابتدائی دو پیراگراف سے ظاہر ہوتا ہے:

''ایک صبح جب نیند کے مارے کافی دیر سے اٹھے اور انہیں یہ معلوم ہوا کہ سورج کی پہلی کرن کا غسل نہ لینے کے سبب وہ ہتھیلیوں کی ساری لکیروں کی تابنا کی کھو چکے ہیں تو سارا غصہ حسب معمول مرغوں پر اترا۔''

''......ان حرامزادوں کے بانگ نہ دینے کے سبب ہم دیر سے اٹھے۔
یہ جواز پیش کرتے ہوئے کہ مرغ بانگ دینا بھول گئے ہیں اور انہیں یاد بھی ہے تو جان بوجھ کر جی چراتے ہیں جس میں ان کی سازش، کاہلی یا سستی کو دخل ہے۔
انہون نے فوراً ہی مرغوں کو ذبح کر ڈالا۔''

یہ افسانہ آگے بڑھتے ہوئے Clash of Interest کے سبب War between ہی نہیں چھوٹا بلکہ تاریخ کے اس المیے نے بہت کچھ لوٹ لیا۔ ہندو اپنے گھر بار اور اپنے گھر کے دیوتاؤں کو چھوڑ کر بھاگے۔ مسلمانوں نے امام باڑے، کربلا اور مسجدیں چھوڑیں لیکن جو چھوٹ گیا اس کے غم سے چھٹکارا حاصل نہ کر سکے۔ ظالمانہ، سرمایہ دارانہ سیاسی اقتدار نے انسانی اخلاق و اقدار کی ریڑھ ماردی۔ ایمان اور

دھرم تک کو محفوظ نہیں رہنے دیا۔ شوکت حیات کا ''گھونسلا'' اسی مسئلہ کا استعارہ ہے کہ مسافر اپنے پُرکھوں کی رنگا رنگ تہذیب سے پُر گھونسلے کی تلاش میں ہے جسے نئی تعلیم اور نو دولتیوں نے ملیامیٹ کر دیا ہے۔ انیس اشفاق نے شوکت حیات کے اس افسانے کا تجزیہ پیش کرتے ہوئے لکھا ہے کہ:

''شوکت حیات کا افسانہ ''گھونسلا'' پرانے اور نئے نظام اقدار کی کشمکش میں نئے نظام اقدار کے غلبے اور پرانی اور نئی (روحانی اور مادی) تہذیبوں کے تصادم میں پرانی تہذیبوں کی شکست کا المناک منظر نامہ ہے۔ اس منظرنامے کی ترتیب میں دوسرے جزئیات بھی معاون ہوتے ہیں۔ ان جزئیات کی افسانے میں انفرادی حیثیت بھی ہے۔ دوسری طرف یہ جزئیات افسانے کے بنیادی مفہوم کے ساتھ ساتھ بھی چلتے ہیں۔ یہ بنیادی مفہوم ہے ہماری روایتوں اور قدروں کا زوال۔ یہ روایات وقدار ہماری صداقت، بصیرت اور استقامت کی ائینہ دار تھیں اور ہماری ذہنی اور روحانی شناخت کا حوالہ۔ ان سے ہماری جذباتی وابستگی تھی لیکن اب پروں اور تیلیوں کی مدد سے تعمیر کیا جانے والا یہ انسانی گھونسلا اجاڑ دیا گیا ہے اور انسان دور آسمان میں اس چھوٹے سے طائر کو حسرت بھری گاہوں سے دیکھ رہا ہے۔ جو پوری طاقت یعنی پورے اعتماد کے ساتھ اپنے آشیانے کی طرف جا رہا ہے اور اس کی اُڑان میں محرومی یا تذبذب کا کوئی نشان نہیں۔''

(نیا اردو افسانہ: انتخاب تجزیے اور مباحث مرتبہ گوپی چند نارنگ، اردو اکادمی، دہلی ۱۹۸۸ء، ص ۱۸۰)

جب کہ ''گنبد کے کبوتر'' شوکت حیات کا وہ شاہکار افسانہ ہے جو ''بابری مسجد'' کی شہادت سے متعلق کم وبیش سو برسوں کے مسلسل تاریخی اور تہذیبی تصادم کو علامتی تمثیلی پیرائے میں کامیابی کے ساتھ ڈھال دینے کے فن پر مشتمل ہے اور ظاہر ہے کہ جب سیاسی سازشوں کے ذریعہ کسی عالمی شخصیت کے مکمل Stablishment کے مقابل کسی دوسری شخصیت کو Stablish کرنے کی کوشش میں تاریخ اور تہذیب سب ملیامیٹ کرنے کی سوچی سمجھی سازشیں ہوتی رہیں۔ قانون خاموش تماشائی رہا کیا ایسے میں ایسے حالات کو کسی فن پارے کے قالب میں ڈھالتے ہوئے کسی فن کار کا قلم کس قدر لہولہان ہوگا، ہوا ہوگا اور فن کار کو اس کے بیان میں کس قدر خون کے آنسو رونے پڑے ہوں گے کس طرح بیانیہ کی ضرورت ہوگی اور کس طرح اصطلاحات ولوازمات سے گزرنا پڑا ہوگا یا پڑتا ہے اس کا مشاہدہ ومطالعہ کرنا مقصود ہو تو یقیناً شوکت حیات کی کہانی ''گنبد کے کبوتر'' کا مطالعہ بے حد ضروری ہے۔ کیوں کہ شوکت حیات کے قلم اور فکر نے نہ صرف

لہولہان تاریخ وتہذیب کا منظرنامہ پیش کرنے کی کوشش کی ہے بلکہ بہرصورت حق وناحق کی جنگ کو زندہ رہنے کی علامت کے طور پر جاری وساری رکھنے کے مثبت رجحان کو بھی قائم رکھنے کے منت وسماجت کردی ہے۔

شوکت حیات نے اپنے افسانہ ''نصف'' میں شخصیت اور ذات کے اس تضاد کو موضوع بنایا ہے جو ہر لحظہ ٹوٹتا اور بکھرتا رہتا ہے۔لیکن پھر بھی اپنے شیرازے کو مٹنے نہیں دیتا بلکہ اسے پھر چننے اور سمیٹنے کی پرعزم اور مجاہدانہ کوشش کرتا ہے۔اپنے افسانہ ''میت'' میں اس رجحان کو واضح کرنے کی کوشش کی ہے جس میں آج عورتوں کے سہارے Status Symbol حاصل کرنے کی مسلسل سعی کی جارہی ہے اور عورتیں اس بات پر خوش ہیں کہ انہیں مردوں کے شانہ بہ شانہ چلنے کے مواقع میسر ہورہے ہیں اور وہ مردوں کو اپنا گرویدہ بنانے میں کامیاب ہوچکی ہیں ہر چند کہ انسانیت ہی نہیں حسن زن بھی مردہ ہو چکا ہے اور تو اور زندوں کی سیاست کرنے والے میت کا بھی مذاق اُڑا رہے ہیں۔عام انسان تو آخر عام علماء کی علمیت بھی گنگ ہے۔اس افسانے کے ابتدائی جملے ملاحظہ ہوں:

> ''بیسویں صدی اپنے آخری پڑاؤ پر کینچلی بدل چکی تھی۔ اگر اس نے دھیان نہ دیا ہوتا تو سڑک پر اوندھے منہ گرتا۔''
>
> اور پھر کیا پتا کسی ٹرک، موٹر یا بس کے نیچے آ کر کچل گیا ہوتا اور اس دنیا س......''

اور افسانہ ان جملوں پر ختم ہوجاتا ہے کہ:

> ''اور پھر کیا پتا کسی ٹرک، موٹر یا بس کے نیچے آ کر کچل گیا ہوتا اور اس دنیا سے......''

اور افسانہ ان جملوں پر ختم ہوجاتا ہے کہ:

> ''میت تربت کے لیے ترس رہی تھی اور بیسویں صدی اپنے آخری پڑاؤ پر کینچلی بدل چکی تھی اور آمر درّانی......
>
> وہ تو......''
>
> ''اس کو بہت غصہ آیا۔ عجیب جھنجھلاہٹ ہوئی۔ اس نے سب سے مخاطب ہوکر چلانا چاہا پوری کمیونٹی......کیا ہم سب لوگ میت میں تبدیل ہوچکے ہیں جو معاملہ ایک جگہ ٹھہر گیا ہے؟''
>
> لیکن اس کی آواز حلق میں اٹک کر رہ گئی۔

اس افسانے کا حسن یہ ہے کہ اس افسانے میں 'میت' جس خاتون کی ہے وہ راوی یا افسانہ نگار یعنی شوکت حیات کے ایک دوست کی بیوی ہے اور راوی اسے بھابھی کہتا ہے اور میت تربت کو ترستے ترستے ایک موقع پر فن کار کو جھنجھوڑنے کے لیے کفن سے منہ نکال کر مخاطب ہوتی ہے:

''میں نہ کہتی تھی:

تو شوکت حیات کی تخلیقی تجلیوں کا حسن و جمال نکھر کر انہیں ان کے معاصرین میں وہ مقام خاص عطا کردیتا ہے جہاں تک رسائی ہر کسی کو میسر نہیں۔ ڈاکٹر اسلم جمشید پوری نے اس افسانے کا تجزیہ کرتے ہوئے لکھا ہے کہ:

> ''شوکت حیات کی کہانی 'میت' عہد حاضر کی تلخ حقیقتوں کا تخلیقی اظہار ہے۔ انہوں نے کہانی کے تانے، زبان و بیان، واقعات کی تفصیل، قصے کی مکرزیت وغیرہ سے ایک ایسا افسانوی ماحول تیار کیا ہے جسے Black Satire کہا جائے تو غلط نہ ہوگا۔ یہ ایسے واقعات کا بیان ہوتا ہے جن میں انتہائی معیوب اور طنز و معنی بھری بات سے بھی استفادہ حاصل کرنے کی کوشش ہو...... کہانی موجودہ سماج کے مصنوعی جذبات کی بھی قلعی کھولتی ہے۔'' (ایوان اردو، دہلی، جولائی ۲۰۰۹ء، ص۲۰)

دراصل شوکت حیات کا فن کے تئیں یہی مزاج و رجحان بھی ہے کہ ہمیں مصنوعی جذباتیت سے گریز کرتے ہوئے حقیقی زندگی کا مقصد سمجھنا چاہیے تا کہ فن ہی میں نہیں بلکہ فنکار میں بھی وسعت، تنوع اور ہمہ گیری پیدا ہوتا کہ سماج کا بھی ایک اپنا روشن معیار و مزاج متعین ہو۔ اس سلسلے میں خود شوکت حیات کا بیان ملاحظہ ہو:

> ''۷۰ء کے بعد نامیاتی افسانہ عمومی طور پر ہجرت اور تقسیم کے المیہ جیسے موضوعات کو ازکار رفتہ سمجھتا ہے۔ اس کے برخلاف وہ عصری حسیات سے لیس فساد، فسطائیت، دہشت گردی، زندگی کے نظام اور عہد کی سنگینی اور تضادات، ہلاکت خیزی، تانیثیت، دردانگیزی، سیاسی جبر و استبداد، معاشی ناہمواریوں، سماجی اور سیاسی تضادات، سچویشن کے پیراڈ کسیز، متغیر ذہنی، سماجی و سیاسی صورت حال، نام نہاد نجات دہندگان کی درندگی، انسان کی بنیادی ضرورتوں کی راہ میں حائل مزاحمت، مفلوک الحال دلت اقلیت اور دیگر نچلے طبقے کی زبوں حالی اور احتجاج، انسانی رشتوں کے کھوکھلے پن اقتدار کی شکست اور نئی اقدار کی تشکیل، انسانی غم و غصہ اور اضطراب، انسانی سائیکی پر پڑنے والے دباؤ اور انگنت دیگر مسائل و موضوعات کا گہرا ادراک رکھتے ہوئے انہیں اپنے اندر جذب کرنے میں منہمک ہے تیسری دنیا کے قومی اور مقامی مسائل پر اس کی گہری نظر ہے۔'' (نامیاتیت اور نامیاتی افسانہ (اشاریہ) شوکت حیات، کتاب نما، نئی دہلی، مئی ۲۰۰۳ء ص ۱۹-۲۰)

میں اسے اردو افسانے کے لیے ایک فال نیک تصور کرتا ہوں کیوں کہ ۱۹۴۰ء سے ۱۹۹۵ء کے

درمیان اردو افسانہ جس اکہرے پن اور سپاٹ بیانی و یکسانیت کا شکار ہو گیا تھا اس سے قاری کے اندر ایک قسم کی بیزاری اور جھنجھلاہٹ پیدا ہونے لگی تھی لیکن ۱۹۷۰ء کے بعد یا آس پاس کی نسل نے اردو افسانوں کو یہ محسوس کرتے ہوئے سنبھالا دیا کہ ابہام سے پُر افسانوں کی عمر تو زیادہ ہو نہیں سکتی اور ترقی پسندیت اب وہ احساس پارینہ رہ گیا ہے کہ جس سے عام قاری بیزار کن یکسانیت محسوس کرنے لگا ہے۔ غور طلب امر یہ ہے کہ شوکت حیات اپنے عہد کے افسانہ نگاروں کو سن ستری، نامیاتی افسانہ نگار مانتے ہیں اور اس بات پر اصرار کرتے ہیں کہ:

> ''۱۹۷۰ء صرف نشانِ وقت نہیں جہاں ۷۰ کے بعد والے رک گئے ہوں بلکہ روایت، بغاوت انحراف، گریز اور توسیع و مسلسل کے پیچیدہ مراحل سے گزرتے ہوئے مخصوص معنویت، تہہ داری اور ہمہ جہتی سے متصف ہو کر باضابطہ اصطلاحی شکل اختیار کرتے ہوئے آگے بڑھنے کا عمل ہے اور اردو افسانے کے انتہائی اہم موڑ کی نشاندہی کرتا ہے...... ۱۹۷۰ء کے بعد کے افسانے کے اس کارنامہ کو فراموش نہیں کیا جاسکتا کہ اس نے اردو افسانے میں آزاد فضا کی بحالی پر اصرار کیا اور روز افزوں اس میں وسعت اور کشادگی پیدا ہوتی جارہی ہے۔ آج افسانہ براہ راست بیانیہ تکنیک میں ہو یا علامتی، استعاراتی، تجریدی یا فنتاسیائی...... اپنے فارم یا وسیلے کی بنا پر نا قابل اعتنا نہیں ٹھہرتا سب کی اہمیت اپنی جگہ مسلم ہے۔ دیکھنے کی چیز صرف یہ ہے کہ افسانہ اولاً اور آخراً افسانہ ہے یا نہیں۔ گویا تمام آزادی اور تجربے کی گنجائش ان کے بنیادی صنفی امتیازات کو چھوڑ کر دیگر فنی امور میں مضمر ہے۔'' (سن ستری اور نامیاتی افسانے: انحراف اور تسلسل (اشاریہ) شوکت حیات، کتاب نما، نئی دہلی، اگست ۱۹۹۷ء ص ۳۔۴)

شوکت حیات کے تخلیقی تیور اور روایت سے انحراف و بغاوت کے میلان کو دیکھتے ہوئے ترقی پسند ادیبوں نے ان کی طرف خوب ڈورے ڈالے اور اپنی کانفرنسوں میں بھی شرکت کی دعوت دی۔ شوکت حیات شریک بھی ہوئے لیکن ان کے سامنے زانوئے تلمذ تہہ نہیں کیا بقول فخر الکریم:

> ''شوکت حیات محض تخلیق کار نہیں ہیں وہ ایک مفکر اور دانشور بھی ہیں۔ انہوں نے ۷۰ کے بعد افسانہ نگاری پر چونکا دینے والے مضامین لکھے اور اپنی نسل کو کبھی انا میت، کبھی انام نسل کہا۔ مابعد جدید خیالات پر بھی انہوں نے قلم اٹھایا۔ ان کا خیال ہے کہ آج کی نسل کے پاس سیاسی شعور تو ہے وہ سماج کے مسائل پر لکھ بھی رہی ہے لیکن

اپنے آپ کو کسی مخصوص نظریہ سے وابستہ نہیں کرنا چاہتی۔ لیکن بابری مسجد کی شہادت اور گجرات کے حادثہ کے بعد ان کا خیال ہے کہ اب قلم کو ہتھایر بنانے کا وقت آ گیا ہے۔ اب وہ اپنے آپ کو حقیقت پسند اور Radical Free Thinker کہتے ہیں۔ وہ خواہ کتنا بھی کہیں کہ وہ روایتی ترقی پسند ہیں نہ جدید لیکن سچ یہ ہے کہ ان کی کہانیاں آج کے عہد کا احتجاجی و انقلابی اسشاریہ ہیں۔ ان کے افسانوں میں زندگی اور سماج کے مسائل پوری سنجیدگی اور وابستگی کے ساتھ جلوہ گر نظر آتے ہیں۔"

شوکت حیات اپنی کہانیون کو جو بھی نام دیں لیکن ہمشیہ وہ اپنا رشتہ بائیں بازو کی سیاست سے جوڑے رہے ہیں۔"

(ترقی پسند ادب کے معمار۔ مرتب: قمر رئیس، ص ۳۲۵۔۳۲۶)

جناب فخر الکریم نے شوکت حیات کو بائیں بازو کی سیاست سے جوڑنے کی اپنی کاوش میں پنکج پچوڑی کا بیان بھی نقل کیا ہے جسے انھوں نے اپریل ۱۹۸۵ء کے ہفتہ وار Link سے ماخوذ کیا ہے:

Shaukat feels that a writer should always be in the opposition of the existing status quo. "those who toe the establishment line can never be authentic." As long as "We have a society bassed on economic, political and psychological esploitation every committed writer should reamain in opposition."

Shaukat believe in Marxism as a philosophy, but will not really want to get branded as one. The left is cut of, unorganised and there are too many petty contradictions, he feels. It is really saddening for us."

دراصل یہ گمان اس طرح پیدا ہوا ہوگا کہ ۱۹۷۰ء کے بعد جو آواز ابھری اسے "تیسری آواز کے نام سے بھی پکارا گیا کیوں کہ یہ ترقی پسند تحریک اور جدیدیت کے رجحان سے الگ ایک رجحان کے طور پر ابھرنے لگی

تو سیاسی اصطلاح اسے Third front سمجھا گیا جو مارکسزم سے کسی طرح متاثر ہوتی ہے یا مارکسزم کی گود میں پروان چڑھتی ہے۔ ورنہ اس حقیقت سے بھلا کون مکر سکتا ہے کہ فن یوں بھی کسی ازم (Ism) اور کسی نظریے کا پابند نہیں ہوتا تاہم فن کی تخلیق میں نظری، فکری اور علمی محرکات وعوامل کی کارفرمائی کا انکار نہیں کیا جا سکتا۔

اور یہ امر بھی مسلم ہے کہ جب بھی کسی فن پارہ کا تجزیہ کرنا مقصود ہو تو خیال رہے کہ کوئی بھی فنی نمونہ ایک ہمکار واقعہ ہوتا ہے جس میں داخلی خارجی عناصر کا امتزاج پایا جاتا ہے۔ جب داخلی جہت کو پیش نظر رکھتے ہیں تو فن کار کی نسلی میراث اور ذہنی تحفظات تک کی تحلیل کرتے ہیں اور مفید معنی مرتب کرتے ہیں اور خارجی عوامل ومحرکات کی تحلیل وتجزیے میں تاریخی عہد اور سماجی، سیاسی مذہبی اور معاشی تناظرات تک پر گہری نظر رکھتے ہیں۔ کیوں کہ فن کار کی نشو ونما میں سارے عوامل ومحرکات کارفرما ہوتے ہیں جو فن کی تخلیقی توانائی پر اثر انداز ہوتے ہیں اور اگر ان باتوں کو خاطر نشان نہ رکھا جائے تو ادب یک سرے پن کا شکار ہو جائے گا اور اس کا قاری گھٹ کر رہ جائے گا اور میں سمجھتا ہوں کہ شوکت حیات کا ادب تو آوازوں کا ایسا نگار خانۂ رقصاں ہے جسے اچھے قاری کی ضرورت ہے کہ ان کے پاس کہنے کو ایسے ایسے موضوعات ہیں اور اپنی باتوں کو رکھنے کے لیے جو زبان اور اندازِ بیان ہے وہ بہتوں سے جدا اور عام فہم نہیں۔ ان کے ادب پاروں سے ایسا لگتا ہے کہ شوکت حیات کا ادب کے ساتھ ایک Passionate Commitment ہے اور اس Passionate Commitment کو سمجھنا قاری کی ذمہ داری ہے۔ کیوں کہ ان کہانیوں میں انسان دوستی اور روشن خیالی کی جھلک ملتی ہے۔ ان کی کہانیوں کا حسن یہ ہے کہ یہ ہر کہانی میں ایک نئی دنیا خلق کرتے ہیں اور اس کے ذریعہ مستقبل کی بشارت بھی دے دیتے ہیں اور اس سے نپٹنے کی تیاری کرنے کی ہدایت بھی دے جاتے ہیں لیکن اگر سماج زندگی کے تئیں بیدار نہیں ہے یا سیاسی شعور کی حد تک بالیدہ ذہن نہیں ہے تو پھر اسے قاری کی حیثیت سے کوئی رائے دینے سے قبل سوچنا چاہیے۔ بڑے افسوس کی بات ہے کہ ایک زمانہ اور انتظار کے بعد ان کا پہلا افسانوی مجموعہ ''گنبد کے کبوتر'' ۲۰۱۰ء میں شائع ہوا۔ جس میں صرف ۲۵ کہانیاں شامل ہیں۔ وہ بھی سنجیدہ قاریوں کے مسلسل تقاضے کے بعد۔ انہوں نے یہ زحمت گوارہ کی۔ ہر چند کہ اب تک ان کے کئی مجموعے شائع ہو جانے چاہیے تھے بشمول مجموعہ مضامین کہ ان کی یقیناً ادب میں قیمتی ضرورت ہے۔

• ڈاکٹر منصور خوشتر

شوکت حیات: اردو افسانے کی منفرد آواز

جدیدیت سے انامیت اور انامیت سے اجتماعیت تک کا بہت کامیاب سفر طئے کرنے والے معروف افسانہ نگار کا نام شوکت حیات ہے۔ اپنے عصر کی زمانی اور مکانی احساسات کو جس طرح شوکت حیات نے تخیلی طور پر سوچا اور تخلیقی طور پر برتا ہے اس کی مثال بہت کم ملتی ہے۔ ان کی کہانیاں ادبی شعور کے ساتھ ذہنی ارتقاء سے گہرا ربط رکھتی ہے۔ حیات نے سائنسی بصیرت اور عہد موجود کی کڑوی سچائیوں کو ساتھ لے کر دور رس روشنیاں بکھیری ہیں۔ انہوں نے اردو افسانے کو امکانیت کی نئی تھیوری دیتے ہوئے، اپنے ہم عصروں کے درمیان منفرد شناخت قائم کی ہے۔ ستّر کے بعد کے افسانہ نگاروں میں شوکت حیات بلند مقام پر نظر آتے ہیں۔ ان کا افسانوی مجموعہ ''گنبد کے کبوتر'' اس امر کا بین ثبوت ہے۔

اپنی Redical فکر اور طرز احساس کے ساتھ انقلابی ذہن رکھنے والے اس افسانہ نگار نے اپنی انفرادی شناخت بنائی ہے۔ شوکت حیات کامیاب افسانہ نگار ہی نہیں بلکہ انام نسل کے حوالے سے انہوں نے کئی مضامین بھی لکھے ہیں۔ کہانی پسند قارئین انہیں کبھی بھلا نہیں پائیں گے۔

سلگتے احساس کی ترجمانی کرنے والے شوکت حیات کی کئی کہانیاں اپنے عہد کی نمائندگی کرنے کے ساتھ اپنے عہد سے بہت آگے کا سفر طے کرتی دکھائی دیتی ہیں۔ رنگ برنگے سیاسی، سماجی اور معاشیاتی منظر کی دیواروں پر وقت کو سچا محضر لکھنے کا ہنر شوکت حیات کو خوب آتا تھا۔

شوکت حیات یکم دسمبر ۱۹۵۰ کو پٹنہ بہار میں پیدا ہوئے۔ انہوں نے ۱۹۷۰ء میں پٹنہ یونیورسٹی سائنس کالج سے سائنس میں گریجویشن کی ساتھ ہی مگدھ یونیورسٹی سے اردو میں طلائی تمغے کے ساتھ ایم اے کی سند حاصل کی۔ وہ یو جی سی (نیٹ کوالیفائیڈ) تھے۔ ایک جدید اور مابعد جدید ہندوستانی مصنف رہے۔ وہ اردو کے علاوہ ہندی میں بھی لکھتے تھے۔ ان کی پہلی کہانی ''بکسوں سے دبا آدمی'' ماہنامہ ''کتاب''، لکھنو میں شائع ہوئی تھی۔ ان کی کہانیوں میں اکثر قیاس آرائی، سپاٹ بیانیہ اور کبھی کبھی ترقی پسند تحریک کی بنیادی اقدار شامل ہوتی ہیں اور بعض اوقات کہانی سنانے سے انحراف ہوتا ہے۔ وہ اپنی کہانی ''گنبد کے کبوتر'' کے لئے مشہور ہیں۔ ان کا انتقال ۲۱/اپریل ۲۰۲۱ء بروز بدھ ہوا۔

اپنے افسانے کے تعلق سے شوکت حیات لکھتے ہیں:

''میرے افسانے اس تناظر میں دیکھیں جائیں کہ یہ وہ نئے جدید اور مابعد جدید افسانے ہیں جو دراصل نامیاتی اور امکانی ہیں اور انا میت، نامیاتیت اور امکانیت پسندی کے سرمدی اوصاف سے مملو ہیں۔ان افسانوں میں آج کے عہد اور آج کے انسان، اس کے مسائل کو نئے ڈھنگ، لہجے، تکنیک، ٹریٹمنٹ، موضوع، فکری بصیرت اور تیور کے ساتھ دریافت کرنے کی کوشش کی گئی ہے۔''

شوکت حیات کے افسانوں کا فکری محور انسان ہے۔ وہ فرد کے داخلی اور خارجی بحران کا مطالعہ اس کے سماجی احوال کے ساتھ کرتے ہیں۔انہوں نے اپنے بعض کرداروں کے ذریعہ سماج کے کھوکھلے نظام اور دوغلے رویوں کے خلاف پرزور آواز بلند کی ہے۔اخلاقی و جذباتی بحران، سماجی و سیاسی ظلم و جبر، مسابقتی عہد میں زندگی کی بے مقصدیت اور بے معنویت، عالمی دہشت گردی کے نتیجے میں پنپنے والی بے یقینی اور بے نام خوف، طبقاتی استحصال کے منطقی نتائج وغیرہ کو انہوں اپنے افسانوں کے وسیلے سے پیش کیا ہے اور ان تمام مراحل میں تخلیقی ضبط کے دامن کو خوش اسلوبی سے تھامے رکھنا ہی ان کا فنی امتیاز ہے۔

شوکت حیات کی فکری اور فنی رچاؤ کے متعلق وہاب اشرفی لکھتے ہیں:

''وہ پختہ ذہن فنکار کی طرح آہستہ آہستہ اپنے ذہن کی تصویر کو مکمل کرتے ہیں اور اس کی تکمیل میں مناسب رنگ بھرتے ہیں جو ہر طرح متوازن بھی ہوتا ہے۔اب جو تصویر سامنے آتی ہے وہ حقیقت واقعہ کا عکس محض نہیں ہوتی بلکہ اس کے اندر ایک ایسی تخلیقی جوت ہوتی ہے جو اس کی شدت کو سرتاسر بڑھا دیتی ہے۔ایک انقلابی ذہن میں کیسی کیسی تخلیقی روشنی پیدا ہوسکتی ہے۔اس کا ایک مکمل منظر نامہ شوکت حیات کے افسانے ہیں۔اردو افسانے کی مجموعی تاریخ میں ان کی جگہ معتبر بھی ہے اور محفوظ بھی۔''

شوکت حیات کے تعلق سے ڈاکٹر شہاب ظفر اعظمی نے بڑی عمدہ باتیں پیش کی ہیں۔ان کے افسانے کے تعلق سے وہ لکھتے ہیں:

''شوکت حیات افسانوی ادب میں ''اَکہانی'' کی آواز بلند کرتے ہوئے ساتویں دہائی میں داخل ہوئے۔ یہ اینٹی اسٹوری لکھنے کی تحریک تھی جس کے ڈانڈے بلراج مینرا کی ''کمپوزیشن'' سریز اور سریندر پرکاش کے ''تلقارمش'' سے ملتے تھے۔شوکت حیات نے بھی ایسی کہانیاں بڑی تعداد میں لکھیں اور کمپوزیشن سریز کی طرح ''سچویشن سریز'' کی

کہانیاں بھی لکھیں مگران کی شناخت احتجاج پر مبنی افسانے ''بانگ'' سے قائم ہوئی۔ یہ وہ وقت تھا جب شوکت حیات نے محسوس کرلیا تھا کہ ''اکہانی'' مشرقی مزاج سے لگا نہیں کھاتی۔ لہذا ''بانگ'' شوکت حیات کے ساتھ ساتھ اردو افسانے کا بھی PointTurning ثابت ہوا جس میں علامت کا پردہ بہت باریک ہے اور احتجاج کی لئے دبیز۔ یہ افسادمتشدد قسم کے علامتی اور Plotless افسانوں کے خلاف بھی احتجاج تھا جس کے آر پار بڑی آسانی سے فن کے ساتھ افسانے کے مستقبل کو دیکھا جا سکتا تھا۔ اس کے بعد شوکت حیات کے اکثر افسانے بیانیہ لہجہ لئے ہوئے سامنے آئے مگران کا بیانیہ بالکل برہنہ اور شفاف نہیں ہوتا۔ وہ ہلکے سے ابہام اور پردہ داری کے قائل ہیں جو تخلیق کے حسن کو بڑھاتی ہے اور تاثر کی شدت میں سرتا سراضافہ کر کے نیا رنگ پیدا کرتی ہے۔''

شوکت حیات نے ستّر کی دہائی سے افسانہ نگاری کی ابتدا کی اور سو سے زائد افسانے معتبر و مؤقر رسائل وجرائد میں شائع ہوئے ،لیکن ان کا پہلا افسانوی مجموعہ ''گنبد کے کبوتر'' ۲۰۱۰ء میں منظر عام پر آیا۔ تقریباً چالیس سالہ افسانوی سفر کے دوران مجموعہ شائع نہ کرانے کا سبب خواہ جو بھی ہو لیکن ابرار رحمانی کے لفظوں میں یہ کہنا بے جانہ ہوگا کہ کتاب گردی کے اس دور میں بھی شوکت حیات کا اس طرف دھیان نہ دینا ان کے جینوئن فنکار ہونے پر دال ہے۔ 'گنبد کے کبوتر' ان کی پچیس کہانیوں کا مجموعہ ہے۔ ان کہانیوں میں سے بہترین ،اوسط یا کمزور کہانیوں کی درجہ بندی مشکل ہے، کیونکہ ہر افسانہ زندگی کے نئے افق، معاشرے کے نئے پہلو کو پیش کر رہا ہے۔ کوئی افسانہ کردار کا افسانہ ہے تو کوئی واقعات کا،کوئی احساس کے پیچ وخم کھول رہا ہے تو کوئی تاریخی لمحے کی خطا کو گرفت میں لے رہا ہے، کہیں عشق کا ترفع ہے تو کہیں دبی کچلی نفرت کا ترشح۔ ہر افسانے کی قرأت ایک جہان دگر کی سیر کراتی ہے۔

معروف قلمکار اعجاز علی ارشد نے شوکت حیات کے افسانہ نگاری سے متعلق لکھا ہے:

''افسانوی مجموعے'' کی فہرست کے مطابق اس طرح کا پہلا افسانہ ''رانی باغ'' ہے۔ اس پر شوکت کے اپنے نظریۂ حیات کا اثر نمایاں ہے۔ خاص طور پر رحمت صاحب کا امریکہ سے ہندوستان واپس آکر اپنے آبائی گاؤں میں قیام کرنا، وہاں کی بچی کھچی جائداد مارکسی انقلابیوں کے سپرد کر دینا اور خود بھی ان کی تحریک میں یہ کہتے ہوئے شامل ہوجانا کہ ''ہم شعلے نہیں رہے مگر ایندھن کا حصہ تو بن ہی سکتے ہیں۔'' افسانہ نگار کے نقطۂ نظر کا واضح اشارہ ہے۔ مگر میری نظر میں

افسانے کے دو اور پہلو ایسے ہیں جو قابل توجہ ہیں۔ایک تو اس کا آغاز ہے۔ رحمت اور رانی کا افلاطونی عشق جو خاصے روایتی انداز میں شروع ہوتا ہے اور اسی انداز سے جاری رہتے ہوئے انجام تک بھی پہنچتا ہے۔ ظاہر ہے کہ ایسے بین المذہب عشق و عاشقی کی ہمارے معاشرے میں آج بھی گنجائش نہیں ہے اور کل تو اور بھی نہیں تھی۔ ایسے میں رحمت صاحب کا امریکہ چلے جانا اور رانی کے گھر والوں کا اس کی شادی کر دینا حقیقت پسندانہ بیان ہے مگر میرا سوال یہ ہے کہ آخر اس میں شوکت حیات کا انفرادی رویہ کہاں ہے۔ ایسا تو دوسرے افسانوں میں بھی ہوتا رہا ہے۔ دوسرا پہلو اسلوب سے متعلق ہے۔ پوری کہانی بیانیہ کے پیرائے میں ہے۔ فطرت کا بیان ہو یا پھر ناسٹلجک رجحان کا، ہر جگہ انداز بیان سادہ ہے۔ کوئی استعارہ یا علامت نہیں۔ حد تو یہ ہے کہ تشبیہات بھی سامنے کی اور کلاسیکی انداز کی ہیں۔ گویا افسانہ روایت سے بہت قریب ہے۔'' (در بھنگہ ٹائمز، یادرفتگاں نمبر، ص:۱۷۱)

فرقہ وارانہ فسادات اور مشترکہ کلچر کے زوال کے علاوہ پرانی تہذیبوں اور قدروں کی شکست و ریخت بھی شوکت حیات کے یہاں نظر آتی ہے۔ صداقت و بصیرت اور روایات و اقدار کی تلاش، انسان کے مقدر کی شدید جستجو، موت کی قطعیت اور حیات بعد الموت کی پیچیدگی اور زندگی کی معنویت سے محروم ہو جانے کے احساس کو انہوں نے اپنے کئی افسانوں میں خوب صورتی سے برتا ہے۔ ایسا ہی ایک افسانہ ''گھونسلا'' ہے جس میں ایک شخص برسوں بعد اپنے شہر لوٹ کر گھپ اندھیری رات میں اپنے گھر کی تلاش میں نکلتا ہے۔ وہ رکشے میں سوار ہو کر پورے شہر کا چکر لگاتا ہے اور بار بار رکشے والے کو نئے راستوں سے چلنے کی ہدایت کرتا ہے لیکن ہر بار اسے مایوس ہونا پڑتا ہے۔ رکشے والا جو لوٹ کر آنے والے مسافر شخص کا باپ ہے اور جو خود بھی گھر سے محروم ہو چکا ہے ناکام تگ و دو کے بعد بالآخر اس مطلوبہ ٹھکانے کا انکشاف کرتا ہے جو اب صاف اور چٹیل میدان کی صورت اختیار کر چکا ہے۔ رکشے پر سوار شخص اپنے ٹھکانے تک پہنچنے کے لئے بے چین ہے۔ اس تمثیلی کہانی میں شناخت کے آثار سے محروم ہو جانے والا اصل ٹھکانہ (چٹیل میدان) پرانی روایت اور تہذیب کا امین ہے اور اس ٹھکانے سے سفر کرنے والے شخص کا روحانی اور جذباتی تعلق ہے۔ زندگی ایک سفر ہے اس لئے افسانہ بھی سفر سے شروع ہوتا ہے اور تا آخر سفر جاری رہتا ہے۔ وہ شخص بار بار راستے بدلتا ہے لیکن سارے راستے اسے اسی چٹیل میدان تک پہنچاتے ہیں۔ اس نے مندر، مسجد، چرچ اور گردوارے کا راستہ بھی اختیار کیا لیکن یہ بھی اسے وہیں تک پہنچا سکے یعنی مذہب جو روحانی اقدار و افکار

کے تحفظ کا وسیلہ ہے وہ بھی مٹتی ہوئی تہذیبوں اور فنا پذیر قدروں کو محفوظ نہ رکھ سکا اور نئی تہذیبیں ان پر حاوی ہو گئیں۔ افسانہ ان سطور پر ختم ہوتا ہے جب روتے ہوئے رکشہ والا سفر کرنے والے شخص سے کہتا ہے۔

شوکت حیات کے افسانوں کا مکالمہ بھی بہت عمدہ ہوا کرتا ہے۔ ایک خاص انداز میں افسانے کے کردار گفتگو کرتے نظر آتے ہیں۔ ان کے افسانہ ''بھائی'' سے ایک مکالمہ ملاحظہ فرمائیں:

''کئی چہرے آگے آئے اور چاروں طرف سے انہوں نے ٹمپو کو گھیر لیا۔
غالباً تندرست آدمی کی شناخت سے ان میں سے کئی لوگ واقف تھے۔ دبلے آدمی کی طرف وہ لپکے۔

''تم اپنا نام بتاؤ''

''راجہ!''

''پورا نام؟''

تندرست ہم سفر نے فوراً اپنے ہونے کا احساس کرایا، ''نام کیا پوچھنا ہے۔ یہ میرا بھائی ہے۔''

''جھوٹ۔ پینٹ اتارو۔'' کسی کینہ پرور اور شر پسند نے زمین پر اپنی لاٹھی پٹکتے ہوئے کہا۔

ان میں سے کئی ہنسنے لگے۔ کئی واقعی پینٹ کھول کر دبلے آدمی کی بے حرمتی کرنے کے لئے آگے بڑھے۔

اسی وقت اس تندرست آدمی نے بل کھاتے ہوئے زور دار آواز میں چیخ لگائی، ''خبردار۔ میری لاش سے گزر کر ہی یہ کام کر سکتے ہو۔''

شوکت حیات کے افسانوں کا اسلوب بھی نرالا ہے۔ وہ اپنے منفرد انداز میں افسانے کے بیانیہ میں دلکشی پیدا کر دیتے ہیں۔ ان کے افسانہ ''گھونسلا'' سے ایک اقتباس ملاحظہ کریں:

''دباؤ بڑھتا گیا۔ اس کی سانس اکھڑنے لگی۔ آس پاس بیٹھے ہوئے مسافروں نے اسے حیرت واستعجاب سے دیکھا اور اس مغالطے میں مبتلا ہو گئے کہ اسے قلب کا دورہ پڑنے والا ہے۔ اس نے دھیرے دھیرے اپنی سانسوں پر قابو پاتے ہوئے سوچا کہ سچ مچ اس کا اور اس کے جیسے کروڑوں لوگوں کا اس بھری پری دنیا میں کہیں کوئی اسٹیشن نہیں۔

پورے سفر میں دو افراد کے متعلق وہ شدت سے سوچتا رہا تھا۔ ایک وہ جس سے اس کا خون کا رشتہ تھا۔ اس کا باپ۔ اور دوسرا وہ جس سے کسی طرح کا کوئی رشتہ نہ ہوتے ہوئے بھی ایک عجیب سا نا معلوم تعلق تھا۔ جس کے ادھ کھلے کھرے ہونٹ کا ذائقہ اب بھی اس کی شریانوں میں سنسنی کی لہر دوڑا دیتا تھا اور جس کے سانولے سلونے وجود کے تصور کی گرمی بھی خود اس کے وجود کو موم کی طرح پگھلا کر رکھ دیتی تھی۔ یہ لوگ ملاقات ہونے پر کسی طرح چونک جائیں گے۔ پہلے تو حواس باختہ ہو جائیں گے پھر جب ان کے اوسان بحال ہوں گے تو سوچیں گے کہ ان واحد میں انہیں فرطِ انبساط کی کیسی بیش بہا دولت مل گئی۔''

اس طرح شوکت حیات کے افسانے سماجی، سیاسی، ثقافتی اور تہذیبی حالات کی عکاسی کرتے ہیں۔ ان کے بیشتر افسانوں میں سماجی اصلاح کا پہلو نمایاں ہوتا ہے۔ افسانوی مکالمہ اور اسلوب بھی کافی دلچسپ ہوا کرتا ہے۔

شوکت حیات کے بعض افسانوں کے واقعات اور کردار پہلی نظر میں فرضی معلوم ہوتے ہیں لیکن جیسے جیسے آپ اس کردار کی گتھیوں کو سلجھانے کی کوشش کرتے ہیں۔ یہ واضح ہوتا چلا جاتا ہے کہ ایسا ممکن ہے چاہے ایک لاکھ میں کوئی ایسا واقعہ اکیلا ہی کیوں نہ ہو۔ میں نے ذاتی طور پر ان کے افسانوں کا مطالعہ بھی کیا ہے اور مشاہدہ بھی۔ وہ ہر افسانے میں وہ کوئی نہ کوئی نئی تکنیک پیش کرنے کی کوشش کرتے ہیں اور اس میں بڑی حد تک کامیاب بھی نظر آتے ہیں۔

افسانے کے فنی تصورات پر جب نقاد گفتگو کرتے ہیں تو وہ شوکت حیات کی فنی بالیدگی اور ان کے کینوس کی بوقلمونی سے متحیر ہوئے بغیر نہیں رہتے۔ ان کے یہاں اخلاقیات کی کچھ حدیں مقرر ہیں، وہ ان سے کبھی گریز نہیں کرتے۔ جملوں میں ایسی چاشنی پیدا کرتے ہیں کہ اس میں خود بہ خود تہذیبی رومانیت ابھر آتی ہے... اور وہ قاری پر ایک نشہ بن کر اس پر ایسا سحر طاری کرتی ہے کہ وہ اس میں اپنی زندگی کے نا آفریدہ نقوش تلاش کرنے لگتا ہے۔

شوکت حیات جب نظام اقتدار کا نقشہ کھینچتے ہوئے اور اس نظام سے وابستہ کرداروں پر گفتگو کرتے ہیں تو ان کرداروں کی منافقتیں خود بہ خود قاری کے روبرو ہو جاتی ہیں۔ یہ کردار اپنے سیاسی مفاد کے لیے سماجی اور مذہبی منافرت کو کس طرح پروان چڑھاتے ہیں، اس کا ایسا منظر سامنے آتا ہے، جیسے یہ بالکل سامنے کی بات ہو۔

جب ہم شوکت حیات کی تحریروں میں حزن و یاس اور المیہ عناصر کو تلاش کرتے ہیں تو ان کی تحریروں کے آہنگ میں ارسطو کی 'بوطیقا' پوری طرح اپنی تمام کیفیتوں کے ساتھ جلوہ نما ہوتی ہے... اسی طرح ارسطو کے نزدیک المیہ کا اہم ترین اصول پلاٹ ہے اور یہی المیہ کی روح بھی ہے۔ پلاٹ کی ترتیب میں

خارجی عوامل کے بجائے داخلی وحدت کو پیش نظر رکھنا از بس ضروری ہے۔ شوکت حیات کے یہاں افعال ان کے کرداروں کے تابع ہوتے ہیں۔ ان کے افسانوں کے کرداروں پر جو صدمے گزرتے ہیں، ان کے کردار ان سے پریشان نہیں ہوتے، بلکہ ان میں امید کی ایک خوش گوار کرن نظر آتی ہے اور ان کی امید مرگِ ناگہاں پر جب اختتام کو پہنچتی ہے تو بہ ظاہر ان کی حالت قابل رحم نظر آتی ہے، لیکن ان کے دلوں میں ایک جذبہ جنوں اپنی حقیقی ترجمانی کرتا نظر آتا ہے۔... اور ان کو شوکت حیات کا خاص اسلوب نئی اثر آفرینی عطا کرتا ہے۔

لارنس(Paud Herbea Lawrence-1885-1930) نے لکھا ہے کہ ’فکشن جب تک فلسفہ نہ بن جائے بڑا فکشن کہلائے جانے کا مستحق نہیں ہوتا۔‘ اس بات کو اس طرح سمجھا جا سکتا ہے کہ ہر واقعہ کوئی عمدہ اور بہترین کہانی نہیں ہوتا۔ البتہ فکشن نگار کا تخلیقی ذہن اور وژن کسی معمولی واقعے کو بھی غیر معمولی بنا دیتا ہے۔ شوکت حیات اس معاملے میں بھی اپنے عہد کیا مابعد عہد کے تخلیق کاروں سے دو قدم آگے ہی ہیں، وہ آگے کی سوچتے ہیں اور پیش آمدہ واقعات کی روشنی میں مابعد اپنے فکری تنوع کے سبب ایسا خیال پیش کرتے ہیں جو واقعی آنے والے وقت کے لیے ایک شہادت بن جاتا ہے۔ ان کی تخلیق کی گہرائی اور تہہ داری کو سمجھنے کے لیے حالات سے واقف ہونا ضروری ہے۔ جب تک قاری اپنے معاشی، سیاسی اور سماجی سروکار سے واقف نہیں ہوگا، اسے شوکت حیات سمجھ میں نہیں آئیں گے۔ شوکت حیات کی فن کارانہ تجسیم کو سمجھنے کے لیے آپ جتنا اپنے ماحول سے واقف ہوں گے، اتنا ہی شوکت حیات کی تحریروں سے لطف اندوز ہوں گے۔ مثال کے لیے ان کے افسانوں کے بہت سے کرداروں سے بہت سے حوالے پیش کیے جا سکتے ہیں، لیکن میں یہاں طوالت کی ڈر سے مثالوں سے گریز کروں گا، لیکن یہ ضرور کہوں گا کہ آپ خود ان کی تحریروں کا مطالعہ کریں تاکہ صحیح معنوں میں قاری اور شوکت حیات کے مابین رشتوں کو اُجاگر کیا جا سکے۔ شوکت حیات بلا شبہ ایک عظیم فنکار تھے، جن کی کمی کوئی دوسرا پوری نہیں کر سکتا، میں انھیں کلمات کے ساتھ اس شعر پر میں اپنی بات ختم کرنا چاہوں گا کہ:

ہوئے نامور بے نشاں کیسے کیسے
زمیں کھا گئی آسماں کیسے کیسے

☆☆☆

• ڈاکٹر صالحہ صدیقی

حیات اردو افسانہ: شوکت حیات کا فکری و فنی مطالعہ

شوکت حیات نے خاموش رہ کر اردو فکشن کی لافانی خدمات کو انجام دیں۔ اپنے افسانوں کے ذریعہ قاری کے دلوں میں تاثر کی تیکھی لہر چھوڑنے والے شوکت حیات دسمبر ۱۹۵۰ء میں پیدا ہوئے۔ وہ خصوصاً ستر کی دہائی کے افسانہ نگاری کے میدان میں نمایاں مقام رکھتے ہیں۔ ان کے افسانوں میں سماج کی تلخ حقیقتیں اور صداقتیں پوشیدہ ہیں۔ انھوں نے اپنے گردو معاشرے کی برائیوں پر پردہ پوشی کی بجائے موضوع سخن بنایا۔ یہ کہنا غلط نہ ہوگا کہ انھوں اپنے افسانے کے ذریعہ سماج کو آئینہ دکھانے کی کوشش کی۔ ان کے افسانوں کا مجموعہ 'گنبد کے کبوتر' شہرہ آفاق حیثیت رکھتا ہے۔ ان کی ادبی و علمی خدمات کے اعتراف میں انہیں لائف ٹائم اچیومنٹ ایوارڈ ساتھ ہی ان کو قومی کتھا ایوارڈ سے بھی نوازا گیا۔ مشہور افسانہ نگار اور بہار اردو اکیڈمی کے سابق سیکریٹری مشتاق احمد نوری نے شوکت حیات کے انتقال پر رنج وغم کا اظہار کرتے ہوئے کہا تھا:

> ''اردو فکشن کی شوکت، شوکت حیات سن ستر سے افسانہ نگاروں کی امامت کرنے والا 'گنبد کے کبوتر' کا خالق اور انا میت کا اسیر، فکشن کی آبرو کہلانے والا فکشن کا جادوگر ہمارے درمیان سے خاموشی سے چلا ہو گیا۔ وہ ایک عرصے سے بیمار تھے، محفلوں سے دور ہوتے جا رہے تھے اور لکھنا پڑھنا بھی بند تھا۔ اپنے آپ میں گم رہنے لگے تھے لیکن اس کے قہقہے میں اب بھی جان تھی۔ کسے معلوم تھا کہ قہقہہ بکھیرنے والا اپنے دوستوں کو سسکیوں کے حوالے کر جائے گا۔''

معروف نقاد اور صاحب طرز ادیب حقانی القاسمی نے بھی شوکت حیات کے انتقال کو فکشن کا ایک ناقابل تلافی نقصان قرار دیا ہے۔ شوکت حیات اپنی ابتدائی زندگی، بچپن کی زندگی عہد و ماحول اور والدین کی تربیت کو یاد کرتے ہوئے اپنے ایک انٹرویو میں کہتے ہیں:

> ''میری پیدائش یکم دسمبر ۱۹۵۰ء کو صدر گلی، پٹنہ سیٹی میں ہوئی۔ میں نے جس گھر میں آنکھیں کھولیں، اُس گھر کا ماحول مذہبی تھا۔ میرے دادا مناظر احسن گیلانی پڑھے لکھے اور قابل آدمی تھے۔ اُن کی علمیت کا اندازہ اس بات سے لگایا جا سکتا ہے کہ تقسیمِ ہند کے بعد پاکستان کے Constitution بناتے ہوئے اُن کو بھی مدعو کیا

تھا۔ دادا کے علاوہ والد صاحب کو بھی کتابیں پڑھنے کا بے حد شوق تھا۔ اُن کی ایک ذاتی لائبریری بھی تھی جس میں کتابوں کی بھر مار تھی۔ والد صاحب اپنے ساتھ بچوں کے ذوق کا بھی خیال رکھتے اور اُن کے لیے کہانیوں کی کتابیں اور ماہنامے پابندی سے منگواتے۔ نیرنگِ خیال، عالم گیر، کھلونا، شمع، بیس ویں صدی، ماہِ نو اور آج کل وغیرہ وہ رسائل ہیں جو والد صاحب کی لائبریری کی زینت تھیں۔ والد صاحب کی اُس منی لائبریری سے مجھے بھی مستفید ہونے کا موقع ملا۔ پڑھائی کی جانب اور بہ طورِ خاص اردو ادب سے رغبت پیدا ہوئی اور لکھنے کی طرف میرا رجحان یوں ہوا کہ پٹنہ سے دلی کے سفر کے دوران والد صاحب نے ایک ڈائری دی اور پورے سفر کی روداد لکھنے کو کہا جسے لکھنے کے بعد میرے اندر کہانیاں لکھنے کا شوق جاگا، سو میں نے افسانہ نگاری کی ابتدا کر دی۔ ایک خاص بات اور یہ ہے کہ جب والد صاحب کا تبادلہ دوسرے شہر میں ہوا تو ایک پریشانی یہ آن پڑی کہ لائبریری کو کس طرح منتقل کیا جائے۔ آخر یہ طے ہوا کہ والدہ کے نام ایک لائبریری قایم کی جائے لہٰذا والد صاحب نے ''قمر النسا لائبریری'' کے نام سے ایک کتب خانہ قایم کیا اور تمام کتابیں وہیں منتقل کر دیں تا کہ اردو ادب کا فروغ ہو سکے اور نوجوان، بچے اور عورتیں اُن کتابوں سے مستفید ہو سکیں۔''

اسی طرح اپنے تخلیقی سفر پر شوکت حیات ۲۰۱۰ء میں دیئے گئے اپنے انٹرویوں میں کہا تھا:

''حیات...... میرے والد ''سید محفوظ الحق'' کا انتقال میرے بچپن میں ہی ہو گیا تھا۔ جس کی وجہ سے مجھے ایک خلا کا احساس ہوتا تھا اور ایک عجیب سی اداسی میرے اردگرد چھائی رہتی تھی۔ دِن میں تو اس طرح کی بے چینی کم ہوتی لیکن جوں ہی آفتاب غروب ہونے کو ہوتا میں ڈپریشن کا شکار ہونے لگتا اور ایسا محسوس ہوتا کہ میری زندگی کا تانا بانا بس یوں ہی چلتا رہے گا۔ ان تمام وجوہات کی بنا پر میں نے آپ بیتی لکھنا شروع کیا جس سے افسانہ نگاری کی جانب راغب ہوں۔ میں نے ابتدا میں بچوں کے لیے کہانیاں لکھیں لیکن کچھ بزرگ افسانہ نگاروں نے یہ مشورہ دیا کہ ''تمہارے اندر وہ خوبی موجود ہے جو ایک افسانہ نگار میں ہوتی ہے''۔ اور انھوں نے یہ بھی کہا کہ ''تمہاری کہانیاں بچوں کے معیار سے بالاتر ہیں''۔ اُن بزرگ ادیبوں میں ظفر اوگانوی، سلطان اختر، ظہیر صدیقی وغیرہ خاص طور سے قابل ذکر ہیں...... جیسا کہ میں نے کہا ڈائری لکھنے سے میرے اندر حرکت پیدا ہوئی اور

مجھے طمانیت کا احساس ہونے لگا۔ پھر میں نے سوچا کہ اگر انہی اوراق میں کچھ ترمیم کی گئی تو اس کی شکل افسانے کی سی ہو جائے گی، سو میں نے محنت و لگن سے افسانے لکھنے لگا۔ میرا پہلا افسانہ ”بکسوں سے دبا آدمی“، ”کتاب“ (لکھنؤ) سے ۱۹۷۰ء میں شایع ہوا تو اگلے تین شمارے تک اس کی تعریف ہوتی رہی۔ کسی معیاری رسالے میں پہلی کہانی کا چھپنا میرے لیے مسرت کی بات تھی۔ شمس الرحمٰن فاروقی، گوپی چند نارنگ، وہاب اشرفی، فضیل جعفری، مہدی جعفر اور نظام صدیقی وغیرہ نے مفید مشوروں سے نوازا۔“

شوکت حیات کو افسانے سے شغف کا اندازہ ان کے انٹرویو کے اس حصے سے تفصیلی طور پر ہو جاتا ہے۔ ان کو مطالعہ کا بہت شوق تھا، یہی وجہ تھی کہ وہ دنیا بھر کے افسانہ نگاروں کا مطالعہ کرتے تھے اور ان سے متاثر بھی تھے۔ عالمی ادب میں کافکا، کامیو، چیخوف، موپاساں، ٹالسٹائی، دوستوفسکی اور خلیل جبران وغیرہ ایسے فن کار ہیں جن کی کہانیاں انھوں نے پڑھیں اس کے علاوہ کچھ کے تراجم سے بھی استفادہ کیا تھا۔ جس کے سبب انھیں عالمی ادب کے رجحانات سے واقفیت ہوئی اور اس کا اثر ان کے تخلیقی وجدان پر بھی پڑا۔ ان کے افسانوں کی تکنیک پر بھی اس کا اثر صاف دیکھا جا سکتا ہے۔ اردو ادب میں منٹو اور بلراج سے وہ راہ راست متاثر تھے۔ بلراج مینرا سے خصوصا ان کو شغف تھا۔ لیکن ان تمام فکشن نگاروں سے متاثر ہونے کے باجود ان کا اپنا رنگ تھا۔ ان کا ماننا بھی تھا کہ انسان کی اپنی شناخت خود سے ہوتی ہے۔ یہی وجہ تھی کہ وہ اِن فن کاروں سے لکھنے کی ترغیب تو لیتے تھے لیکن ان سے مرعوب کبھی نہیں ہوئے۔ شوکت حیات کے افسانوں کے مطالعہ سے بخوبی اندازہ ہو جاتا ہیں کہ وہ قصہّ پن کے قائل تھے۔ ان کی کہانیوں کا آغاز ایسے ہوتا ہے کہ قاری فوراً اس طرف متوجہ ہو جاتا ہے اور جلد تجسس کی فضا قائم ہو جاتی ہے۔ خاتمے پر یہ کہانیاں ہمارے ذہن پر گہرے نقوش چھوڑ جاتی ہیں اور کچھ ایسے سوالیہ نشان اُبھار دیتی ہے جن کے جوابات ہم آئندہ زندگی میں تلاش کرتے رہتے ہیں جو ان کے فن کا کمال ہے۔ شوکت حیات کی افسانہ نگاری کی بنیادی خصوصیات 'حقیقت نگاری اور اصلاح معاشرۂ ہے۔ اس لیے وہ مقصدی افسانے لکھنے میں ذرا بھی نہیں کتراتے۔ ان کی یہ حقیقت نگاری ان کی حق گوئی، بے باکی، خلوص، انسان دوستی، دردمندی، سیاسی اور سماجی شعور کا نتیجہ ہے۔ ان کے افسانوں میں حقیقت نگاری اور مقصدیت کو اولیت حاصل ہے۔ شوکت حیات خاص نقطۂ نظر کے حامل تھے جس کی پیش کش کے لیے وہ قلم اُٹھاتے تھے۔ مثلاً ہندو مسلم نفاق، فسادات، ملک کے ابتر حالات، پچھڑے ہوئے طبقے کی خراب وخستہ حالت نے ان کو کافی رنج پہنچایا۔ ان حالات سے ملک کو روشناس اور قوم کو بیدار کرنے کے لیے اُنھوں نے افسانے لکھے۔ انھوں نے داستانوی اور افسانوی کہانیاں نہیں لکھیں بلکہ اپنے گرد وپیش کے حقیقی واقعات کو اپنے افسانوں میں پیش کیا۔ شوکت حیات ایک سچے قوم پرست، وطن پرست اور سوشلسٹ تھے جن کی کہانیوں کا مقصد اصلاح معاشرہ

تھا۔ وہ سماج کے ہر پہلو اور وطن کے ہر فرد کی اصلاح چاہتے تھے۔ شوکت حیات ایک نئے معاشرے کے ڈریمر اور اصلاح وانقلاب کے قائل تھے وہ ایک جہد کار تھے اور اپنی کہانیوں اور کردار کے ذریعے ملک کے مظلوم اور بے سہارا طبقے کی نمائندگی کرتے رہے۔ جس کی زندہ مثالیں ان کے افسانوں میں دیکھی جاسکتی ہیں۔ شوکت حیات نے پسماندہ سماج کو اپنی تحریروں کے ذریعے بہتری کی طرف لانے کی ہر ممکن کوشش کی وہ برصغیر میں امن وامان، خوش حالی کے خواہش مند تھے اس لیے وہ اپنے افسانوں میں ہر جگہ حق گوئی اور حق پرستی کے نعرے بلند کرتے ہیں۔ آپ نے کئی لا زوال افسانے تخلیق کیے جن میں بکسوں سے دبا آدمی، گھونسلا، گنبد کے کبوتر، سرخ اپارٹمنٹ، رانی باغ، پاؤں، ڈھلان پر رُکے ہوئے قدم، چیخیں وغیرہ کے نام خصوصی طور پر لیے جاسکتے ہیں۔ افسانوں کے علاوہ آپ نے ہم عصر افسانہ نگاروں کے حوالے سے کئی اچھے مضامین بھی تحریر کیے۔ مثلاً سَن ستری اور نامیاتی افسانے: انحراف و تسلسل، نامیاتیت اور نامیاتی افسانے، امکانیت پسندی وغیرہ اسی ضمن کے مضامین ہیں۔ ان مضامین میں انہوں نے ہم عصر افسانہ نگاروں کے حوالے سے اس بات پر اصرار کیا کہ:

''میں اور میرے، ہم عصر افسانہ نگار انا میت پسند ہیں اور وہی افسانہ عصری و آفاقی ہے جو عصریت و آفاقیت کے امتزاج، انجذاب اور وفاق سے سرشار ہو کر افسانے کی توانائی میں افسانے کا سبب بنتے ہیں''۔

شوکت حیات کا فکشن متنوع موضوعات کا احاطہ کرتا ہے۔ وہ بے خوف فکشن نگار تھے۔ وہ بانگ دہل اپنی بات افسانوں میں کہنا جانتے تھے۔ یہی وجہ تھی کہ ان کو تنقید کا بھی نشانہ بنایا گیا۔ خواجہ صاحب ایک مضبوط اور بے باک قلم کار تھے جن کے اندر حب الوطنی کا جذبہ کوٹ کوٹ کر بھرا ہوا تھا جس نے انھیں ایک سچا نیشنلسٹ اور پختہ فکر ادیب بنا دیا۔ ان کا ادب فکری ادب ہے انھیں ہمہ وقت ملک وقوم کے ہر فرد کی فکر لگی رہتی تھی یہی وجہ ہے کہ ان کے ہر افسانے میں ایک بے چین شوکت حیات کو محسوس کیا جاسکتا ہے۔ ان کی تمام افسانوی تحریریں حب الوطنی کے جذبے اور سیاسی وسماجی شعور سے بھرپور ہیں۔ لوگوں میں بیداری اور معاشرے کی فلاح و بہبود کا کام اُنھوں نے اپنے افسانوں کے ذریعے بڑے فنکارانہ اور سنجیدہ انداز میں کیا ہے۔ منفرد اسلوب اور نئے تجربے بھی شوکت حیات کے افسانوں کی اہم خوبیاں ہیں۔ ان کے افسانوں میں ایک نیا تجربہ ملتا ہے جو نئی تکنیک اور پلاٹ کا افسانہ ہے۔ شوکت حیات کی کہانیوں کا پلاٹ سادہ اور غیر پیچیدہ ہے انداز بیان بے حد آسان اور مؤثر ہے جس سے قاری کا ذہن الجھنے سے بچا رہتا ہے اور آسانی سے فن کار کا ہمسفر بنا رہتا ہے۔ ان کی کہانیوں کی مقبولیت میں اسلوب یا اسٹائل کا بھی بڑی حد تک ہاتھ ہے۔ ان کے افسانوں کا کینوس چھوٹا ہے جن میں کم سے کم لفظوں میں زیادہ سے زیادہ باتیں کہی گئی ہیں۔ ان کے افسانے کہانی پن کے قائل ہیں اور جونکہ کہانی پن واقعات سے پیدا ہوتا ہے اس لیے ان کے افسانوں کے واقعات

میں کہیں ظاہری طور پر تو کہیں پوشیدہ طور پر ربط ضرور ہے جو ان کے پلاٹ کی جان ہے۔ان کی ایسی کہانیاں بھی ہیں جن میں ترقی پسندی کے ساتھ ساتھ تقسیم کا موضوع بھی اپنے عروج پر ہے۔ یہ کہانیاں تقسیم کے بطن سے جنمی ہیں اور اس کی وجہ یہ ہے کہ شوکت حیات نے جب سے ہوش سنبھالا تب سے وہ ہر بوڑھے بزرگ سے غلامی، آزادی اور تقسیم کی داستان سن رہے تھے۔حساس طبیعت ہونے کی وجہ سے غلامی کا تصور بھی ان کے لئے اذیت ناک تھا،اور آزادی کے بعد سے ہونے والے دنگے اور فسادات نے ان کو ہلا کر رکھ دیا تھا اور ان کا یہی احساس اور درد ان کے افسانوں میں نظر آتا ہے۔ایسی ہی کہانیوں کا ذکر کرتے ہوئے شوکت حیات صاحب کہتے ہیں:

> ''۱۹۷۵ء میں ایک کہانی ''بانگ'' کے عنوان سے لکھی تھی جو ایمر جنسی اور فاشزم کے خلاف احتجاجی کہانی تھی۔ چوں کہ میری کہانیاں ''شب خون'' میں چھپتی تھیں لیکن جب میں نے یہ کہانی فاروقی صاحب کو بھیجی تو انہوں نے مصلحت کی بنا پر کہانی معذرت کے ساتھ واپس کردی۔اس کے بعد یہ کہانی ''تناظر'' دہلی میں شائع ہوئی۔کہانی شائع ہونے کے بعد مخالفت کی بھی شروعات ہوئی۔اسی مخالفت نے شہرت کی بھی کھڑکی بھی وا کردی۔اس کہانی کو کافی پسند کیا گیا۔اس کی ایک وجہ یہ تھی کہ اس میں کہانی پن بھر پور موجود تھی جو کہ ستّر کی دہائی میں تقریباً ختم ہو چکی تھی۔اس کہانی کے متعلق مہدی جعفر نے اس بات کا اظہار کیا کہ ''بانگ'' کہانی پن کی واپسی کا پیش خیمہ ہے۔''

شوکت حیات کی کہانیوں کے کردار ہندوستانی معاشرے کے کردار ہیں جن میں ہر مذہب اور ہر ملت کے افراد شامل ہیں۔ چھوٹے بڑے،امیر غریب، بدنیک، ظالم مظلوم، سنگ دل رحم دل، صابر شاکر جلد باز، کاہل انقلاب پسند ہر قسم کے کردار ان کی کہانیوں میں دیکھے جا سکتے ہیں۔ان کے کردار جامد اور ٹھہرے ہوئے کردار نہیں ہیں بلکہ راؤنڈ کردار ہیں جو حالات کے ساتھ تبدیل ہوتے رہتے ہیں۔شوکت حیات کا افسانہ ''بھائی'' فرقہ وارانہ فسادات کے پس منظر میں لکھا گیا ایک اہم افسانہ ہے۔اس میں انھوں نے انسانی نفسیات کی خوب صورت عکاسی کی ہے۔ جب ماحول بگڑتا ہے تو کس طرح ایک فرقے کا دوسرے پر سے اعتماد اٹھ جاتا ہے،لوگ ایک دوسرے کو شک کی نگاہ سے دیکھنے لگتے ہیں کہ فریق مخالف کا ہر عمل اور ہر حرکت خوفزدہ کرتی رہتی ہے کہ وہ اس پر حملہ آور نہ ہو جائے۔تذبذب کی اس فضا میں ہر منزل، گرد و پیش کا ہر منظر، غرض کہ زمین اور آسمان نا دیدہ اور نامعلوم خطروں سے بھرے ہوئے معلوم ہوتے ہیں۔خوف و ہراس کا عالم چہار سو چھا جاتا ہے، ایسے ہی ماحول کی عکاسی ان کے افسانے کے اس اقتباس سے لگائی جا سکتی ہیں:

> ''اس تندرست آدمی سے محتاط رہنا ضروری ہے......اس نے سوچا اسے بے حد افسوس

ہوا کہ آج اس کی جیب میں وہ کی رِنگ بھی نہیں تھی جس میں پھل کاٹنے والا ایک ننھا سا چاقو ہوتا تھا۔ اس کے حملہ آور ہونے کی صورت میں کچھ تو اپنا بچاؤ کرسکتا تھا۔ لیکن وہ تو نہتا تھا۔ اس تنومند آدمی کی جیب میں نہ جانے کون سا ہتھیار ہوگا۔ نہ بھی ہوا تو کیا اس کا مضبوط جسم ہی اسے زیر کرنے کے لئے کافی نہیں۔ اس نے غور کیا کہ تنومند آدمی مستقل اپنا ہاتھ جیب میں ڈالے ہوئے تھا'' (بھائی)

شوکت حیات نے اپنے افسانوں میں عصری زندگی کے سیاسی، سماجی، معاشی اور تہذیبی مسائل کو بڑی خوبی سے بیان کیا اور جدید معاشرے کے کھوکھلے پن کو ہنرمندی سے دکھایا ہے۔ وہ انفرادی انسان سے زیادہ معاشرتی انسان کی تصویر کشی کرتے ہیں جس میں ظلم کے خلاف ان کا سیاسی نقطۂ نظر خاصی اہمیت رکھتا ہے۔ بیشتر افسانوں میں انسان کا ارتقا سماجی ارتقا سے وابستہ دکھانے کی کوشش کی ہے اور انسان اور اس کے معاشرتی یا اجتماعی وجود کے بارے میں جو کچھ لکھا ہے اس میں بحیثیت مجموعی ایک دردمند دل اور روشن فکر کی جھلک بہر طور نظر آتی ہے۔ شوکت حیات اپنے انداز کے سب سے توانا اور منفرد فکشن رائٹر تھے۔ وہ روایتی انداز میں بنی گئی کہانیوں پر یقین نہیں رکھتے تھے۔ ایک طرف جہاں وہ اپنے افسانوں میں علامتوں کا استعمال کرتے ہیں وہی دوسری طرف اس میں خوبصورت بیانیہ اور فنٹسی کا استعمال بھی نظر آتا ہے۔ ایک طرف جہاں ان کے افسانوں میں سماجی اور سیاسی شعور کی جھلک دکھائی دیتی ہے وہی ان میں تاریخ کی گونج کا بھی اندازہ ہوتا ہے۔ جو دھیرے دھیرے ان کے ناولوں میں اپنی جگہ متعین کرتی ہیں۔ یہی وہ اندازِ بیان ہے جو برصغیر میں بہت کم افسانہ نگاروں یا ناول نگاروں کے یہاں دیکھنے کو ملتا ہے اور یہی اندازِ بیان اور مخصوص اسلوب شوکت صاحب کو دوسروں سے منفرد بناتا ہے۔ انھوں نے ہمیشہ نئی چیزوں کو اپنایا حتیٰ کہ شوکت صاحب اپنی کہانیوں کے اسلوب اور تکنیک بھی بدلتے رہتے تھے۔ جس کو عوام بھی خوب پسند کرتی تھی۔ ان کی ہر کہانی قاری کو بے چین کرتی ہے اور ذہن میں کئی سوالات کو اُٹھاتی ہے۔ نئی نسلوں میں در آئی تبدیلیاں جو اضطرابی کیفیات پیدا کرتی ہے وہ ہمیں اپنی باوقار تاریخ، تبدیلی اور روایت کی طرف پھر سے غور وفکر کرنے پر مجبور کرتی ہے۔ آج کا ادب عصری زندگی کے شعور سے پیدا ہوتا ہے اور شوکت حیات زندگی کو فکشن میں لکھنے کے فن سے بخوبی واقف تھے۔ وہ زبان و بیان پر مکمل عبور رکھتے تھے، بیانیہ پر قدرت حاصل تھی اور کہانی کے فن سے بخوبی واقف تھے، موصوف کی مختلف موضوعات پر پکڑ تھی، کردار ہمارے معاشرے کے چلتے پھرتے انسان ہیں، مکالمے دلچسپ اور دلکش ہیں، اسلوب منفرد اور انداز بیان مختلف ہے، پلاٹ میں ترتیب ہے، ماحول وفضا حالات و واقعات سے پوری طرح ہم آہنگ ہے' آغاز و اختتام پرکشش و پراثر ہے، مقصدیت اور حقیقت نگاری کو کہانیوں میں

اولیت حاصل ہے، استعارے اور علامتوں کا استعمال بڑی ہوشیاری سے کیا گیا ہے۔ ان تمام خوبیوں کی بنا پر دوسری اصناف کی بہ نسبت افسانے میں انھیں زیادہ شہرت نصیب ہوئی۔ وہ اپنے افسانوی انداز پر کہتے تھے:

> ''میں نے ترقی پسندی اور جدیدیت کی ملی جلی تھیوری کو اختیار کیا۔ کسی ایک تھیوری کے افسانے نہیں لکھے۔ ایک فن کار کو ان تمام چیزوں سے ماورا ہو کر لکھنا چاہیے۔ سو میں نے تجربے اور مشاہدے کی بنا پر نئے انداز کی کہانیاں لکھیں تو تھیوری کی سطح پر اس بات کا اعلان کیا کہ مَیں اور میری نسل جینیس افسانہ نگار نہ تو ترقی پسند ہیں اور نہ جدید۔ وہ مابعد اور ہیئت و فکر کی سطح پر اِن دونوں سے الگ ہیں۔ لہذا اُن کی الگ شناخت ہونی چاہیے۔ اس شناخت کو میں نے ''انام نسل'' اور ''انامیت'' کا نام دیا۔ ناقدوں اور دیگر حضرات سے مضمون لکھ کر گزارش کی کہ ہمیں ترقی پسند یا جدید افسانہ نگار کی حیثیت سے برانڈ نہ کریں بل کہ ہمیں نئی نسل کا فرد سمجھتے ہوئے نئی شناخت کو تسلیم کریں۔''

تسلیم کرنا چاہیے کہ فکر و خیال اور موضوعات کے اعتبار سے شوکت حیات کی کہانیاں بے حد اہم ہیں۔ فن اور ٹریٹمنٹ کے لحاظ سے انھیں اعلیٰ پیمانے کے افسانوں میں شامل کیا جا سکتا ہے۔ یہ درست ہے کہ افسانے میں مقصدیت کا ہونا معیوب نہیں لیکن محض مقصد کو افسانوی پیرائے میں پیش کرنے کے عمل کی بھی تحسین نہیں کی جا سکتی۔ لیکن شوکت حیات کے افسانوں میں مقصدیت ایک نئے انداز میں پیش کی گئی ہے، اسے اس طرح سے افسانوں میں بنا گیا ہے کہ وہ ان کے افسانوں کا اہم جز معلوم ہوتی ہے۔ سچ کو سچی صورت میں اور واقعی افراد کو بطور کردار افسانے میں پیش کرنے کی روایت ہمارے یہاں موجود رہی ہے۔ لیکن فکشن پر جوانی اور اس کے جوبن پر نکھار تب آتا ہے جب جھوٹ کو اس طرح پیش کیا جائے کہ وہ سچ لگے اور غیر حقیقی یا لاموجود کرداروں کو افسانہ نگار اپنی خلاقی سے یوں ڈھالے کہ وہ جیتے جاگتے انسان دکھیں۔ اس معاملے میں شوکت حیات کا معاملہ پرفکٹ ہے۔ ان کے بیشتر افسانوں کے پلاٹ سچے اور گزرے ہوئے واقعات سے تشکیل پاتے ہیں افسانوں میں یہ واقعات حقیقی اور سچے معلوم ہوتے ہیں۔ اسی طرح وہ اپنی کہانیوں میں بطور کردار فطری اور زندہ انسانوں کو داخل کرتے ہیں اور یہی اافسانوی عمل کے دوران بھی فطری اور حقیقی معلوم ہوتے ہیں۔ اس طرح ہم کہہ سکتے ہیں کہ حقیقت نگاری شوکت حیات کا خاص وصف رہا ہے۔ وہ بنا کسی خوف کے اپنی بات رکھنا جانتے تھے۔ شوکت حیات موجودہ عہد کے ایک جنوین اور سچے فنکار بھی تھے جو کسی تمنا اور صلے کی پروا کئے بغیر صرف اپنے فکر و فن سے مطلب رکھتے تھے۔ انہوں نے مختلف تحریکوں اور رجحانوں کو دیکھا اور ان پر اپنی رائے بھی قائم کی مگر کبھی کسی تحریک و رجحان کے زیر اثر نہیں رہے اس لئے ان کی افسانہ نگاری کو کسی دبستانی فکر و سیاست سے وابستہ کرنا ناانصافی ہوگی۔ ترقی پسندی، جدیدیت اور مابعد جدیدیت کے نام نہاد اصولوں

نے ان کے فن پر کوئی اثر نہیں ڈالا۔ وہ ہر محفل میں آزادی سے اپنی بات کہتے ہیں اور ہر افسانے میں اپنا فنی اصول قائم رکھتے ہیں۔ آج ہندوستان میں جو کچھ ہو رہا ہے یا جو کچھ آگے ہونے کے آثار نظر آ رہے ہیں شوکت صاحب نے انھیں اچھی طرح پہچان لیا تھا۔ یہی وجہ بھی تھی کی ان کے ہر افسانہ، اور کہانیوں میں درد اور کڑوی سچائی نظر آتی ہے۔ ان کی تحریروں کی انھیں خوبیوں کے سبب ان کے لکھنے کے انداز سے ان کے قارئین اور چاہنے والوں کا ایک بڑا حلقہ بن گیا ہے جو ان سے متاثر ہوئے بغیر نہیں رہ پاتے ہیں۔ شوکت صاحب نے اپنے گرد و پیش کی محرومیوں، ناکامیوں، ظلم و زیادتیوں، ناانصافیوں کو ہر پل محسوس کیا۔ انھوں نے جس دور اور جس سماج میں آنکھ کھولی، وہاں دنگے، فساد اور نسلی امتیاز سے قدم قدم پر سامنا ہوتا تھا۔ یہی وجہ ہے کہ ان کی تحریروں میں ایک گہرا دکھ اور المیہ سانس لیتا دکھائی دیتا ہے۔ کہیں کہیں تو شوکت صاحب کا قلم قاتل کی سمت اشارہ ہی نہیں کرتا اس کی مکمل نشاندہی بھی کر دیتا ہے۔ وہ پوری تاریخ کو اشاروں میں بیان کر دیتے ہیں جہاں سوچتا ذہن با آسانی رسائی حاصل کر لیتا ہے۔

اعتراف کرنا چاہیے کہ ہمارے ناقدوں و محققین نے شوکت حیات کو کافی حد تک نظر انداز کیا ہے اور جن لوگوں نے ان پر لکھا ہے انھوں نے ان کے مکمل فن کا جائزہ لینے کی کوشش نہیں کی ہے۔ بالعموم ان کے یہاں کوئی اہم کردار نہ ہونے کی شکایت تو سبھوں نے کی ہے لیکن ان کی جدتِ فن کو، ان کے موضوعات کے تنوع کو، فکر و خیال کی وسعت کو، بیان کے توازن کو اور بیبا کی اظہار کو سمجھنے کی کوشش نہیں کی۔ اور نہ ہی کہانیوں کے پس منظر اور ان کی فضا پر غور کرنے کی ضرورت محسوس کی، جن میں ایک نئے ہندوستان کے تصور اور ہندوستانیوں کی نئی فکر کو پروان چڑھانے کی کوشش واضح طور پر نظر آتی ہے۔ قبول کہ انھوں نے فن پر مواد کو ترجیح دی اور کرافٹ پر قصہ پن کو، لیکن یہ عیب کہاں؟ حسن ہے۔ اور کیا ان کا یہ کارنامہ کم اہم ہے کہ انھوں نے کہانی کو افسانہ نگاروں کی تخیلاتی اقلیم سے نکال کر عوام کی حقیقی دنیا سے روشناس کرایا، اور شعری صداقت کے مقابلے میں علی الاعلان واقعی صداقت پر فکشن کی بنیاد رکھی۔

بہر حال ان کی فکشن کی دنیا کے بے شمار قصے فکر و فن کی بے شمار باتیں ہیں کس کا ذکر کریں کس کا نہیں......، کیا بھولوں کیا یاد کروں...... . ان کا ایک مختصر مضمون میں تمام باتوں کا احاطہ کرنا بھی ناممکن ہے۔ القصہ مختصر یہ کہ ان کا جانا یقیناً اردو فکشن کے لئے بہت بڑا نقصان ہے۔ وہ بہت سارے موضوعات پر لکھ رہے تھے ۔لیکن ان کو اردو والوں سے ایک شکایت تا عمر رہی کہ ان کی حوصلہ افزائی، عزت افزائی اس طرح نہیں ہوئی جس کے وہ مستحق تھے، ان کی اچانک موت نے ان کی قلم پر پاور بریک لگا دیا۔ لیکن جو کچھ وہ لکھ گئے اردو کی خدمات کر گئے وہ اردو ادب کبھی فراموش نہیں کر سکتا۔ یقیناً اردو فکشن کی تاریخ ان کے نام کے ذکر کے بغیر مکمل نہیں ہو سکتی۔

● عرفان رشید

شوکت حیات: صداقتوں کا کہانی کار

جن فن کاروں نے اردو افسانے کو ۱۹۷۰ء کے بعد آگے بڑھانے میں نمایاں رول ادا کیا ہے ان میں شوکت حیات کا نام بھی شامل ہے۔ اگر چہ انہوں نے اپنے افسانوی سفر کا آغاز طالب علمی کے زمانے میں ہی کیا تھا لیکن ان کا پہلا افسانہ ''دو بکسوں سے دبا آدمی'' ۱۹۷۰ء میں ماہنامہ 'کتاب' لکھنو میں شائع ہوا۔ اس سے اندازہ ہوتا ہے کہ ستر کی دہائی میں شوکت حیات ادبی حلقوں میں متعارف ہو چکے تھے اور جلد ہی انہوں نے اپنا نام اردو کے بہترین افسانہ نگاروں میں لکھوایا۔ اپنے عصر کی کہانی کو ''انامیت'' یا ''انام نسل'' سے منسوب کرنے والے اس فن کار نے اپنے عہد کو سن ستری اور تغیر پسندی، جیسی اصطلاحوں سے مالا مال کیا۔ انہوں نے خود کو کسی رجحان تک محدود نہیں کیا بلکہ آزاد تلازمہ خیال کے ذریعے اپنی کہانی کو معنوی وسعتوں سے ہمکنار کیا۔ ترقی پسند افسانہ نگاروں نے جدید افسانہ پر جو لیبل قائم کی تھی کہ اس میں روایتی موضوعات سے بغاوت ہے انہوں نے اسے اپنے افسانوں کے موضوعاتی تنوع سے غلط ثابت کیا۔ بیانیہ اُسلوب کے ذریعے انہوں نے بہترین علامتی افسانے تحریر کیے ہیں۔ سچویشن سریز کے ذریعے جدید افسانے کو انہوں نے توقیت عطا کی کیونکہ انہوں نے جدیدیت کے ہنگامی اور بحرانی دور میں بھی زندگی سے ادب کے رشتے کو مضبوطی سے قائم رکھا اور ہئیت اور تکنیک کے تجربوں کے باوجود بھی حقیقت پسندی پر اپنے افسانوں میں زور دیا۔ پاؤں، بانگ، گھونسلا، تین مینڈک، سیلان، سچویشن سیریز جیسے افسانے اُن کی حقیقت پسندی کی عمدہ مثال ہیں۔

افسانہ ''گھونسلا'' شوکت حیات کا ایک خوبصورت علامتی افسانہ ہے جس کا موضوع قدروں کی پامالی، پرانی تہذیب کی شکست وریخت اور identity crises جیسے مسائل کا احاطہ کرتا ہے۔ یہ افسانہ دراصل بیانیہ اسلوب میں پیش کیا گیا ہے اور اس میں مستعمل علامتوں قاری پر کے معنی دھیرے دھیرے ظاہر ہو جاتے ہیں۔ افسانہ ایک ٹرین کے سفر سے شروع ہو جاتا ہے جس میں مسافر کو ایک اسٹیشن پر اپنے اندر سے آواز سنائی دیتی ہے کہ:

''بد بخت تیرا کوئی اسٹیشن ہے......؟''

اس خود کلامی پر غور کرتے کرتے اسے احساس ہوتا ہے کہ اس دنیا میں مجھ جیسے کروڑوں انسان

ہو نگے جن کا کوئی گھر یا ٹھکانہ نہیں ہے اور اسی سوچ میں گُم ہو کر وہ ایک اسٹیشن پر اترتا ہے۔ اس کہانی کے پلاٹ میں کوئی جھول نہیں ہے بلکہ ایک گھتے ہوئے پلاٹ کو لے کر کہانی آگے بڑھتی ہے۔ جب مسافر اسٹیشن پر اترتا ہے تو باہر گھپ اندھیرا دیکھ کر وہ ایک آدمی سے پوچھتا ہے:

''کیوں بھائی...... لائٹ کب سے آف ہے......'' ''کیا کہا جائے بابو جی
...... جب سے بڑے شہر میں بجلی کی سپلائی بڑھ گئی ہے، یہاں کا کوٹا کاٹ دیا گیا ہے
...... بہت دیر کے لیے روشنی غائب رہتی ہے...... اور آس پاس جو گاؤں ہیں، ان کا تو
حال پوچھو ہی مت...... بجلی کی لائن ہوتے ہوئے بھی سب ایک کرن کو ترستے ہیں
...... کہیں کوئی پیداوار ہی نہیں ہوتی۔۔'' (گنبد کے کبوتر، افسانوی مجموعہ، ص ۵۴)

اس اقتباس سے صاف ظاہر ہو جاتا ہے کہ افسانہ نگار گاؤں اور شہر کی زندگی کا موازنہ کر کے یہ بتانا چاہتے ہیں کہ کس طرح سے گاؤں میں استحصال اور ظلم جوں کو توں باقی ہے اور وہاں کے باشندوں میں سے کوئی ایک احتجاج کرنے کا نہ ہی حوصلہ رکھتا ہے اور نہ احساس۔ مسافر شہروں کو گالیاں دیتے ہوئے آگے بڑھ جاتا ہے اور رکشے والوں کی قطار دیکھ کر تھوڑی دیر کے لیے سوچ میں پڑ جاتا ہے۔ قلی ایک رکشا میں اس کے سامان کو رکھ دیتا ہے اور رکشا والا مسافر سے پوچھتا ہے:

''کہاں چلنا ہے بابو جی؟''
بس چلنا ہے...... باہر کا آدمی نہیں ہوں...... اسی مٹی کا یہ جسم ہے......

مذکورہ بالا سطور سے اندازہ ہو جاتا ہے کہ یہ مسافر برسوں بعد اپنے علاقے کی طرف بڑھتا ہو نظر آتا ہے اور اسے اپنے اندر کی آواز بار بار ٹوک کر کہتی ہے کہ:

''بد بخت تیرا کوئی شہر ہے......''

جب رکشا والا اسے بار بار پوچھتا ہے کہ بابو کہاں چلنا ہے۔ مسافر جس راستے سے بھی رکشا والے کو جانے کے لیے کہتا ہے وہاں سے وہ ایک چٹیل میدان میں پہنچ جاتا ہے۔ مساجد، مندروں، گرجا گروں، گردواروں سے ہو کر بھی اسے اپنا گھر نہیں ملتا۔ افسانہ نگار قاری کو باور کرانا چاہتا ہے کہ اس صارفینی دور میں مذہب اور مذہبی رہنما بھی جدید انسان کے مسائل کا حل نہیں ڈھونڈ سکتے ہیں۔ رکشا والا تھک کر ہار جاتا ہے اور مسافر رکشا والے سے روتے سسکتے ہوئے پوچھتا ہے کہ تم کیوں روتے ہو:

''تم جس علاقے، جس بستی کو ڈھونڈ رہے ہو، اسے عرصہ پہلے
بلڈزروں نے چٹیل میدان میں تبدیل کر دیا...... میں بھی ہفتوں اسی طرح شہر میں

دیوانہ وار پاگلوں کی طرح چکر کاٹتا ہوا بار بار اسی چٹیل میدان تک پہنچتا رہا ...... بلڈوزروں نے سب کچھ اجاڑ دیا...... بھری پڑی بستی کو ملبے میں تبدیل کیا اور پھر چٹیل میدان بنا دیا...... میرا دکان، میرا گھر اور تمام اہل وعیال زندہ در گور ہو گئے ...... بیٹے میں تو صبر کر لیا تھا لیکن آج بار بار اس چٹیل میدان کو دیکھ کر پرانے زخم ہرے ہو گئے...... بابو جی...... بابو جی...... تم سن رہے ہو......؟''

اس بار رکشے والے کے بار بار جھنجھوڑنے پر بھی بابو جی کا سکوت نہیں ٹوٹا۔''

افسانے کے اس طویل اور آخری اقتباس سے اس کہانی کا موضوع عیاں ہوتا ہوا دکھائی دیتا ہے کہ لفظ بلڈوزر اصل میں علامت ہے، نئی تہذیب کی جس نے روایت کی عمارت کو منہدم کر دیا ہے اور مسافر آج کی Generation اور رکشا والا مسافر سے پہلی والی Old Genreration کی علامت ہے جو ایک ساتھ روایت کی مٹتی ہوئی تہذیب کا رونا رو رہے ہیں اور ایک دوسرے کو جھوٹا سہارا دے کر تسلی دیتے ہیں۔

انیس اشفاق اس افسانے کے حوالے سے لکھتے ہیں:

''اس طرح شوکت حیات کا افسانہ گھونسلا پرانے اور نئے نظامِ اقدار کی کش مکش میں نئے نظامِ اقدار کے غلبے اور پرانی اور نئی (روحانی اور مادی) تہذیبوں کے تصادم میں پرانی تہذیبوں کی شکست کا المناک منظرنامہ ہے۔''[۱]

افسانہ ''گنبد کے کبوتر'' نہ صرف شوکت حیات کے بہترین افسانوں میں شمار کیا جاتا ہے بلکہ یہ اردو کے نمائندہ افسانوں میں شامل ہیں۔ اس افسانے کا بنیادی موضوع بابری مسجد کا انہدام ہے۔ موصوف نے اسے علامتی اور استعاراتی رنگ میں اس طرح پیش کیا ہے۔ افسانہ واحد متکلم کی ذات سے پر نظر آتا ہے یعنی واحد متکلم کی ذات افسانے کی جان ہے اور اسی کے ارد گرد افسانہ رقص کرتا ہوا نظر آتا ہے۔ اس میں بیانیہ تکنیک کا نہایت خوبصورت امتزاج دیکھنے کو ملتا ہے، منضبط پلاٹ، کردار نگاری، اور منظر کشی افسانے کی خوبصورتی میں اضافہ کرتا ہے۔ اس افسانے کی ایک خوبصورتی یہ ہے کہ اس کا بنیادی موضوع ابتدائی جملوں میں ہی سامنے آ جاتا ہے۔ مصنف کو افسانے کے فن پر پورا عبور حاصل ہے جس کی دلیل وہ ضمنی واقعات ہیں جو 'سین دادا' کی شخصیت سے منسلک ہیں۔ کبوتروں کا گنبد ختم یا مسمار ہو جانا اپنے آپ میں ایک مکمل کہانی ہے۔ افسانہ نگار کو صرف مسجد کا انہدام دکھانا مقصد نہیں ہے بلکہ یہ اس مغلیہ سلطنت اور مشترکہ تہذیب کا خاتمہ ہے جس نے کئی صدیوں تک ہندستان کو سمیٹا تھا۔ افسانہ نگار کو بار بار یہ فکر رہتی ہے کہ گنبد کے کبوتر (ہندستان کے مسلمان) اب کہاں جائیں گے۔ کیوں کہ انہوں نے ایک بار اس جمہوری ملک کے قوانین پر

لبیک کیا ہے اور تقسیم کے وقت انہوں نے اپنی پرکھوں کی وراثت میں جینے اور مرنے کی قسمیں کھائی تھیں لیکن اب انہیں یہ ڈر لگا رہتا ہے کہ کہیں ان کے پیڑ پودوں، کلیوں، گملوں اور کبوتروں کو کوئی تباہ نہ کر دے۔اس لیے واحد متکلم بار بار' سین دادٗ سے کہتا ہے:

''دادا میرا دل نہیں لگ رہا ہے......اب واپس چلیں......نہ معلوم میرے پھولوں کا کیا حشر ہوا ہوگا۔''

''دادا......میرا دل نہ جانے کیوں گھبرا رہا ہے......یہ بے اماں کبوتروں کا اڑتا ہوا غول دماغ میں عجیب قسم کی وحشت پیدا کر رہا ہے۔ان کی جائے اماں ان سے چھن گئی۔گنبدوں کی بلندی دھول چاٹ رہی ہے......یہ کبوتر اب کہاں جائیں دادا......انہیں کہاں آسرا ملے گا......!''

افسانہ نگار قارئین کو باور کرانا چاہتا ہے کہ ہندستانی مسلمان ہجرت کا درد و کرب اب بھی جیل رہے ہیں نہ جانے کب ان بے چاروں کو اس کرب بھری زندگی سے نجات مل جائے گی۔اب بھی انہیں یہاں کا دشمن اور مجرم قرار دیا جاتا ہے اور جس ملک کو انہوں نے اپنے خون سے سینچا ہے وہیں پر ان سے اب غیروں سا برتاو کیا جاتا ہے۔حالانکہ آزادی کی جدو جہد میں انہوں نے بھی دوسرے فرقوں سے کہیں زیادہ حصہ ادا کیا ہے لیکن اس قربانی اور وفاداری کا صلہ انہیں یہ ملے انہوں نے کبھی سوچا بھی نہیں تھا۔انہیں ہر جگہ اور ہر طرف ذلالت وخواری سے جھوجھنا پڑتا ہے۔کہیں انہیں دہشت گرد اور کہیں انہیں فسادی کے نام سے پکارا جاتا ہے۔

یہ افسانہ اس تلخ حقیقت کو منعکس کرتا ہے کہ ہندستان میں مسلمان تاریخ کے بدترین دور سے گزر رہے ہیں۔ان کی بے بسی اور کسمپرسی کو افسانہ نگار نے یوں بیان کیا ہے:

''سین دادا آپ ان فاختاؤں میں الجھے ہوئے ہیں۔ذرا اوپر دیکھئے۔بے ٹھکانا کبوتروں کا غول مستقل آسمان میں چکر کاٹ رہا ہے۔اپنے مستقر کے بے دردی اور بربریت کے ساتھ مسمار کر کے غائب کر دیے جانے کے بعد کیسی بے گھری اور بے امانی جھیل رہا ہے۔آپ ان کبوتروں کی آنکھیں دیکھ رہے ہیں ......ان میں اترنا خون، بیچارگی اور کچھ کر گزرنے کی تڑپتی ہوئی آرزوئیں محسوس کر رہے ہیں......!''

موصوف نے اس افسانے کے حوالے سے اِن عصری حالات و واقعات کی ایسی خوب صورت عکاسی کی ہے کہ کس طرح سے مسلمانوں کو موجودہ حالات سے بے خبر رکھ کر بہ آسانی اپنا کام نکالا جاتا تھا۔

افسانہ نگار اس وقت کے مسلمانوں پر طنز کے تیر بھی برساتے ہیں کیوں کہ وہ فساد، بربریت، اور لوٹ مار سے اتنے خوف و دہشت میں مبتلا ہو گئے تھے کہ مسجد کے انہدام پر بھی بات کرنے میں انہیں ڈر لگتا تھا:

''اس روز کئی دوستوں کے ہاں دونوں گئے تھے۔ سب نے اس روز کے اہم ترین واقعے پر بات چیت کرنے سے گریز کیا تھا۔ لوگ دل ہی دل میں یا تو رو رہے تھے یا ہنس رہے تھے۔ عجیب بے بسی اور دلی خوشی کی کیفیتیں تھیں۔ جن سے مختلف لوگ اپنے اپنے حساب سے گزر رہے تھے۔ لیکن تمام کیفیات اور بے نیازی کے باوجود ایک سوال سب کو کرید رہا تھا۔''

اس افسانے کا ایک کردار 'سین دادا' ہے جس کو افسانہ نگار نے محض ایک کردار کے طور پر ہی پیش نہیں کیا ہے بلکہ ہندستان میں جتنے بھی مذاہب کے لوگ رہتے ہیں ان کی نمائندگی 'سین دادا' کے حوالے سے کی گئی ہے۔ شوکت حیات اس بات کی طرف اشارہ کرنا چاہتے ہیں کہ مسلمانوں کے بغیر کسی طرح سے بھی یہاں کے بسنے والے خوشی اور سکون کی زندگی بسر کر سکتے۔ چاہے ساٹھ سالہ 'سین دادا' ہی کیوں نہ ہوں اور جب 'سین دادا' واحد متکلم سے پوچھتا ہے:

''کچھ نہیں ہوگا۔ آپ کے سارے گملے خیریت سے رہیں گے۔ اب دوستوں سے ملنے چل رہے ہیں تو یوں اداس رہنا چھوڑیے ......انجوائے کیجئے ......دیکھئے گول گول گنبدوں کی گولائی اور نوکیلے اُبھار......اُف سامنے کے پرکشش منظر سے جسم میں عجب ترنگ پیدا ہو رہی ہے۔ ذرا دیکھئے آپ بھی۔''

''اس عمر میں دادا آپ......؟''

''ینگ مین تم جوانی میں بوڑھا ہو گیا۔۔۔ ذرا نظر تو اُٹھاؤ۔''

افسانہ نگار اس افسانے کے ذریعے قاری کو سوچنے پر مجبور کرتے ہیں کہ یہاں افراتفری کے اس ماحول میں زندگی کی معنویت کھو گئی ہے۔ شکست و ریخت، تنہائی اور اپنی ذات میں گم ہونا لوگوں کا کارِحیات بن گیا ہے۔ اس افسانے کی قرات کے دوران قاری کے رونگٹے اس وقت کھڑے ہو جاتے ہیں جب ایک بلی ایک زخمی کبوتر کا شکار کرنے کے لیے بے چین ہو رہی ہے اور کبوتر لڑکھڑاتا ہوا 'مسٹر تھامسن' کے کچن میں گر جاتا ہے۔ جب پڑوسی 'مسٹر جان' زخمی کبوتر کو لینے اس لیے آتا ہے کیوں کہ اسے کبوتر چاہیے تا کہ اس کی Mother in Law کے لقوے کی بیماری کا علاج ہو سکے۔

کبوتر اور بلی کے استعارے کو معنی پہناتے وقت ہمیں اُس وقت کے حالات و واقعات کا منظر

آنکھوں کے سامنے پھرتا ہے۔ اس وقت ہندستان میں مسلمانوں کی کیا حالت تھی اور کس طرح سے ہر طرف لوگ ان کے جانی دشمن بن گئے تھے کس طرح انہیں گاجر اور مولی کی طرح کاٹا جار ہا تھا اور یہ بے چاری قوم اُف تک نہیں کر پا رہی تھی، اس بے بسی کو افسانہ نگار نے تاثر کن انداز میں پیش کیا ہے۔ اقتباس ملاحظہ کیجئے:

''اس نے سوچا، اس کے اور مس ریزہ کے دکھ میں کس کا دُکھ بڑا ہے۔ غٹرغوں کرتے ہوئے کبوتروں کا غول اس کے سر پر منڈلانے لگا۔ اس نے ہامی بھر لی۔ اس سے بڑا غم تو ان بے امان کبوتروں کا ہے۔ جنہیں اب ساری عمر، ہجرت کا عذاب جھیلنا ہے...... کئی نسلوں سے وہ ان گنبدوں کے باشندے تھے...... لیکن اب......''

''لڑ نہیں سکتے تو کم از کم بھاگ تو سکتے ہو...... ہائے نامراد...... تو نے تو یہ صلاحیت بھی کھودی......''

اگر ہم دوسرے اقتباس پر ذرا غور کریں تو معلوم ہوتا ہے کہ ہمارا ذہن اسلامی تاریخ کی طرف رجوع کرتا نظر آتا ہے اور موصوف کو اس بات کا اندازہ ہو چکا تھا کہ مسلمانوں نے چونکہ وہ راستہ چھوڑا ہے جو انہیں اپنے اسلاف دکھا کر گئے تھے ان کے اسلاف نے اپنی وقت ایمانی سے ایک ایسی سلطنت قائم کی تھی جس میں حق والے کو اپنا حق مل جاتا تھا اور کسی پر ظلم و زیادتی سے احتراز کیا جاتا تھا۔ افسانہ نگار عصری مسلمان پر طنز کے تیر برساتے ہیں کہ اس نے وہ صداقت، خلافت اور شجاعت چھوڑ دی ہے جو اسے اپنے اسلاف سکھا کر گئے تھے۔ اس سے اندازہ ہو جاتا ہے کہ عصر حاضر کے مسلمان بزدل اور کمزور ہو گئے ہیں۔

اگر ہم اس افسانے کی علامتوں اور استعاروں کی پرتوں کو کھولنے کی اور کوشش کریں گے تو اس افسانے کا بیانیہ، علامتوں کی معنویت اور استعارات کی اشاریت اسے مزاحمتی تخلیق کی ذیل میں لا کھڑا کرتی ہے۔ افسانہ نگار نے اس افسانے کے حوالے سے موجودہ نظام اور عصر حاضر کے انسان پر طنز کیا ہے کہ کس طرح سے انسان ظلم و جبر اور بربریت کا عادی ہو گیا ہے کیسا بھی دلسوز واقعہ ہو، چند روز کرفیو، ہڑتال کے بعد لوگ پھر اپنے کام کاج میں مصروف ہو کر اس سانحہ کو دھیرے دھیرے ایسے بھول جاتے ہیں جیسے کچھ ہوا ہی نہیں ہے۔ ایسے ہی منظر کا نقشہ افسانہ نگار نے کچھ اس طرح کھینچا ہے:

''کیا حال ہے۔ میرے پھولوں کا......؟''

''خود دیکھ لو جا کر......!''

بچے اپنے بستروں میں گہری نیند میں مبتلا تھے۔ سب کے چہروں پر

ایسی اذیتیں جیسے کوئی بہت ڈراؤنا اور تکلیف دہ خواب دیکھ رہے ہوں۔ آخر وہی ہوا جس کا ڈر تھا......''

افسانہ ''گنبد کے کبوتر'' پر بات کرتے ہوئے ممتاز ناقد وارث علوی کچھ یوں رقمطراز ہیں:

''گنبد جب تک تھا، علامت تھا ہماری تاریخ، تہذیب اور مذہب کی۔ اب نہیں رہا تو ایسا روحانی خلاء پیدا ہو چکا ہے جس کی ماہیت کا بھی ہمیں شعور نہیں۔ اس خلاء میں ان کبوتروں کے پروں کی پھڑ پھڑاہٹ کی آواز گونجتی ہے جو گنبد کے نہ ہونے سے بے سہارا ہو گئے ہیں۔ کبوتروں سے قطع نظر آدمی کا بے سہارا پن ایسے دور دراز اندیشوں کو جنم دیتا ہے کہ وقت کے بہاو میں اس کی شکستہ کشتی کو کوئی کنارہ مل سکے گا یا نہیں۔ یا پھر یہ ہولناک انجام کا آغاز ہے۔''

حقیقی معنوں میں یہ افسانہ صرف مسجد کے انہدام کی نوحہ گری نہیں بلکہ ایک تاریخ و تہذیب کے خاتمے کی داستان ہے اور اس کے ذریعے افسانہ نگار نے ایک تہذیب یافتہ قوم اور اس تاریخی سانحہ کو تاریخی اوراقوں میں ہمیشہ ہمیشہ کے لیے قید کر لیا ہے۔

☆☆☆

حوالہ جات:

۱: انیس اشفاق، نیا اردو افسانہ انتخاب، تجزیے اور مباحث، مرتب: پروفیسر گوپی چند نارنگ، اردو اکادمی، دہلی ۲۰۱۵ء، ص ۱۸۰

۲: نورالحسنین، نیا افسانہ۔ نئے نام، (حصہ دوم) عرشیہ پبلی کیشنز، دہلی، ۲۰۱۶ء ص ۶۵،

◀◀ ● ▶▶

● ڈاکٹر قسیم اختر

شوکت حیات کے افسانوں کا اختصاصی پہلو

ہر معروف فن کار کے فن پاروں پر لکھتے وقت اکثر یہ ضرور لکھا جاتا ہے کہ انھوں نے کبھی کسی ایک تحریک کا خیال نہیں رکھا مگر اپنے زمانے کی تمام تر تحریکات سے استفادہ کیا ہے۔ جب خلوص کے ساتھ ایسے فن کاروں کے یہاں ہم متعلقہ زمانے کی تمام تر تحریکات کے اثرات ڈھونڈتے ہیں تو ڈھاک کے تین پات ہی ملتے ہیں۔ گویا اکثر کے یہاں ایک ہی رنگ کی کثرت تکرار بن کر نمودار ہوتی ہے۔ مذکورہ مفروضے کے تناظر میں اگر شوکت حیات کے افسانوں کا مطالعہ کیا جائے تو ان کے افسانوں میں مختلف تحریکات کے اثرات انفرادی رویوں کے ساتھ واضح نظر آتے ہیں۔ اس کا مطلب قطعاً یہ نہیں ہے کہ انھوں نے تمام تر تحریکات سے دشمنی گانٹھ کر ایک ہی رنگ کو اپنے اوپر غالب کرلیا۔ یہاں پر ہم انتظار حسین کی مثال پیش کر سکتے ہیں۔ ان کو ترقی پسندوں سے ازلی دشمنی تھی۔ جدیدیت کا جھنڈا وہ اٹھانا نہیں چاہتے تھے۔ اس لیے انھوں نے اپنا الگ رنگ جمایا۔ سچائی یہ ہے کہ ان کا رنگ چوکھا ضرور ہوا، مگر انھوں نے اپنے فن پاروں میں اس قدر تکرار کو راہ دی کہ چوکھا رنگ بدرنگ ہو گیا۔

شوکت حیات کے افسانوں میں ہر رنگ کے افسانے ملتے ہیں۔ انھوں نے علامتی افسانے بھی لکھے اور جذباتی بھی۔ ان کے یہاں مزاحمتی تیور بھی ہیں اور سماجی اصلاحات کے اثرات بھی۔ انھوں نے جہاں سیاست گزیدہ خیالات کو تخلیقی پیرہن عطا کیا، وہیں انھوں نے اندرون خانے کی نفسیات کو افسانوی خلعت عطا کیا ہے۔ یہی وجہ ہے کہ شوکت حیات کے افسانوں میں زندگی کی نیرنگیاں پائی جاتی ہیں بلکہ یہ کہنا مناسب ہوگا کہ دراصل ان کے افسانے شوکتِ حیات ہیں۔ کیوں کہ زندگی کی کشاکش، حیات کے تضادات، فلسفے کی ماہیئت اور زندگی کی حقیقت؛ ایک دوسرے میں مدغم ہیں۔ یہی سبب ہے کہ ان کے افسانے اپنے عہد کے تمام تر تحریکی اثرات کے باوجود منفرد ہیں۔

بہت سے فن کار گروپ بندی کے شکار تو نہیں ہوتے، تاہم بیچ بیچ کا راستہ اپناتے ہوئے اپنے نظریے کی وضاحت بھی نہیں کرتے ہیں۔ کہیں گروپ کے سربراہان برا نہ مان لیں۔ شوکت حیات ایسے فن کار تھے جنھوں نے ہمیشہ اپنے نظریے کی وضاحت کی اور اپنی فکری اور تحریکی حیثیت کی وضاحت کی۔ ان کا یہ رویہ دراصل ان کی فن کاری کی صداقت بھی ہے، ساتھ ہی فن اور فن کاروں کی شایانِ شان بھی۔ شوکت حیات نے اپنے ایک انٹرویو میں کہا ہے:

''جدید نسل کے جدید افسانوں میں کہانی کے صنفی ڈھانچے کو مسمار کر دیا گیا تھا اور کہانی سے کہانی

پن غائب ہوگئی تھی۔ جدید ترین افسانوں نے جنھیں میں ''انام'' افسانوں سے تعبیر کرتا ہوں ، یعنی 1970 کے بعد کے افسانہ نگاروں نے کہانی کے بنیادی خدوخال کو بحال کیا۔ اس طرح افسانے کا بنیادی طور پر افسانہ ہونا ضروری قرار پایا۔''(ا)

مذکورہ اقتباس میں ہم شوکت حیات کی فکری صداقت اور فنی انفرادیت کی وضاحت کو اچھی طرح محسوس کرسکتے ہیں۔ کیوں کہ انھوں نے واضح لفظوں میں اس بات کا اعلان کردیا کہ ان کے افسانے گرچہ علامتی بھی ہیں، تاہم جدیدیت کے احساسات سے معمور نہیں ہیں۔ موضوعاتی برتاؤ اور کہانی کے انسلاک سے انھوں نے جو کہانیاں بننے کی کوشش کی ہے، وہ جدیدیت کے فلسفیانہ نظام سے قدرے مختلف ہے۔ اس لیے ان کے افسانوں کو جدیدیت کی حد بندیوں میں قید کرنے کی کوشش نہ کی جائے۔ یہی ان کے فن کے ساتھ انصاف ہے۔ ذیل میں ان کے چند افسانوں کا خصوصی تجزیہ کیا جارہا ہے جن سے ان کی انفرادیت قائم ہوگی۔

شوکت حیات کا ایک افسانہ ''سیلاب'' ہے جو موضوعاتی اعتبار سے بہت منفرد تو نہیں ہے، تاہم انھوں نے سیلاب کے ضمن میں جو انسانی ہمدردی، رقت آمیزی اور انسانی رویوں کو پیش کیا، وہ بہت خوب ہے۔ کیوں کہ موضوعاتی خوب صورتی فنی برتاؤ میں مضمر ہے۔ ''سیلاب'' آج بھی آتا ہے اور کل بھی آئے گا۔ یہ ایک سیاست کا بھی حصہ ہے اور معاشرتی پسماندگی کی علامت بھی ہے، تاہم فن کار سیاست اور معاشرت کو مدغم کرتے ہوئے ایک فلسفہ پیش کرتا ہے۔ اس فلسفے میں حقیقت بھی ہوتی ہے اور زندگی کی سچائی بھی۔ ''سیلاب'' میں زندگی کی حقیقت، سیلاب کے قہر اور سیاسی اثرات کو سامنے رکھتے ہوئے انھوں نے کامیاب افسانہ پیش کیا ہے۔ یہ افسانہ ان کے سادہ بیانیہ کے زمرے میں رکھا جاسکتا ہے۔

''گنبد کا کبوتر'' ایک ایسا افسانہ ہے جس میں تہذیبی محرکات بھی بہت زیادہ واضح ہیں اور سیاسی پہلوؤں کی عکاسی بھی ہے۔ کیوں کہ اس افسانے کی قرأت میں تہذیبوں کی تبدیلی کے معاملات واضح ہوتے ہیں اور بابری مسجد کے سانحہ کی طرف بھی اشارے ملتے ہیں۔ گویا انھوں نے ایک سلگتے موضوع کو بھی ایسے اچھوتے انداز میں پیش کیا ہے کہ اس میں جذباتیت کا گمان بھی نہیں گزرتا ہے۔ ظاہر یہ ہے کہ شوکت حیات نے انتہائی غور وخوص کے بعد لکھا ہوگا، کیوں کہ گنبد کے کبوتروں نے اس افسانے میں احساس دلایا کہ عبادت گاہوں کی پاکیزگی نہ صرف انسانوں سے جڑی ہوتی ہے، بلکہ پرندوں کے پروں کا سکون بھی گنبدوں سے جڑا ہوتا ہے۔ ایک اعتبار سے دیکھا جائے تو یہ فلسفہ لامکانی کی صورت کو پیش کرتا ہے۔ لامکانیت کا سلسلہ بھی جذبات سے جڑا ہوتا ہے، تاہم اس کے اظہار میں سکون واطمینان کا احساس ہو تو افسانہ فنی اور منطقی عروج پر پہنچ جاتا ہے۔ کیوں کہ تخلیقی لب ولہجے میں گداز پن کی بہت زیادہ اہمیت ہے۔ ''گھونسلا'' بھی ایک ایسا افسانہ ہے، جس میں رقت آمیزی ہے۔ کیوں کہ ایک بیٹا

اپنے علاقے لوٹ کر آتا ہے، مگر تہذیبوں کے مٹنے کا سلسلہ اس قدر ہے کہ اپنے گھر کا پتا کر پانا بھی مشکل ہو جاتا ہے۔ سب سے زیادہ چونکنے والی کیفیت اس وقت سامنے آتی ہے، جب باپ بیٹے کو پہچان پاتا ہے اور نہ ہی بیٹا باپ کو۔ کیوں کہ باپ اور بیٹا دونوں مل کر ایک ایسے گھر کی تلاش کر رہے ہیں، جس کے نشانات مٹ گئے ہیں۔ ایسے واقعے کے اظہار میں بھی شوکت حیات جذباتی نہیں ہوتے ہیں۔ مہدی جعفر نے اعتراف کیا ہے کہ شوکت حیات کے افسانوں میں ترشی و تلخی نہیں ہے، اگر کہیں اس کا اظہار بھی ہوتا ہے، وہ دراصل تخلیقی بیانیہ کا ایک انداز ہے۔(۲) افسانہ ''گنبد کے کبوتر'' کے تناظر میں مہدی جعفر کے مذکورہ قول کی اہمیت دو چند ہو جاتی ہے۔ کیوں کہ اس افسانے کا گٹھا ہوا اسلوب اور فکری بالیدگی ہمیں متوجہ کرتی ہے۔ اس افسانے سے ایک اقتباس ملاحظہ فرمائیں:

''اس نے بڑے پیار سے سین دادا کے ہاتھ کو اپنے ہاتھ میں لے کر عقیدت بھرا بوسہ دیا اور ان کا پیگ بنا کر گلاس ان کے ہونٹوں سے لگا دیا۔ ایک لمحے کے لیے ان کی مدت کی پیاس بجھ گئی۔ دل کو قرار آ گیا۔ دوسرے ہی لمحے ان کی تڑپ اور شدت اختیار کر گئی۔ شریانوں میں خون کا دباؤ بڑھ گیا۔ ان کی انگلیاں ایک بار پھر مس ریزہ کی برہنہ پنڈلی چھوتی ہوئی اس کی سڈول جانگھوں کی طرف رینگنے لگی۔''(۳)

مذکورہ اقتباس سے انداز کرنا کوئی مشکل نہیں ہے کہ شوکت حیات ایک شعلہ بار ایشو پر افسانہ لکھ رہے ہیں، تاہم انھوں نے جنسی جذبات اور رومانی پہلو کو بھی اس قدر ابھارا ہے کہ اس میں تہذیبی معاملات اور نفسیاتی پہلوؤں کی شمولیت ہو جاتی ہے۔ ساتھ ہی مذکورہ اقتباس میں ان کے اسلوب کا تیکھا، طنزیہ اور ستھرا اسلوب کو بھی ہم محسوس کر سکتے ہیں۔ کیوں کہ انھوں نے انتہائی چابک دستی سے اپنی فن کاری کا مظاہرہ کیا ہے۔ گویا یہ افسانہ علامتی ہے، جس کی تہہ داریوں میں سماج کے بہت سے پہلو پوشیدہ ہیں۔

اگر علامتی افسانوں کی بات کریں تو کئی ایک بہترین افسانے اس ضمن میں مل جائیں گے، تاہم یہاں ہم ''کوا'' کو پیش کریں گے۔ یہ علامتی افسانہ انتہائی کامیاب افسانہ ہے، تاہم اس افسانے میں تھوڑی عجلت ہے۔ عجلت کا جواز نہ ملنے کی وجہ یہ ہے کہ چھ صفحے پر مشتمل افسانہ تیزی سے آگے بڑھتا ہے۔ باپ کی پریشانی سامنے آتی ہے۔ بیٹے کی پریشانی واضح ہوتی ہے۔ ''کوا'' پلیٹ سے کھانا غائب کر دیتا ہے۔ گویا یہ بھوک کا فلسفیانہ اظہار ہے۔ اس اظہار سے افسانہ خوب صورت بن جاتا ہے، تاہم فی الفور ہجرت کا واقعہ صرف بھوک کے مسئلے پر پیش آتا ہے۔ اس سطح پر افسانے میں کسی حد تک عجلت راہ پا جاتی ہے۔ کوئی ضروری نہیں کہ راقم کا یہ مفروضہ کہانی کا کمزور پہلو ہی بن جائے، یہ بس ایک مفروضہ ہے۔ اس افسانے کو بھوک کی بنیاد پر ہجرت آشنا بنانے کے لیے طوالت درکار تھی، تاہم انھوں نے بھوک کے فلسفیانہ اظہار اور سرحد پار سے اپنے ملک کا موازنہ کر کے افسانہ کو خوب صورت بنانے کی کوشش کی ہے۔ کہانی کا اختتامی مکالمہ دیکھیں:

''بہت دیر تک کنڈی کھٹکھٹانے کے بعد دروازہ کھلا۔ اس کا جی چاہا کہ بھائی سے لپٹ جائے اور جی بھر کر روئے، لیکن اجنبی چہرے کو دیکھ کر وہ رک گیا۔ اس نے پوچھا۔

''رحمت صاحب؟''

اجنبی سب کچھ سمجھ گیا۔ اس نے کہا۔

شاید وہ سرحد پار کسی رشتے دار کے ہاں چلے گئے۔ یہاں کے حالات سے وہ بے حد عاجز آ چکے تھے۔ اور سب کچھ وانے پونے بیچ کر چلے گئے۔ ہم لوگوں کے بہت منع کرنے پر بھی نہیں رکے۔

یہ سب سنتے ہوئے اس کا دل ڈوب رہا تھا اور چھپّر سے اڑ کر اس کے سر پر منڈلاتا ہوا کوا کائیں کائیں کر رہا تھا۔''(۴)

اس اقتباس سے اندازہ کر سکتے ہیں کہ سرحد کے اِس پار سے کوئی فرد اُس پار سکون کی تلاش میں گیا تھا، تاہم اُس پار سے بھی اِس پار سکون کی تلاش میں کوئی کوچ کر رہا ہے۔ گویا کہانی کا یہ تصادم کہانی کو ایک نئے موڑ سے گزارتا ہے۔ یہ مکالمہ انتہائی عام فہم ہے، تاہم اس میں تاریخ کا جبر بھی ہے اور سکون کا متلاشی انسان بھی۔ اس لیے اس مکالمے میں سادگی کے باوجود ایک فلسفیانہ اظہار بھی ہے۔ چناں چہ ہم یہ کہہ سکتے ہیں کہ بے ساختگی سے شوکت حیات وہ سب کچھ کہہ دیتے ہیں جو فن کاری کا متقاضی ہے۔

دل جمعی سے نہ سہی، تاہم کئی ایک معتبر لکھنے والوں نے شوکت حیات کے افسانوں کو اپنے مطالعے کا حصہ بنایا ہے۔ اگر وہ دل جمعی اور تواتر کے ساتھ شوکت حیات پر توجہ دیتے تو ان کا افسانوی مقام الگ نظر آتا۔ وارث علوی اور وہاب اشرفی نے ان کی افسانوی خصوصیات کا احترام تو کیا ہے اور ان کا تجزیہ بھی کیا ہے، مگر اختصار کے ساتھ۔ وارث علوی ان کے افسانوں کی مزید شناوری کرتے، جیسا کہ وہ بہت سے افسانہ نگاروں کے متعلق خوب خوب گفتگو کرتے، تو شوکت حیات کی مزید انفرادیت سامنے آتی۔ تاہم انھوں نے اختصار کے ساتھ لکھا ہے اور چند اہم اشارے کیے ہیں۔ ان کا ایک اقتباس ملاحظہ فرمائیں:

''شوکت حیات کو زبان اور بیان پر غیر معمولی عبور حاصل ہے۔ ان کے معمولی افسانوں میں بھی یہ حسن برقرار رہتا ہے۔ ان کی نثر بڑی ہموار ہے۔ ایک کے بعد دوسرا جملہ سمندر کی لہروں کی مانند سبک ساری سے آتا ہے۔ بہت سے لکھنے والوں کی زبان میں جو ہلکا پن ملتا ہے اس سے وہ صاف بچ گئے۔ ان کے یہاں پیچیدگی ہے لیکن الجھاؤ نہیں، اشارے، کنائے اور اجمال ہے جو اہمال سے بارہ پتھر دور رہتا ہے۔ چوں کہ ان کے زیادہ تر افسانے نفسیاتی اور سماجی مسائل سے تعلق رکھتے ہیں۔''(۵)

وارث علوی کے تمام جملوں کی تصدیق کے لیے شوکت حیات کے افسانوں میں مواد موجود ہے۔

کیوں کہ شوکت حیات نے چھوٹے چھوٹے جملوں میں تہہ داری کے ساتھ اپنی فکر کو پیش کیا ہے۔ معمہ سازی سے اجتناب کیا ہے۔ فلسفہ طرازی سے دوری بنائی ہے۔ کہانی کو کہانی کے لوازمات سے اس قدر جوڑ کر رکھا ہے کہ قارئین کو افسانے کے ہر مقام پر اپنائیت کا احساس ہوتا ہے۔ ساتھ ہی قاری نہ سحر انگیزی کی کسی دنیا میں مبتلا ہوتا ہے کہ اس کا تعلق ارضیت سے دور ہو جائے۔ شوکت حیات نے نفسیاتی گرہوں کی تحلیل نفسی بھی کی ہے اور پیش آمدہ مسائل کا تجزیہ بھی کیا ہے۔ یہی سبب ہے کہ قاری نہ صرف تجسس کی کسی کائنات میں پہنچتا ہے، بلکہ موجودہ دنیا میں رہتے ہوئے اپنے احساسات کی تسکین کے لیے ان کے افسانوں سے حظ اٹھاتا ہے۔ اسی وارث علوی نے شوکت حیات کے زبان و بیان کی تعریف کی ہے، جس نے عبدالصمد کے بارے میں لکھا کہ کوئی اسکول کا بچہ بھی اس زبان میں لکھے تو میں بید سے پھٹکار دوں۔ عبدالصمد کے متعلق وارث علوی کا یہ رویہ خواہ جانب دارانہ کیوں نہ ہو، تاہم شوکت حیات کے لیے مذکورہ اعتراف ایک بڑی بات ہے۔

وارث علوی کے علاوہ معتبر ناقد وہاب اشرفی نے بھی شوکت حیات کے افسانوں کے متعلق ایسے مفروضات قائم کیے ہیں جو انھیں ان کے معاصرین سے ممتاز بناتے ہیں۔ یہ حقیقت بھی ہے کہ شوکت حیات کے معاصرین میں ان کا کوئی مقام متعین کرنے کی کوشش نہیں کی گئی ہے۔ یہ الگ بات ہے کہ جستہ جستہ ناقدوں نے شوکت حیات کا اعتراف کیا ہے۔ وہاب اشرفی ان کے حوالے سے لکھتے ہیں:

''شوکت حیات کے افسانے فکری اور فنی افسانے کے ارتفاعی کیف کی مثالیں ہیں جن میں زندگی کی دھڑکنیں ہر جگہ محسوس کی جا سکتی ہیں۔ ایک انقلابی ذہن میں کیسی تخلیقی روشنی پیدا ہو سکتی ہے۔ اس کا ایک مکمل منظرنامہ شوکت حیات کے افسانے ہیں، اردو افسانے کی مجموعی تاریخ میں ان کی جگہ معتبر بھی ہے اور محفوظ بھی۔...عرفان ذات پھر اس کے شعور کے حصول کے بعد احساس کم مائیگی، سب کچھ ان کے افسانوں میں موجود ہے۔'' (٦)

یہ سچی بات ہے کہ شوکت حیات نے انقلابی ذہن کو تخلیقی فکر سے ہم آہنگ کیا ہے۔ یہی سبب ہے کہ ان کے افسانوں میں واقعات کی محض کھتونی نظر نہیں آتی ہے بلکہ فکری ارتباط، سماجی سروکار، ذہنی کیفیات اور فنی ابعاد نے ان کے افسانوں کا الگ رنگ جمایا ہے۔

شوکت حیات نے نہ اپنے افسانے کو فلسفیانہ معراج عطا کیا ہے اور نہ ہی تاریخی ارتباط سے محض واقعاتی بیان بنا دیا ہے۔ اسی طرح انھوں نے دیہی کشاکش کو اس قدر پھیلایا کہ ان کے یہاں سے شہری تعاملات غائب ہو جائیں۔ انھوں نے شہری اور دیہی رویوں کو اس قدر مدغم کیا ہے کہ تو کبھی پریم چند کے معیارات بولنے لگتے ہیں تو کبھی شہری کائنات کا تجزیہ اس سلیقہ مندی سے سامنے آتا ہے کہ حیات اللہ انصاری مسکرا اٹھتے ہیں۔ کیوں کہ شوکت حیات نے ان کی خصوصیات میں اپنی خصوصیات کو مدغم کر کے ایک

منفرد خصوصیت ثابت کردی ہے۔ اسی طرح ان کے بعض افسانوں کا انجام و آغاز اس خوب صورتی سے سامنے آتا ہے کہ منٹو کی افسانوی ہنرمندی کا نیا روپ نکھرنے لگتا ہے۔ شوکت حیات نے سیاست کی نفسیات اور عبادانی حسیت کو اس قدر آمیز کیا کہ سماج کا برہنہ چہرہ سامنے آجاتا ہے۔

شوکت حیات کے افسانوں کی بے ساختگی اور مانوس لہجہ نہ صرف قاری کے اندر رقت آمیزی پیدا کرتا ہے، بلکہ وہ سماج میں اپنی جڑیں بھی مضبوط کرتا ہے۔ ان کے افسانوں کی ارضیت نہ معماتی سروکار بن کر سامنے آتی ہے اور نہ فلسفیانہ پیچیدگیوں کو جنم دیتی ہے۔ کیوں کہ وہ واقعات کو انگیز کرنے کے بعد ہی کہانی کو قلم کی نوک کے حوالے کرتے ہیں۔ اس لیے ان کے افسانوں کا مانوس لہجہ اور بے ساختگی ان کی انفرادیت قائم کرتی ہے۔ اسلوبیاتی سطح پر ان کے افسانوں میں شاعرانہ غنائیت نہیں ہے اور نہ ہی لفظی تکرار ہے اور نہ ہی موضوعاتی تکرار۔ یہی سبب ہے کہ ان کے بیشتر افسانوں کی کائنات نئے فنی آسمان وزمین سے تشکیل پاتی ہے۔

شوکت حیات نے تہذیبی بیان اور سیاسی اظہار میں بھی جذباتیت کا سہارا نہیں لیا ہے۔ ورنہ عموماً سیاسی حسیت میں صحافتی اسلوب کی آمیزش ہوجاتی ہے، تاہم انھوں نے اتنی سنجیدگی سے واقعات کو کھولنے اور انھیں حالات میں مدغم کرنے کا کام کیا ہے کہ ان کی فن کاری ہر پہلو پر غالب آجاتی ہے۔ شوکت حیات نے زندگی کی نیرنگیوں کا بیان اس سطح پر کیا ہے، جہاں فلسفیانہ معاملات اور موضوعاتی سروکار کے انضمام کی ایک قابل قدر صورت جلوہ گر ہوتی ہے۔

☆☆☆

حواشی:

(۱) نثار احمد صدیقی، آئینہ، (انٹرویو کا مجموعہ) ایجوکیشنل پبلشنگ ہاؤس دہلی، 2012، ص 266

(۲) مہدی جعفر، نئے افسانے کے معمار، شوکت حیات کا فنی سفر، مشمولہ: ذہن جدید دہلی، شمارہ 30، مارچ تا اگست، 2000۔

(۳) شوکت حیات، گنبد کے کتوبر، ایجوکیشنل پبلشنگ ہاؤس دہلی، 2010، ص 80۔

(۴) افسانہ ''کوا''، مشمولہ گنبد کے کبوتر، ایجوکیشنل پبلشنگ ہاؤس دہلی، 2010، ص 276۔

(۵) وارث علوی (مضمون نگار)، شوکت حیات کی افسانہ نگاری، مشمولہ: گنبد کے کبوتر، ص 12

(۶) پروفیسر وہاب اشرفی، بہار میں اردو افسانہ نگاری، بہار اردو اکادمی پٹنہ، 1989، ص 52۔

● ایم - خالد فیاض

سن ستّری افسانے کا قضیہ اور شوکت حیات کے نظریات
(تنقیدی مجموعہ ''بانگ'' کے تناظر میں)

شوکت حیات سن ستّر کی دہائی میں اُبھرنے والے چند اہم افسانہ نگاروں میں سے ایک ہیں۔ سن پچاس اور ساٹھ کی دہائی میں اُردو افسانے میں جدیدیت کا زور رہا جس کی بدولت افسانوں میں آہستہ آہستہ داخلیت اور فردیت کا عمل دخل مریضانہ حد تک بڑھ گیا دوسری طرف پیرائیۂ اظہار علامتی سے ہوتا ہُوا تجرید کی حدوں کو چھونے لگا جس سے جدید افسانہ ایک چیستاں بن کر رہ گیا اور جس کا لازمی نتیجہ یہ نکلا کہ وہ اپنے قاری سے بھی محروم ہوتا چلا گیا۔ ایسی صورت میں ایک گروہ ایسا سامنے آیا جس نے اُردو افسانے کو جدیدیت کے اِن مضر اثرات سے گلو خلاصی کرانے میں بہت مدد کی اور اُس کا وقار اُس کے قاری میں ازسرِ نو قائم کیا۔ اسی گروہ کو سن ستّر کا گروہ کہتے ہیں جس نے اپنا بھرپور تخلیقی اظہار آٹھویں دہائی میں کیا۔

شوکت حیات نے ''بانگ'' اور ''گنبد کے کبوتر'' کے عنوان سے بہترین افسانے ہی تخلیق نہیں کیے بلکہ افسانوی تنقید بھی لکھی، گو وہ خود کو کوئی باقاعدہ نقاد نہیں سمجھتے لیکن اس کے باوجود سن ستّر کے اس افسانوی گروہ اور افسانے کی شعریات مرتب کرنے میں اُن کا اہم کردار ہے۔ اُنھوں نے اس عہد کے افسانے کا مقدمہ بھی لڑا ہے اور اس عہد کے افسانوی نظریے کو واضح بھی کیا ہے۔ اُن کا تنقیدی مجموعہ ''بانگ'' اس حوالے سے بہت اہم تصنیف ہے۔

سب سے پہلے یہ دیکھنا چاہیے کہ شوکت حیات کی نظر میں ''افسانہ ہر حال میں انسانی صورتِ حال کے بیانیے سے عبارت ہے۔'' (ص:٦١) اسی لیے اُن کا کہنا ہے کہ ''مواد، پیش کش، بیانیہ اور محوریت سے افسانے کو کبھی گلو خلاصی حاصل نہیں ہوسکتی۔'' (ص:٦١ تا ٦٢) یہ وہ پہلا اصول ہے جس نے سن ستّر کے افسانے کی صورت وضع کرنے میں اہم کردار ادا کیا۔ اس طرح حد سے بڑھی ہوئی جدیدیت اور ہیئت پر بے جا انحصار کرنے والی افسانوی روش کو بدلنے میں ایک مثبت افسانوی عمل سامنے آیا۔ مواد سے مجرمانہ حد تک بے اعتنائی برتنے کے رویے کی حوصلہ شکنی ہوئی۔ شوکت حیات صاف صاف کہتے ہیں ''میرا اور تمام جینوئن سن ستّری افسانہ نگاروں کا یہ خیال تھا کہ Content کی اہمیت مسلم ہے۔ اس کے تئیں کسی قیمت پر

مفاہمت نہیں کی جاسکتی (جب کہ) ہیئت کے معاملے میں کسی حد تک مفاہمت کی جاسکتی ہے۔'' (ص:۶۲)

شوکت حیات کا ایک دعویٰ یہ بھی ہے کہ سن ستر کا یہ افسانہ اس قدر طاقت ور اور مضبوط تھا کہ اس سے پہلے کے کئی مانے ہوئے افسانہ نگاروں کو ان نئے لکھنے والوں سے سیکھنے کی ضرورت پیش آئی اور اُنھیں اپنی پرانی لایعنی روش چھوڑ کر اُن اوصاف کو اپنانا پڑا جن کے ذریعے سن ستری افسانہ نگاروں کی نسل اپنا لوہا منوا رہی تھی۔ اس ضمن میں شوکت حیات باقاعدہ اُن افسانہ نگاروں کے ساتھ ساتھ اُن کے افسانوں کو بھی نشان زد کرتے ہیں جن پر اُن کے خیال میں سن ستری افسانہ نگاروں کے اثرات مرتب ہوئے۔ وہ لکھتے ہیں:

''اس میں بُرا ماننے کی بات نہیں کہ غیاث احمد گدی کی 'پرندہ پکڑنے والی گاڑی' سریندر پرکاش کی 'بالکونی' رتن سنگھ کی 'ہزاروں سال لمبی رات' جوگیندر پال کی 'باشندے' اقبال متین کی 'گریو یارڈ' اقبال مجید کی 'پوشاک' احمد ہمیش کی 'کہانی مجھے لکھتی ہے' کلام حیدری کی 'سخی' نند کشور وکرم کی 'راستے' احمد یوسف کی 'وہ ایک شخص' انور سجاد کی 'کونپل' دیویندر اِسّر کی 'جنگل' وغیرہ جیسی کہانیاں سن ستری افسانے کے انحراف، اعتبار، بازیافت اور تسلسل کی تھیوری کے تحت عالم وجود میں آنے والے افسانوں کے اوصاف کے زیر اثر لکھی گئی تھیں۔'' (ص:۶۴)

سن ستّر کا یہ افسانہ حقیقت نگاری کا مویّد تو ہے لیکن یہ حقیقت نگاری پریم چند کی حقیقت نگاری یا منٹو، بیدی اور غلام عباس کی حقیقت نگاری سے بھی مختلف ہے اور جدیدیت پسندوں کے حقیقت کے تصور سے بھی الگ ہے۔ اگر چہ شوکت حیات جدیدیوں کے ہاں کسی قسم کی حقیقت کو تسلیم کرنے کو تیار نہیں بہر حال یہ اُن کا خیال ہے راقم کے خیال میں بڑے سے بڑا تجریدی تصور بھی حقیقت کا کوئی نہ کوئی پہلو لیے ہوتا ہے مسئلہ اُس کو حقیقت کی تعریف سے متعلق کرنے کا ہوتا ہے۔ بہر حال یہاں ہم یہ دیکھنا چاہتے ہیں کہ سن ستّر کی افسانوی حقیقت نگاری کیا ہے بالخصوص شوکت حیات کی نظر میں یہ کون سی حقیقت نگاری ہے۔ اُن کے بقول:

''آج کی حقیقت نگاری مخصوص فوٹو گرافی تک محدود نہیں بلکہ حقیقت کا سینہ چیر کر گہرائی میں جا کر وسیع و بسیط تہ نشیں امکانی اور تخلیقی حقیقت کو سامنے لانے والی حقیقت نگاری ہے جہاں علامتیت، تجریدیت، فنطاسیہ اور دیو مالائی عناصر کا استعمال محض وسیلے کے طور پر ہوتا ہے جب کہ یہ وسیلے سن ستّری نسل سے پہلے والوں کے لیے مدّعا اور مقصد کی حیثیت اختیار کر چکے تھے، جس نے افسانے کو غیر تخلیقی، معمہ اور چیستاں بنا دیا تھا۔'' (ص:۶۶)

اسی حقیقت نگاری کو شوکت حیات ''جدلیاتی، نامیاتی، حرکی اور تخلیقی قوتوں کے ادراک سے عبارت'' (ص:٦٦) قرار دیتے ہیں۔ اب یہاں یہ بات بھی جان لینی ضروری ہے کہ سن ستر کے افسانے کے لیے شوکت حیات نے ''انامیت''، ''انام نسل'' اور ''انام افسانے'' کی اصطلاحات بھی وضع کیں؛ اس کا مطلب تھا کہ اس نسل کو کسی پرانے ازم سے وابستہ یا منتھی نہ کیا جائے، نہ کوئی نام دیا جائے؛ اور بتایا کہ انام افسانوں نے اُردو افسانے کو معروضیت، بیانیہ اور سماجی سروکار اور سب سے بڑھ کر 'کہانی پن' کے وصف سے لیس کرتے ہوئے اُسے اُس کے بنیادی خدّ وخال واپس کیے۔

شوکت حیات 'مابعد جدید افسانہ' بھی اسی افسانے کو کہتے ہیں۔ یعنی یہ ذہن میں رہے کہ شوکت حیات کے ہاں 'سن ستری افسانہ'، ''انام افسانہ'' اور ''مابعد جدید افسانہ''؛ تینوں اصطلاحات اُس افسانے کے لیے استعمال ہوتی ہیں جس نے جدید افسانے کے منفی اور شدت پسند عناصر سے بغاوت کرتے ہوئے افسانے کو سماجی اور معروضی زندگی اور اُس کے سیاسی مسائل سے بھی جوڑا اور کہانی پن یا افسانویت کے عنصر کو بھی تقویت دی لہٰذا اُن کے ہاں مابعد جدید افسانہ ''جدید افسانے کے نام نہاد منفی عناصر کی ادعائیت سے انکار اور زندگی اور ثقافت کے مثبت عناصر کی بحالی کی تخلیقی کوششوں پر دال ہے۔ زندگی کی تغیر پذیر قوتوں اور جدلیاتی پہلوؤں کی توثیق ہے۔'' (ص:۲۷تا۳۷)

ترقی پسند اور جدید افسانے کی بنیادی خصوصیات کو نشان زد کرتے ہوئے مابعد جدید افسانے کے امتیازات شوکت حیات نے بڑی خوبی سے سمجھائے ہیں۔ اس ضمن اُن کا موقف بڑا واضح ہے۔ لکھتے ہیں:

> ''ترقی پسند افسانہ عصری حقیقتوں کا علم بردار تھا، جدید افسانہ صرف آفاقی حقیقتوں تک مرتکز تھا۔ ۱۹۷۰ء کے بعد کا افسانہ عصری و آفاقی حقیقتوں کی آمیزش سے زندگی کو نئی سطحوں پر دریافت کرنے اور معنوی اُبعاد پیدا کرنے سے دوچار ہے۔ اس طرح وہ افسانہ ۱۹۸۰ء اور ۱۹۹۰ء کے بعد بڑے رینج، ویژن اور بڑے کینوس کا متحمل ہوتا چلا جا رہا ہے۔ آج مابعد جدید افسانہ توسیعی صورت اختیار کرتے ہوئے آج کی عام زندگی کے زندگی پن، اس کے کھردرے پن اور ٹھوس پن سے آنکھیں چار کر رہا ہے۔ مابعد جدید افسانے نے زندگی اور فرد کو پوری Totality میں پیش کیا۔ فرد اور سماج کو لازم و ملزوم گردانا۔۔۔ اُن کے Interact پر خصوصی استغراق کے بعد زندگی پن اور اُس کی سچائی کو اپنے فن کا محور و مرکز بنایا۔ آج کا افسانہ نگار اپنی ثقافت، تشخص اور سماجی سروکاروں نیز سیاسی

بصیرت کے ٹوٹے ہوئے دھاگوں کو اکٹھا کر رہا ہے۔ اُن کے رشتوں کی اہمیت کو تسلیم کر رہا ہے۔ علامت و ابلاغ آمنے سامنے مصافحہ کرتے دکھائی دیتے ہیں۔ فارم کا کوئی...... جبر نہیں۔'' (ص:۷۴، ۷۵ اور ۷۷)

اور یہ کہ:

''آج کا افسانہ Critical Cultural Discourse کے ذیل میں آتا ہے۔ آج فکشن کی جدید ترین شکلوں میں بیک وقت افسانہ نگار اپنے فن اور زندگی کی حقیقتوں میں ناقدانہ حیثیت سے بھی اثر انداز ہوتا ہے اور اپنے تجربوں کے نتائج کی روشنی میں بصیرت افروز مفکر کا فریضہ بھی انجام دیتا ہے...... مابعد جدید افسانہ وہ تخلیقی صنف ہے جس میں بیک وقت فکر، استدلال، لاشعور، تحت الشعور، شعور، Delibration، واردات، تکنیک، ہیئت، اسلوب، ادراک، ویژن رچے بسے اور گھلے ملے ہوتے ہیں۔'' (ص:۷۸ اور ۷۹)

ایک اصطلاح ''امکانی حقیقت نگاری'' یا ''امکانیت پسندی'' سے بھی شوکت حیات نے ہمیں متعارف کرایا ہے۔ اگرچہ اُنھوں نے اس کی کوئی واضح تعریف بیان نہیں کی لیکن افسانوں کی مثالوں سے جس طرح بات کی ہے اُس سے اندازہ ہو جاتا ہے کہ اس سے اُن کی مراد یہ ہے کہ جب کوئی افسانہ نگار اپنے افسانے میں ایسے عناصر رکھ چھوڑے جو ہمارے ذہنوں میں تغیر و تبدل کو راہ دیتے ہوئے امکانی پہلوؤں کو روشن کریں اور فن کار صرف موجود حقیقت کو بیان کرنے کے بجائے جیسی حقیقت وہ دیکھنا چاہتا ہے، اُس کا اظہار کرے تو وہ شوکت حیات کی نظر میں ''امکانی حقیقت نگاری'' ہے۔ اس ضمن میں وہ پریم چند کے ''کفن''، منٹو کے ''کھول دو''، ''ہتک''، ''ٹوبہ ٹیک سنگھ'' اور ''نیا قانون'' کے ساتھ ساتھ غیاث احمد گدی کے افسانے ''پرندہ پکڑنے والی گاڑی'' کی بے حد تعریف کرتے ہیں۔ وہ ان افسانوں کی دائمی اہمیت اسی میں سمجھتے ہیں کہ ان میں امکانی حقیقت نگاری کا حربہ استعمال کیا گیا ہے۔

''نامیاتی افسانے'' یا ''نامیاتیت'' کی اصطلاح بھی شوکت حیات کے ہاں ملتی ہے اس کا بھی بنیادی تعلق شوکت حیات سن ستری افسانے سے ہی جوڑتے ہیں لیکن یہ محض سن ستر کے افسانے تک محدود نہیں (گو اس تصور کو واضح کرنے میں وہ سن ستری افسانہ نگاروں کا کردار زیادہ سمجھتے ہیں کیوں کہ ان کے افسانے ''نامیاتیت'' کی شکل اختیار کرنے کے مرحلے میں داخل ہو چکے ہیں)۔ شوکت حیات کے بقول نامیاتی افسانوں میں دراصل ''ہر عہد میں نمو پانے، اُگتے جانے اور اپنی گہری بصیرت کے چلتے ہر عہد کے

رُوبرو ہونے کی تازگی مضمر ہے۔'' (ص:۱۲۰) ''نامیاتیت'' سے وہ افسانے کی ایسی قوتِ نمو مراد لیتے ہیں جو ہر عہد میں زندہ اور مسلسل Grow کرتے ہوئے پڑھنے والوں کے شعور کو جلا بخشے۔ دوسرے لفظوں میں یہ افسانوں کو آفاقیت اور دوامیت عطا کرنے کا وسیلہ بنتی ہے۔ ''نامیاتی کہانی'' جسے وہ بڑی کہانی مانتے ہیں اپنی فطری قوتِ نمو یا ''نامیاتیت'' کے بغیر کچھ نہیں اور آج کا افسانہ نگار اصل میں اسی قوتِ نمو یا ''نامیاتیت'' کی دریافت و جستجو کے چیلنج سے دوچار ہے۔

نامیاتی افسانے یا کہانی کا رشتہ زندگی کے امکانات سے کافی گہرا ہے۔ اس لیے شوکت حیات کے ہاں یہ ایک دوسرے کے لیے لازم و ملزوم کی حیثیت رکھتے ہیں۔ لہٰذا اُن کا کہنا ہے کہ ''بڑی کہانی یا نامیاتی کہانی۔۔۔ امکانی زندگی کی تلاش و جستجو اور دریافت کی کاوشوں سے مربوط ہیں۔ امکانی زندگی کی نیرنگی اور زرخیزی ہی دراصل کہانی کو لازوال وقت کے دھارے سے جوڑ کر اسے نامیاتی جوہر عطا کرتی ہے۔'' (ص:۱۲۰)

اپنے اِنہی نظریات کے تحت شوکت حیات اپنے اس ادبی مضامین کے مجموعے ''بانگ'' میں انور قمر، محمود ایوبی، احمد یوسف، انجم عثمانی اور غیاث احمد گدی جیسے افسانہ نگاروں کے افسانوں کا تجزیہ کرتے اور اُن کی افسانہ نگاری کو ان نظریات کے تحت نئی جہات عطا کرتے ہیں؛ لیکن میرے خیال سے ان مضامین میں ''غیاث احمد گدی کی افسانہ نگاری'' پر اُن کا مضمون انتہائی اعلیٰ پائے کا ہے۔ یہ کہنے میں کوئی باک نہیں کہ غیاث احمد گدی کی افسانوی تفہیم کے ذیل میں جو مضامین ہمارے ناقدین نے لکھے ہیں اُن کی معتبر فہرست اس وقت تک مکمل نہیں کہی جا سکتی جب تک اُس میں شوکت حیات کا مذکورہ مضمون شامل نہ ہو۔

غرض یہ کہ اُردو کی افسانوی تنقید میں شوکت حیات سن ستّر کے بعد کی افسانہ نگاروں کی نسل پر با قاعدگی سے اظہارِ خیال کرنے والوں میں ایک اہم نام کے طور پر یاد رکھے جائیں گے۔ اور اس عہد کے افسانے کے لیے طرح طرح کی اصطلاحات وضع کرنے کے حوالے سے بھی اُن کا نام ضرور لیا جاتا رہے گا۔

● ڈاکٹر زر نگار یاسمین

شوکت حیات کے امتیازات

اپنے معاصر افسانہ نگاروں میں شوکت حیات کا سب سے نمایاں امتیاز میری نظر میں ان کی فکری اور عملی آزادروی ہے۔ انہوں نے اپنے عہد کی مروّج ادبی گروہ بندیوں کو نہ صرف ناپسند کیا اوران سے اپنی برأت کا اظہار کیا بلکہ اپنے افسانوں کی شکل میں اس کا عملی ثبوت بھی دیتے رہے۔ دراصل کلاسیکیت کے مقابلے میں ترقی پسندی اوراس کے مقابلے میں جدیدیت کی ادبی دنیا میں آمد زیادہ نقصان دہ یا غلط نہیں تھی کیونکہ ادب بھی زندگی کا ایک حصہ ہے اور زندگی کا تغیر و تبدّل سے آشنا ہونا فطری ہے مگر ان نظریوں کی بنیاد پر جو حلقے تشکیل دئے جارہے تھے اور جس طرح فنکاروں کو سکّہ بند قرار دے کر ایک دوسرے کے خلاف صف آرائی کی کوشش ہورہی تھی، وہ بے حد قابل اعتراض تھی۔ بعض ناقدوں یا ادبی حلقوں کی جانب سے کی جانے والی ان کوششوں سے گھٹن اور حبس کی کیفیت میں اور بھی فنکار مبتلا رہے ہوں گے لیکن اس کا برملا اور بہ آواز بلند اظہار پہلی بار شوکت حیات نے کیا اور عملی طور پر اپنے افسانوں کے ذریعہ یہ ثبوت بھی پیش کیا کہ فکر و اظہار کی سطح پر آزاد رہ کر بھی کامیابی کے ساتھ لکھا جاسکتا ہے۔ یہ ۱۹۷۰ء کے آس پاس کا زمانہ تھا جب جدیدیت اپنے پاؤں جمارہی تھی اور ترقی پسندی اپنے بال و پر سمیٹ کر مقابلہ آرائی کی کوشش میں مصروف تھی۔ ایسے میں شوکت حیات کا وہ ''انام ادبی رویہ'' جسے وہ مختلف نام دیتے رہے نہ صرف فوری طور پر نئی ادبی نسل میں مقبول ہوا بلکہ عمر بھر کے لیے ان کی شناخت بھی بن گیا۔ ان کے کئی نقادوں نے شوکت حیات کے اس ''طرز دیگر'' کی طرف اشارہ کیا ہے لیکن اس پر سب سے زیادہ اصرار خود شوکت حیات ہی کرتے رہے ہیں۔ یہ بیان ملاحظہ ہو:

> ''غیر روایتی، غیر ترقی پسند، غیر جدید، غیر مابعد جدید افسانے جنھوں نے 'انامیت' 'نامیاتیت' اور سارک کانفرنس ۲۰۰۵ء علی گڑھ کے موقع پر امکانیت پسندی کی تھیوریز دیتے ہوئے انام افسانے، نامیاتی افسانے اور امکانی افسانوں کی بنیاد گزاری کی ہے۔''

یہ شوکت حیات کے اکلوتے افسانوی مجموعے ''گنبد کے کبوتر'' کی تعارفی سطور ہیں جو خود افسانہ نگار کی تحریر کردہ ہیں مگر یہ سلسلہ رکتا نہیں ہے۔ دوسرے ہی صفحے پر ''انتساب'' کے تحت پھر کہتے ہیں:

> 'ان ہم عصروں کے نام جنھوں نے میری طرح قدیم وجدید ادبی قبر گاہوں سے

بہت آگے اپنے اننت سفر کی ابتداء کی ہے۔ اور آنے والی نسلوں کے نام جو ذہنی کشادگی کے ساتھ آزادانہ طور پر اس تسلسل اور تغیر و تبدّل کا حصہ بنیں گی۔''

اس اقتباس کے جارحانہ تیور سے قطع نظر افسانہ نگار کے ذہنی تناؤ کا اندازہ لگایا جائے تو یہ سمجھنا دشوار نہ ہوگا کہ قدیم اور جدید یعنی کلاسیکیت کے علاوہ ترقی پسندی اور جدیدیت وغیرہ کو بھی مردہ قرار دے کر قبروں میں دفن کر دینے کا رویہ آخر کیا ہے؟ یہی کہ افسانہ نگار ہر حال میں اپنی انفرادیت پر اصرار کرتا ہے اور یہ بھی تصور کرتا ہے کہ جو طرز بیان وہ اختیار کر رہا ہے وہی درست ہے۔ ظاہر ہے کہ یہ طرز فکر شدت پسندی اور انانیت کی طرف لے جاتی ہے اور شوکت کے کئی ناقدین نے ان کی شخصیت یا فن میں ان عناصر کی بھی تلاش کی ہے۔ حیرت کی بات یہ ہے کہ خود افسانہ نگار نے اپنے بعض دوسرے بیانات میں خاصا معتدل لب ولہجہ اختیار کیا ہے۔ شاید اس لیے کہ اسے اپنے مخصوص طرز اظہار سے متعلق کچھ سمجھانا ہے۔ افسانوی مجموعے میں ''میری تھیوری سازی اور میرے افسانے'' کے عنوان سے لکھی ہوئی یہ سطریں ملاحظہ ہوں:

'۱۹۷۰ء کے آس پاس میں نے باشعور طریقے سے افسانے کی تاریخ کے تسلسل میں رہتے ہوئے تخلیقی سطح پر لکھنا شروع کیا تو وہ زمانہ اتفاق سے بیک وقت ترقی پسندی اور جدیدیت دونوں کے عروج و زوال کا تھا...... دونوں مذکورہ رجحان اس وقت اپنے اپنے وجود کے اثبات کی لڑائی لڑ رہے تھے اور اس کا انہیں بے حد آسان طریقہ یہ دکھائی دیا کہ ۱۹۷۰ء سے ابھرنے والی نئے ذہین افسانہ نگاروں کی بھیڑ کو انہوں نے اپنے اپنے ازم اور رجحان سے برانڈ کرنا شروع کر دیا۔ میں چونکہ سائنس کا آدمی تھا اور اپنے ڈھنگ سے افسانے لکھ رہا تھا۔ سوچنے، سمجھنے برتنے کا تمام میرا افسانوی نظام، فکر، لہجہ، تیور، رویہ، تکنیک، ٹریٹ منٹ اور عندیہ اپنا تھا...... میں نے خود کو اور اپنے دوستوں کو ترقی پسندی اور جدیدیت سے مختلف اور نیا سمجھتے ہوئے اس بات پر اصرار کیا کہ ہمیں برانڈ نہ کیا جائے اور ہم نے خود کو (چونکہ اس وقت اور کوئی نام ذہن میں نہیں آرہا تھا) انام، انامیت پسند اور بے نام نسل کے افسانہ نگار کہنا شروع کر دیا تا کہ ہماری اپنی علیحدہ شناخت قائم ہو۔ ہم اس میں کامیاب ہوئے...... سچ پوچھئے تو ہم ہی لوگوں نے (۱۹۷۰ء کے بعد والوں نے) اردو افسانے میں تخلیقی آزادی کی فضا بحال کی۔''

ظاہر ہے کہ افسانہ نگار کی اس وضاحت پر کوئی گفتگو کرنا یہاں بے محل ہوگا کیونکہ مجھے ان کے افسانوں پر بات کرنی ہے۔ مگر دو چار جملوں میں یہ عرض کر دینا ضروری ہے کہ کسی بھی ادبی یا غیر ادبی تجربے

یا طرزِ عمل کا سائنس پڑھنے یا نہ پڑھنے سے زیادہ تعلق نہیں ہوتا۔ آزادیٔ فکر کہیں بھی اور کسی بھی وجہ سے نشو ونما پا سکتی ہے۔ دوسرے یہ کہ کسی افسانہ نگار کو برانڈ نہ کیا جائے یعنی ترقی پسندی یا جدیدیت سے کلّی طور پر وابستہ نہ کیا جائے یہ خواہش تو قابل تعریف ہے لیکن یہ ضروری نہیں کہ ہر فنکار اپنی انفرادی شناخت پہ اصرار کرے۔ بہر حال اب ان کی افسانہ نگاری کی طرف براہ راست رخ کرتی ہوں۔ میں نے برسوں پہلے اپنی کتاب ''نئے پرانے افسانے: متن اور تجزیئے'' میں شوکت حیات کے افسانے ''گنبد کے کبوتر'' کا تجزیاتی مطالعہ کرتے ہوئے جو باتیں لکھی تھیں ان میں سے چند درج ذیل ہیں:

(الف) شوکت حیات ترقی پسند تحریک کے آخری دور اور جدیدیت کے ابتدائی زمانے میں ادبی منظرنامے پر ابھرے۔ یہ ۱۹۷۰ء کے آس پاس کا عہد تھا جب ترقی پسندی اپنے بال و پر تقریباً سمیٹ چکی تھی......ایسے ماحول میں جن گنے چنے افسانہ نگاروں نے اپنی راہ خود نکالی، کہانیوں کو چیستاں اور معمہ بننے سے بچایا اور استعاروں سے رشتہ جوڑنے کے باوجود کبھی ابہام پر اصرار نہیں کیا، ان میں شوکت حیات بھی ایک ہیں۔

(ب) ان کے مزاج کی ایک خرابی مشہور ہے کہ وہ ضدّی بہت ہیں......مزاج کا یہ انداز ان کی افسانہ نگاری سے بھی وابستہ رہا۔

(ج) شوکت حیات کے اندرون میں جو فنکار پوشیدہ ہے اس کی فطرت میں احتجاج ہے اس لیے وہ ایسے مواقع پر بھی احتجاج کی گنجائش نکال لیتے ہیں جہاں اس کا موقع نہیں ہوتا۔

(د) ''گنبد کے کبوتر'' میں ایک اشاراتی کیفیت موجود ہے۔ ظاہر ہے کہ احتجاج تو اس سلسلے میں ہر سطح پر ہوا ہے اور دوسروں نے بھی کیا ہے مگر اس موضوع کے ساتھ جو Treatment شوکت حیات کا ہے وہی اس افسانے کو خاص بناتا ہے۔

پہلے اور آخری نکتے کا تعلق طرز اظہار سے ہے جب کہ دوسری اور تیسری بات کا تعلق افسانہ نگار کے ذہنی اور تخلیقی رویے سے ہے جس کی سرحدیں کہیں نہ کہیں موضوعات کے انتخاب سے مل جاتی ہیں۔ یہاں عرض کروں کہ طرز اظہار میں جدّت پیدا کرنا کوئی نیا مسئلہ نہیں۔ ہر فنکار اپنے طور پر اس کی کوشش کرتا رہا ہے۔ جدیدیت اور اس سے قبل ترقی پسندی نے اپنے اپنے موضوعات کے ساتھ اسالیب بھی متعین کئے تھے مگر دونوں ہی حلقوں سے وابستہ کئی بڑے فنکاروں کے یہاں انحراف کی مثالیں موجود ہیں۔ اب سوال موضوعات کا ہے اور یہ درست ہے کہ ترقی پسندوں نے جس شدت کے ساتھ بعض موضوعات کی پیش کش پر زور دیا اسی شدّت کے ساتھ جدیدیوں نے کچھ دوسرے موضوعات کی وکالت کی۔ ایک جملے میں یہ کہہ سکتے ہیں کہ اگر ترقی پسندوں نے معاشرے کے اجتماعی اور خارجی احوال کے بیان پر توجہ دی تو ان کے مقابلے میں

خود اپنی ذات کے باہری اور داخلی احوال کے مطالعے پر جدیدیت کا اصرار رہا۔ گرچہ یہ کام آسان نہ تھا اور بہت سارے افسانوں کو معمّہ بناتا گیا۔ بہر حال، ان نکات کو ذہن میں رکھ کر شوکت حیات کے تمام تر افسانوں کا انفرادی طور پر مطالعہ اور تجزیہ کیا جائے تو نتائج ان کے اپنے دعووں سے کچھ مختلف برآمد ہوتے ہیں۔

اپنے اس دعوے کی دلیل کے طور پر میں ان افسانوں کے تجزیاتی مطالعے کو بھی پیش کر سکتی ہوں جو رسالہ ''تکمیل'' (ششماہی) بھیونڈی کے ''شوکت حیات نمبر'' میں شریک اشاعت ہیں۔ یہ بھی عرض کر دوں کہ تجزیہ نگاروں میں انیس اشفاق اور علی احمد فاطمی جیسے بزرگ ناقدوں کے پہلو بہ پہلو عہد حاضر کے اہم ناقد بھی شامل ہیں بلکہ دو افسانے ایسے ہیں جن کے دو مختلف مطالعے شریک محفل ہیں اور دونوں کے نتائج میں خاصا فرق ہے۔ یہ بھی حیرت ہے کہ ''گنبد کے کبوتر'' پر جو ان کا مشہور ترین افسانہ ہے، کوئی تجزیہ موجود نہیں ہے۔ گرچہ معروف افسانہ نگار سلام بن رزاق کا ایک مختصر سا مضمون جسے وہ نامکمل تاثر کہتے ہیں، دعوت نگاہ دیتا ہے۔ بہر حال، ان تمام نکات کے پیش نظر میں پہلے ان افسانوں کی طرف رجوع کرتی ہوں جو ان کے افسانوی مجموعے میں شریکِ اشاعت ہونے کے باوجود زیادہ گفتگو کا موضوع نہیں رہے ہیں۔ ویسے حوالے کے طور پر دوسرے افسانے بھی زیر گفتگو آئیں گے۔

افسانہ ''رانی باغ'' پر شوکت حیات کے نظریۂ حیات کا اثر نمایاں ہے۔ خاص طور پر رحمت صاحب کا امریکہ سے ہندوستان واپس آ کر اپنے آبائی گاؤں میں قیام کرنا، وہاں کی بچی کھچی جائداد مارکسی انقلابیوں کے سپرد کر دینا اور خود بھی ان کی تحریک میں یہ کہتے ہوئے شامل ہو جانا کہ ''ہم شعلے نہیں رہے مگر ایندھن کا حصہ تو بن ہی سکتے ہیں۔'' افسانہ نگار کے نقطۂ نظر کا واضح اشارہ ہے۔ مگر میری نظر میں افسانے کے دو اور پہلو ایسے ہیں جو قابل توجہ ہیں۔ ایک تو اس کا آغاز ہے۔ رحمت اور رانی کا افلاطونی عشق جو خاصے روایتی انداز میں شروع ہوتا ہے اور اسی انداز سے جاری رہتے ہوئے انجام تک بھی پہنچتا ہے۔ ظاہر ہے کہ ایسے بین المذہب عشق و عاشقی کی ہمارے معاشرے میں آج بھی گنجائش نہیں ہے اور کل تو اور بھی نہیں تھی۔ ایسے میں رحمت صاحب کا امریکہ چلے جانا اور رانی کے گھر والوں کا اس کی شادی کر دینا حقیقت پسندانہ بیان ہے مگر میرا سوال یہ ہے کہ آخر اس میں شوکت حیات کا انفرادی رویہ کہاں ہے۔ ایسا تو دوسرے افسانوں میں بھی ہوتا رہا ہے۔ دوسرا پہلو اسلوب سے متعلق ہے۔ پوری کہانی بیانیہ کے پیرائے میں ہے۔ فطرت کا بیان ہو یا پھر ناسٹلجک رجحان کا، ہر جگہ انداز بیان سادہ ہے۔ کوئی استعارہ یا علامت نہیں۔ حد تو یہ ہے کہ تشبیہات بھی سامنے کی اور کلاسیکی انداز کی ہیں۔ گویا افسانہ روایت سے بہت قریب ہے۔

اب ایک اور افسانے کے متن پر نظر ڈالئے۔ ''مادھو'' میں پریم چند کے مشہور افسانے ''کفن'' کا

کردار مادھو ایک نئے روپ میں سامنے آتا ہے۔ کہانی ابتداء میں کوئی خاص نہیں۔ پراسرار طور پر وہ گہری اور لمبی نیند سے بیدار ہوتا ہے تو اسے تمام پرانے واقعات یاد آتے ہیں اور اپنے کئے پر پچھتاوا بھی ہوتا ہے۔ بیوی کی خوبیاں یاد آتی ہیں تو اس کے مرنے کا غم تازہ ہو جاتا ہے۔ وہ اپنے باپ پر بھی نفرت بھری نگاہ ڈالتا ہے اور اپنے طرز عمل پر غور کر کے شرمندہ ہوتا ہے۔ غرض یہ کہ کہانی معمول کے مطابق تھوڑی بہت آگے بڑھتی ہے لیکن اس میں جو نکات نئے ہیں وہ افسانہ نگار کے رویے کا احساس دلاتے ہیں۔ جنسی طور پر کمزور گھیسو جس طرح مادھو اور اس کی بیوی بدھیا کے جسمانی رشتوں میں لذت کے پہلو تلاش کرنے کے بعد لطف اندوز ہوتا ہے وہ قابل دید ہے۔ دراصل وہ ایک طرف خود لذّتیت اور دوسری طرف رقابت کی نفسیاتی کیفیات میں مبتلا ہے۔ ابتدا میں لگتا ہی نہیں کہ یہ افسانہ شوکت حیات جیسا جدید افسانہ نگار لکھ رہا ہے۔ انفرادی انداز ضرور ہے مگر ان کے عام طرز فکر سے الگ۔ ایک اقتباس دیکھئے جس سے اندازہ ہوگا کہ گھیسو اور مادھو کے رشتوں کی نوعیت صرف باپ بیٹوں کی ہے یا اس سے بڑھ کر کچھ اور۔ افسانہ نگار لکھتا ہے:

> ''اس کی چوڑیوں کی کھنکھناہٹ بوڑھے گھیسو کو اپنی بیوی چھمیا کی یاد دلاتی اور اس کا سونا محال ہو جاتا۔ تانبے کی طرح ٹن ٹن کرتی ہوئی گٹھیلی چھمیا کی اسے یاد آتی تو دل میں ایک ہوک سی اٹھتی۔ اس کے خیال میں بدھیا کے جسم میں زوردار چھمیا والی بات نہ تھی لیکن...... بدھیا بھی کچھ کم نہ تھی۔ اس کے سڈول جسم اور سانولی رنگت والی جلد سے شہد ٹپکتا تھا۔ مادھو کی کھس پھس بوڑھے گھیسو کو بہت ناگوار گزرتی۔ اس کی ڈھیلی رگوں میں بھونچال آجاتا اور اسے کھانستے ہوئے ریگزاروں کے سفر پر روانہ ہونا پڑتا...... اس کے دل سے آہ نکلتی اور وہ نیم تاریکی میں مادھو کی کوٹھری کی طرف بے بسی سے دیکھتا ہوا مسلسل کھانستا رہتا۔''

غور کرنے کی بات ہے کہ باپ بیٹے کے ہی نہیں خود افسانہ نگاروں کے بھی طرز فکر میں کس قدر فرق ہے۔ یہ پریم چند اور شوکت حیات کے رویوں سے زیادہ زمانے کے بدلنے کا فرق ہے اور اسی فرق کو آگے بڑھاتے ہوئے افسانہ نگار اپنے ذاتی نقطۂ نظر کا اظہار کرتا ہے جب مادھو زمیندار کے ظالم اور خونخوار کتّے سے مقابلہ کر کے اس کا خاتمہ کر دیتا ہے۔ اس طرح افسانہ نگار یہ تاثر دینا چاہتا ہے کہ نئی نسل پرانی نسل سے مختلف ہے۔ وہ ظلم سے پنجہ لڑانے کا حوصلہ بھی رکھتی ہے اور اسے شکست دینے کی صلاحیت بھی۔ میرا تو خیال ہے کہ اگر افسانے کے آخری حصے میں مادھو کی جنگل کی طرف پراسرار مراجعت کو نظر انداز کر دیا جائے تو افسانے کا بنیادی مقصد ظلم و ستم کے خلاف نئی نسل کا احتجاج ہے جو خالص ترقی پسند نظریہ بھی ہے اور کسی حد

تک شوکت حیات کی مارکزم سے قربت کا آئینہ دار بھی۔

کم وبیش یہی ترقی پسند نقطۂ نظر ''مسٹر گلیڈ'' اور ''تفتیش'' جیسی کہانیوں میں بھی جاری وساری رہتا ہے۔ اول الذکر ایک کرداری افسانہ ہے جس کے مرکزی کردار کی خستہ معاشی حالت اور انسان دوستی کی عکاسی کرتے ہوئے مسٹر گلیڈ یعنی نہال صاحب کی بیوی کے رویے یا وسیلے سے بھی خود افسانہ نگار کا نظریہ بیان ہوتا ہے، مثلاً:

''گھوٹالوں کے اس شہر میں اب شریف آدمی کا جینا مشکل ہوگیا ہے...... دنیا میں فکرِ معاش سے بڑا کوئی غم نہیں۔ بیشتر مسائل کی جڑیں اس کی کوکھ میں پیوست ہیں...... انصاف اتنا مہنگا ہو چکا تھا کہ پی۔ایف میں بچے کھچے پیسے سے زندگی کو نیم مردہ لاشوں کی طرح گھسیٹتے ہوئے ملازمین کے لیے چندہ اکٹھا کرنا آسان نہ تھا......لوگوں نے مسجد کے اندر جا کر نماز پڑھنے کے لیے بہت کہا لیکن انہیں اس کی کبھی توفیق نہیں ہوئی۔

افسانہ نگار نے اس میں بعض غیر متعلقہ امور مثلاً طوطے کی کہانی یا نہال صاحب اور ان کی بیوی کے جنسی رشتوں کا ہیجان انگیز بیان شریک کر کے افسانے کو قدرے نیا رخ دینا چاہا ہے مگر بنیادی فکر بہت واضح ہے۔ ''تفتیش'' میں تو یہ فکر براہ راست سامنے آتی ہے۔ خود افسانہ نگار یعنی راوی اور اس کے دوست ایم۔ٹی۔خاں کے بیانات کچھ اس طرح کے ہیں جیسے ظالموں سے لڑنے کی دعوت دے رہے ہوں مثلاً:

''امن پسند لوگ اپنے دروازے کیوں بند کر لیتے ہیں......طوفان سے ٹکرانے کی جسارت کیوں نہیں کرتے؟......لڑتے رہو۔ یہاں تک کہ تم جیتو گے...... اور ہار جیت اضافی چیزیں ہیں...... اصلی چیز ہے کہ تم نے مزاحمتوں سے لڑائی کی...... یہ لڑائی اپنے آپ میں ایک جیت کی حیثیت رکھتی ہے۔''

دوسری طرف آفتاب صاحب کا کردار تو اعلانیہ طور پر ترقی پسند فکر کا حامل ہے۔ وہ مشترکہ تہذیب کے نہ صرف وکیل ہیں بلکہ ہندو مسلم اتحاد کے لیے سرگرم عمل رہتے ہیں اور آخر دم تک یہ مانتے ہیں کہ مل جل کر رہنا ہی انسانیت کا تقاضہ ہے۔ حالانکہ ایک مسلم محلے (غالباً نیو عظیم آباد) میں جا کر ان کی بے بسی قابل دید ہے لیکن ان کا عزم قابل دید ہے۔ برسوں پہلے لکھی گئی کہانی آج بھی معنویت کی حامل ہے اور ہندوستان کے حالات پر ایک واضح نقطۂ نظر پیش کرتی ہے۔

ایک اور کہانی ''مرشد'' کے متن کا جائزہ لیجئے تو کچھ اور ہی منظر دکھائی دیتا ہے۔ خانقاہوں کی خستہ حالی اور وہاں بیٹھے ہوئے بزرگ کی ایمان داری کے ساتھ ساتھ مریدوں کی عقیدت مندی کے پس منظر میں یہ سچائی بیان کرنا کہ انسان دنیا کی ہوس میں مبتلا رہ کر غم زدہ ہے اور جیسے ہی وہ اپنے انجام یعنی موت سے آگاہ

ہوجاتا ہے، اس کے گناہ کرنے کی عادت بدل جاتی ہے کیونکہ دنیا اس کی نظر میں بے وقعت ہوجاتی ہے، کسی صوفی اور مذہبی انسان سے ہی ممکن ہے۔ اب افسانہ نگار ان دونوں میں سے کیا ہے، یہ فیصلہ قاری کو کرنا ہے۔

بس ایک افسانے کا اور تذکرہ کرنا چاہتی ہوں۔ ''فرشتے'' تین ایسے فنکاروں کی کہانی ہے جو نیک اور رفرشتہ صفت ہیں۔ دنیا میں انقلاب لانے کی جدوجہد میں خود حالات کے جبر تشدد کا شکار ہیں۔ وہ جس شہر میں جاتے ہیں وہاں خود کو اشترا کی کہنے والے ادیبوں کی منافقت اور موقع پرستی کے ساتھ ساتھ عیش پسندی انہیں بے حد بددل کرتی ہے مگر آخر میں جب ایک نیم ترقی یافتہ علاقے میں پسماندہ کہلانے والے ادیبوں کے پسندیدہ ہوٹل میں راجدھانی سے آئے ہوئے مہمان کے ساتھ وہ شراب پیتے ہوئے تبادلۂ خیال کرتے ہیں تو بالکل فری موڈ میں گاتے اور قہقہے لگاتے ہیں۔ یہاں تک کہ لوگوں کی بھیڑ ان کے گرد جمع ہوجاتی ہے۔ پھر وہ مہمان ادیب کو اس کی ٹرین تک پہنچا کر خود لوکل ٹرین میں سوار ہوتے ہیں تو بے خودی کے عالم میں مطلوبہ اسٹیشن سے آگے نکل جاتے ہیں اور واپسی کے لیے جس ٹرین میں بیٹھتے ہیں اس کے بارے میں اسٹیشن ماسٹر یہ اعلان کردیتا ہے کہ اس ٹرین کے انجن میں خرابی پیدا ہوگئی ہے اس لیے نئے انجن کے آنے یا مرمت ہونے کے بعد ہی یہ ٹرین آگے جائے گی۔ ظاہر ہے کہ افسانے کے پیچ وخم میں کئی سفاک سچائیاں موجود ہیں۔ عام طور کے لکھنے والے اشترا کی فنکاروں کا رویہ تو ابتداء ہی میں ہے اور راجدھانی کے بڑے ادیبوں کا رویہ درمیانی حصے میں، لیکن جو لوگ سچے دل سے لکھ رہے ہیں وہ بھی غفلت اور نیم غنودگی کے عالم میں ہیں، بیداری کے نہیں۔ اب انقلاب آئے تو کیسے؟ یہ سوال افسانہ نگار نے ہمارے غور وفکر کے لیے چھوڑ دیا ہے۔

میں اور بھی کچھ افسانوں کا تذکرہ کرسکتی تھی مگر موضوعات کے جس تنوع کی طرف میں اشارہ کرنا چاہتی تھی وہ مذکورہ بالا افسانوں کے تجزیے سے بھی ظاہر ہے۔ ویسے دوسرے افسانوں پر بھی نگاہ ڈالیں تو کم وبیش یہی نتائج برآمد ہوتے ہیں۔ ''کوبڑ''، ''میت''، ''پاؤں'' اور ''سانپوں سے نہ ڈرنے والا بچہ'' کے موضوعات الگ الگ ہی نہیں متوازی ہیں۔ افسانہ نگار کہیں ناسٹلجک ہے اور کہیں ترک روایت کا حامی ہے۔ غور کیجئے کہ ''اپنا گوشت'' لکھنے والا افسانہ نگار کیا وہی ہے جو ''رانی باغ'' جیسا افسانہ لکھ رہا ہے۔ ''بڑے ابو'' کے حوالے سے عہد حاضر کی صارفیت کی طرف جو اشارہ افسانہ نگار نے کیا ہے وہ کچھ اور افسانوں میں بھی موجود ہے۔ ایسے لوگ کئی جگہ کرداروں کی شکل میں ابھرے ہیں جو اپنی ضرورتوں کو قربان کرکے سماج کے لیے یا خاندان کے دوسرے افراد کے لیے زندہ رہتے ہیں۔ مسٹر گلیڈ جیسے لوگ جو گھر سے مدتوں بعد گوشت خریدنے بازار نکلتے ہیں اور جوڑ جاڑ کر رکھے ہوئے پیسے کسی مریض کے علاج کے لیے دے آتے ہیں۔ ''بلی کا بچہ'' کے برہان الدین اور بچوں کے والد جیسے کردار جن کی زندگیاں دوسروں کے لیے

وقف ہو جاتی ہیں۔ ''تفتیش'' کے آفتاب صاحب اور ایم۔ ٹی۔ خاں جیسے لوگ جو ہر حالت میں غلط کاریوں کا مقابلہ کرنا چاہتے ہیں۔ مگر ''رانی باغ'' کے ''رحمتے'' اور ''گھڑیال'' کے سمیع صاحب کا سعیدہ کے ساتھ التفات، ان رویوں کو ہم کس خانے میں رکھیں؟

صاف ظاہر ہے کہ افسانہ نگار کسی ایک موضوع کا پابند نہیں ہے۔ زندگی کے جتنے چہرے ہیں یا ہو سکتے ہیں، وہ سب اس کی نگاہ میں ہیں اور وہ طوطے کو دانا کھلاتے ہوئے اچانک جنسی ہیجان میں مبتلا ہو جانے والے مسٹر نہال کی تبدیلیٔ حالات کے اسباب پر بھی نظر رکھتا ہے۔ یہ بھی ظاہر ہے کہ وہ ایک خاص فکر کا مالک ہے جس کو ترقی پسند فکر کہہ سکتے ہیں مگر اس کا پابند نہیں ہے۔ اس کے رویے کو زیادہ سے زیادہ ہمدردانہ کہا جا سکتا ہے، مقلدانہ نہیں۔ دوسری طرف وہ عہد حاضر کی پروردہ تہذیب اور کلچر کے بعض پہلوؤں کو بھی اپنے افسانوں کا موضوع بناتا ہے۔ یہاں تک کہ تلاشِ ذات کے مرحلے بھی پیش کرتا ہے مگر یہاں بھی ٹھہرتا نہیں۔

اب ان کی افسانہ نگاری کے دوسرے پہلو یعنی طرز بیان کی طرف بھی دیکھئے۔ یہ بات ماننی ہی پڑے گی کہ ''گنبد کے کبوتر'' یا ''ڈھلان پر رُکے ہوئے قدم'' اور ''سانپوں سے نہ ڈرنے والا بچہ'' کا جو اسلوب ہے وہ ''بھائی''، ''تفتیش'' یا ''رحمت صاحب'' کا اسلوب نہیں ہے۔ ''مرشد'' یا ''چیخیں'' میں چند جملوں، سوالوں یا حادثوں کی مدد سے جو پراسرار فضا پیدا کی گئی ہے وہ بھی اول تو افسانہ نگار کے مزاج کا حصہ نہیں ہے، دوسرے اس کے پیغام کی ترسیل میں رکاوٹ نہیں بنتی۔ اس لیے افسانہ نگار کا یہ دعویٰ تو درست ہے کہ وہ سکّہ بند فنکار نہیں ہے اور نہ ہی کسی حلقے سے وابستہ ہے مگر یہ ضرور ہے کہ اس نے حسب ضرورت ہر روایت اور رجحان سے استفادہ کیا ہے اور اس کا بھی اقرار ہیں کرنا چاہتا۔

گویا بات یہ ٹھہری کہ وہ سوفی صد انام جذبوں کے حصار میں نہیں ہے۔ دوسروں سے بالکل مختلف بھی نہیں ہے۔ روایت سے گریزاں یا ہراساں بھی نہیں ہے۔ حال سے نالاں بھی نہیں ہے۔ بس یہ کہ کسی کا پابند نہیں ہے۔ البتہ ایک صفت ایسی ہے جو اس کے بیشتر افسانوں میں موجود ہے اور وہ بامعنی احتجاج سے اس کی قربت ہے۔ میں نے بامعنی کی شرط اس لیے لگا دی کہ بقول دشینت کمار

صرف ہنگامہ کھڑا کرنا مرا مقصد نہیں میری کوشش ہے کہ یہ صورت بدلنی چاہئے

شوکت حیات بھی اکثر کہانیوں میں اسی نظریے کے حامل نظر آتے ہیں۔ اس لیے وہ اپنی مارکسیت کو اعتدال کی قبائیں پہناتے ہیں۔ احتیاط سے کام لیتے ہیں مگر مصلحتوں کے شکار نہیں ہوتے۔ میں سمجھتی ہوں کہ وہ اپنے کو جو بھی نام دیں لیکن دراصل وہ ایک آزاد منش انسان ہیں جو قدیم وجدید کی درمیانی منزل پر ردّ و قبول کے جذبوں سے معمور آزادانہ لکھ رہا ہے۔ اس کی یہ آزاد خیالی بے راہ روی نہیں ہے نہ یک طرفہ آگہی ہے۔

افسانے کے بارے میں ویسے بھی یہ بات مشہور ہے کہ ہر کہانی اپنا اسلوب خود وضع کر لیتی ہے۔شوکت حیات کے متنوع موضوعات کو الگ الگ اسالیب میں دیکھ کر اس بات کی صداقت مان لینی پڑتی ہے۔

آخر میں شوکت حیات کی افسانہ نگاری کا یہ جائزہ جس سوال پر ختم کرنا چاہتی ہوں وہ اظہار افسوس اور ندامت کے ساتھ ساتھ نئی نسل کے لیے ایک دعوت بھی ہے۔خود افسانہ نگار نے اور دوسروں نے بھی یہ دعویٰ کیا ہے کہ ان کے افسانوں کی مجموعی تعداد پچاس کے قریب ہے۔اب سوال یہ ہے کہ ان کے افسانوی مجموعے میں تو صرف پچیس کہانیاں ہیں۔ باقی افسانے کہاں ہیں؟ کیا ان کی تلاش اور اشاعت ان کے ہم عصروں سے زیادہ ان نئی نسل کے فنکاروں پر قرض نہیں ہے جو ہمہ دم تیشہ بدست رہتے ہیں؟ مگر کیا میں بھی اس نئی نسل کا حصہ نہیں ہوں؟؟

● ڈاکٹر وصیہ عرفانہ

شوکت حیات: اردو افسانے کا سنگ میل

بیسویں صدی کے آغاز میں مختصر افسانے کے نین ونقش ابھر رہے تھے۔ یہ وہ عہد تھا جب مختصر افسانہ رومانی حکایات اور خواب آگیں فضا کے سایے میں اپنی صنفی پہچان قائم کرنے کی کوشش کر رہا تھا۔ اردو افسانے کے ارتقائی سفر میں دو متوازی لہریں جاری وساری نظر آتی ہیں۔ سجاد حیدر یلدرم نے اردو افسانے کو رومانی لہجہ عطا کیا تو منشی پریم چند نے سماجی صداقتوں اور دیگر معاشرتی مسائل کو اپنے افسانوں کا موضوع بنایا۔ ترقی پسند تحریک نے حقیقت پسندی اور سماجی صداقت نگاری کے اسی رجحان کو تقویت بخشی۔ یہ زمانہ عالمی سطح پر تغیر وتبدل کا تھا۔ زندگی تلخ حقائق سے روبرو ہو رہی تھی۔ لہٰذا ترقی پسند تحریک کے زیر اثر ادب میں در آنے والی حقیقت نگاری کو قاری کی جانب سے بھرپور پذیرائی ملی۔ افسانے کی سطح پر بات کی جائے تو بے شمار افسانے اس عہد کی یادگار اور ارتقائے تاریخ کا اہم حصہ بنے۔ لیکن ہر تحریک ورجحان کی طرح یہاں بھی افراط وتفریط نے جگہ بنالی۔ رفتہ رفتہ مختصر افسانے میں خارجیت پسندی کا تناسب بڑھتا گیا اور افسانہ سپاٹ بیانیہ کی شکل میں مختلف افکار و نظریات کا پروپیگنڈہ بن کر رہ گیا۔ آزادی کے حصول اور اس کے حوصلہ شکن نتائج نے فرد کو داخلیت پسند بنا دیا تھا۔ ہر زمانے کا ادب اپنے عہد کا آئینہ دار ہوتا ہے۔ لہٰذا سیدھی سادی حقیقت نگاری اور سپاٹ بیانیہ کو یکسر رد کرتے ہوئے ادیبوں کی نئی نسل نے کہانی کو جدیدیت اور تجریدیت کے ذائقے سے روشناس کرایا۔ مختصر افسانے میں موضوعاتی، ہیئتی ،اسلوبیاتی اور تکنیکی سطح پر گوناگوں تجربات ہونے لگے۔ اشاروں ،کنایوں، استعاروں اور علامتوں کے وسیلے سے کہانی بیان کرنا افسانوی فن کا منتہا ٹھہرا۔ لیکن نت نئے تجربات نے رفتہ رفتہ افسانے سے کہانی پن کو ختم کر دیا اور بے چہرگی کرداروں کا وصف قرار پایا۔ افسانہ محض کنایوں اور علامتوں کا پشتارہ بن کر رہ گیا جن کی گرہ کشائی میں قاری کو پسینے آنے لگے اور کہانی لطف اندوزی کا ذریعہ نہ رہ کر ذہنی ورزش کا استعارہ بن گئی۔ نتیجتاً ادب اور قاری کے درمیان ترسیل کی ناکامی کا المیہ پیدا ہو گیا۔

۱۹۷۰ء کا وہ عہد، جب ترقی پسندی اور جدیدیت دونوں اپنے وجود کی بقا کی جنگ پر آمادہ تھیں، شوکت حیات نے باشعور طریقے سے افسانے کی تاریخ کے تسلسل میں رہتے ہوئے تخلیقی سطح پر لکھنا شروع کیا۔ شوکت حیات نے ترقی پسندوں کی کھردری خارجیت اور جدیدیوں کی شدید داخلیت کے بین

بین ایک نئی، متوازن اور صحت مند راہ اپنائی۔ انھوں نے سپاٹ بیانیہ سے بھی پرہیز کیا اور کہانی میں کہانی پن کے بنیادی عنصر کی بھی بازیافت کی۔ انہیں اس حقیقت کا بھی ادراک تھا کہ علم و آگہی نے انسانی ذہن کو زیادہ حساس، باریک بیں، فعال اور زرخیز بنا دیا ہے۔ معاشرتی مسابقت، افراط زر، سیاسی ہتھکنڈوں، مذہبی و تہذیبی رشتوں، قومی و بین الاقوامی تبدیلیوں نے انسان اور انسانی رشتوں کو بیش از پیش متاثر کیا ہے۔ ایک مکمل مشینی نظام ہے جو فرد اور معاشرے دونوں کو ظاہری و باطنی طور پر ہر لحظہ متاثر کر رہا ہے۔ آج مسائل کی نوعیت پہلے سے زیادہ گنجلک ہو چکی ہے۔ ایسی صورت حال میں آج کا قاری نہ تو سیدھی سادی حقیقت بیانی سے لطف اندوز ہوسکتا ہے اور نہ ہی پُر پیچ علائم و ابہام سے کیف کشید کر سکتا ہے۔ لہٰذا، شوکت حیات نے زندگی اور اس کے نشیب و فراز کو سادہ اور عام فہم انداز میں پیش کیا۔ یہ الگ سی بات ہے کہ ان کے یہاں معانی کی پرتیں اکہری نہیں ہیں بلکہ ان کے افسانوں میں ذوق قصہ گوئی کی تسکین کے ساتھ ساتھ اہلِ بصیرت اور صاحب شعور کے لئے دعوت غور و فکر کا ایک بسیط جہان بھی آباد ملتا ہے۔ شوکت حیات نے شعوری طور پر اپنے افسانوی پیشکش میں اس امر کا ہر لحظہ خیال رکھا کہ ان کے افسانے اور قاری کے درمیان ترسیل کا رشتہ قائم رہے۔ انہوں نے اپنے افسانوں میں قاری کو اپنے مسائل، اپنی فکر، اپنی خوشیوں، اپنی ترجیحات، اپنی الجھنوں، اپنا خوف، اپنے اندیشوں سے قدرے واضح، قدرے مبہم انداز میں روبرو کرایا۔ انہوں نے زندگی سے فرار یا گریز کی راہ اختیار کرنے کی بجائے زندگی سے متصادم ہونے کو مقدم جانا اور عرفان ذات کی ابدی جستجو کو اپنے نقطۂ نظر سے پیش کیا۔

شوکت حیات نے انسان کے باطن کی بیکرانی کو دراصل اپنے افسانوں کا موضوع بنایا ہے۔ انہوں نے انسان کے اندرونی اضطراب کو اپنے افسانوں کے حوالے سے پیش کیا۔ اس اضطراب کی بے شمار وجوہات تھیں۔ یہ رشتوں کی شکستگی کی وجہ سے ہو یا محبتوں کی صارفیت کی وجہ سے، سیاسی اتھل پتھل کی وجہ سے ہو یا معاشرتی کشاکش کی وجہ سے، اجتماعی نظام اس کا سبب ہو یا انفرادی گھٹن اس کی وجہ۔ مختلف اور متنوع اسباب یا حالات کی وجہ سے انسان کا باطن جن کیفیات کا اسیر ہوتا ہے، ان کو متشکل کرنا شوکت حیات کا امتیازی وصف ہے۔ ان کی ابتدائی کہانیوں میں عصری علامتی رنگ گہرا رہا، لیکن رفتہ رفتہ انہوں نے اپنی الگ راہ خود متعین کر لی۔ بقول وارث علوی:

> ''شوکت حیات ان جیالے لوگوں میں سے ہیں جو نہ تو کسی نقاد کی توجہ کی پرواہ کرتے ہیں نہ دوسروں کی بخشی ہوئی بیساکھیوں پر راہ ادب طے کرتے ہیں۔ وہ اپنا راستہ خود بناتے ہیں اور اپنے اظہار و بیان کے طریقے آپ ہی ایجاد کرتے ہیں۔''

اپنے فکری وفنی رویئے کے متعلق خود شوکت حیات رقمطراز ہیں:

"میرے افسانے اس تناظر میں دیکھے جائیں کہ یہ وہ نئے جدید اور مابعد جدید افسانے ہیں جو دراصل نامیاتی اور امکانی ہیں اور انامیت، نامیاتیت اور امکانیت پسندی کے سرمدی اوصاف سے مملو ہیں۔ان افسانوں میں آج کے عہد اور آج کے انسان، اس کے مسائل کو نئے ڈھنگ، لہجے، تکنیک، ٹریٹمنٹ، موضوع، فکری بصیرت اور تیور کے ساتھ دریافت کرنے کی کوشش کی گئی ہے۔"

یہ واقعہ ہے کہ شوکت حیات کے افسانوں کا فکری محور انسان ہے۔ وہ فرد کے داخلی اور خارجی بحران کا مطالعہ اس کے سماجی منسلکات کے ساتھ کرتے ہیں۔انہوں نے اپنے بعض کرداروں کے توسط سے سماج کے کھوکھلے نظام اور دوغلے رویوں کے خلاف پرزور آواز احتجاج بلند کی ہے۔اخلاقی وجذباتی بحران، سماجی وسیاسی ظلم وجبر، مسابقتی عہد میں زندگی کی بے مقصدیت اور بے معنویت، عالمی دہشت گردی کے نتیجے میں پنپنے والی بے یقینی اور بے نام خوف، طبقاتی استحصال کے منطقی نتائج وغیرہ کو انہوں اپنے افسانوں کے وسیلے سے پیش کیا ہے اور ان تمام مراحل میں تخلیقی ضبط کے دامن کو خوش اسلوبی سے تھامے رکھنا ان کا فنی امتیاز ہے۔شوکت حیات کی فکری اور فنی رچاؤ کے متعلق وہاب اشرفی کا یہ خیال درست ہے:

"وہ پختہ ذہن فنکار کی طرح آہستہ آہستہ اپنے ذہن کی تصویر کو مکمل کرتے ہیں اور اس کی تکمیل میں مناسب رنگ بھرتے ہیں جو ہر طرح متوازن بھی ہوتا ہے......اب جو تصویر سامنے آتی ہے وہ حقیقت واقعہ کا عکس محض نہیں ہوتی بلکہ اس کے اندر ایک ایسی تخلیقی جوت ہوتی ہے جو اس کی شدت کو سرتاسر بڑھا دیتی ہے......ایک انقلابی ذہن میں کیسی کیسی تخلیقی روشنی پیدا ہوسکتی ہے۔اس کا ایک مکمل منظر نامہ شوکت حیات کے افسانے ہیں۔اردو افسانے کی مجموعی تاریخ میں ان کی جگہ معتبر بھی ہے اور محفوظ بھی۔"

شوکت حیات نے ۷۰ء کی دہائی سے افسانہ نگاری کی ابتدا کی اور اب تک سو سے زائد افسانے معتبر وموقر رسائل وجرائد میں شائع ہو چکے ہیں، لیکن ان کا پہلا افسانوی مجموعہ "گنبد کے کبوتر" ۲۰۱۰ء میں منظر عام پر آیا۔تقریباً چالیس سالہ افسانوی سفر کے دوران مجموعہ شائع نہ کرانے کا سبب خواہ جو بھی ہو لیکن ابرار رحمانی کے لفظوں میں یہ کہنا بے جا نہ ہوگا کہ......کتاب گردی کے اس دور میں بھی شوکت حیات کا اس طرف دھیان نہ دینا ان کے جینوئن فنکار ہونے پر دال ہے۔'گنبد کے کبوتر' ان کی پچیس کہانیوں کا مجموعہ ہے۔ان کہانیوں میں سے بہترین، اوسط یا کمزور کہانیوں کی درجہ بندی مشکل ہے، کیونکہ ہر افسانہ زندگی کے

نئے افق، معاشرے کے نئے پہلو کو پیش کر رہا ہے۔ کوئی افسانہ کردار کا افسانہ ہے تو کوئی واقعات کا، کوئی احساس کے پیچ وخم کھول رہا ہے تو کوئی تاریخی لمحے کی خطا کو گرفت میں لے رہا ہے، کہیں عشق کا ترفع ہے تو کہیں دبی کچلی نفرت کا ترشح۔ ہر افسانے کی قرأت ایک جہان دگر کی سیر کراتی ہے۔

اس مجموعے کا پہلا افسانہ 'کوبڑ' ہے۔ کوبڑ علامت ہے مجبوری، بے کسی، بدصورتی، کم مائیگی اور بے چارگی کی۔ افسانے کے مرکزی کردار واحد غائب کو بغیر رزرویشن کے بذریعہ ٹرین دلی جانا پڑتا ہے تاکہ اگلے دن جب اس کا چھوٹا بھائی ہوائی جہاز سے دلی پہنچ جائے، تو وہ اسے امریکہ کے لئے سی آف کر سکے۔ ایر پورٹ پہنچنے تک اس کی جیب بھی کٹ چکی ہے اور وہ اپنی واحد قیمتی چیز گھڑی بھی لٹا چکا ہے۔ اس کا بھائی اپنے امریکن دوستوں کے لئے ہزاروں کے تحائف خریدتا ہے اور اس کے پاس دلی سے پٹنہ واپسی کا کرایہ بھی نہیں ہے۔ یہ افسانہ دراصل کردار پر مبنی افسانہ ہے۔ چھوٹے موٹے واقعات اور سیدھے سادے مکالمات کے ذریعے مرکزی کردار کی شخصیت اور نفسیات کو اجاگر کیا گیا ہے۔ کردار نگاری کے توسط سے ہی کردار کی زندگی، اس کے حالات اور کہانی کا پس منظر واضح ہوا ہے۔

(۱) وہ محنت کش، ذمہ دار اور بامروت ہے۔ شادی کے ہنگاموں میں اسے سونے تک کی مہلت نہیں ہے۔ گھر کے تمام افراد کو ایر پورٹ پہنچانے کا اہتمام کرنا ہے۔ لیکن اماں کے اچانک دلی جانے کے حکم پر بھاگم بھاگ اسٹیشن پہنچتا ہے ورنہ ذرا سی تاخیر سے ٹرین چھوٹ جاتی۔

(۲) وہ کمزور صحت کا ناتواں شخص ہے۔ وہ حالات سے مزاحمت کرنے کی قوت سے محروم ہے لیکن اس نے اپنی کمزوری کو ہی اپنی طاقت بنالیا ہے۔ یہ الگ سی بات ہے کہ خود کو بے جان اشیاء میں تبدیل کرنے کے جاں گسل مرحلے سے گذرنا اس کی ذہنی توانائی کا ہی مظہر ہے۔

(۳) بھائی امریکہ میں لاکھوں کماتا ہو لیکن اس کی اپنی آمدنی اور حیثیت نے اس کی خودداری کو مجروح نہیں کیا، البتہ اس کی جانفشانی اور قوت برداشت میں اضافہ کیا ہے۔ وہ ٹرین کے ایک کونے میں دبک کر دلی تک کا طویل سفر طے کرسکتا ہے۔

(۴) وہ شریف اور خوددار ہے۔ اس لئے تمام اثاثوں کے لٹ جانے کے باوجود اس کی حمیت یہ گوارا نہیں کرتی کہ بظاہر معمولی سی ضرورت کے لئے بھائی کے سامنے ہاتھ پھیلائے۔

اس کہانی کے ٹریٹمنٹ میں افسانہ نگار کا کمال یہ ہے کہ کہانی کی واقعہ نگاری میں لفظوں کی فضول خرچی کے بغیر قاری کے سامنے حالات و واقعات کی پوری تفصیل منتقل ہو جاتی ہے۔ والد کے انتقال کے بعد بڑا بھائی مزدوری و محنت کشی کے ذریعے اپنی اور اپنے خاندان کی گاڑی کھینچتا ہے۔ زندگی نے اسے کبھی بھی

خود کے متعلق سوچنے یا کوئی رنگین خواب دیکھنے کا موقع نہیں دیا۔

محنت کشی نے پیٹھ پر کوبڑ نکال دیا اور حالات کی دھکا مکی نے اسے گٹھری میں تبدیل کر دیا۔عورتوں کے شباب اور جسم سے لطف اندوزی کی بجائے کچلے جانے کا خوف اس کے ذہن میں جاگزیں ہے۔چھوٹا بھائی بہت ہشیار اور دنیادار ہے۔اپنی ہشیاری کی بدولت امریکہ پہنچ چکا ہے۔لیکن بڑے بھائی اور ماں کی زندگی اب بھی کرائے کے ٹوٹے پھوٹے گھر میں بسر ہو رہی ہے۔چھوٹے بھائی کو اپنی شادی اور اپنی اولاد کی فکر ہے۔اسے بھائی کی عمر بھر کی دوڑ دھوپ اور جدوجہد نظر نہیں آتی،صرف اس کی غیر متاثر کن شخصیت دکھائی دیتی ہے۔اس کی پیٹھ کا خبیث کوبڑ دکھائی دیتا ہے۔اس کوبڑ کو مزید بڑھنا ہے کیونکہ بڑے بھائی کو بے رحم زندگی کے راستے پر سفر کا پہاڑ ڈھونا ہے اور اس کے ساتھ تہی دامنی ہے۔

یہ کہانی رشتوں کی ایثار پسندی اور خودغرضی دونوں کو پیش کرتی ہے۔اس کہانی میں شوکت حیات نے نہایت دل سوزی اور دردمندانہ لاتعلقی سے کرداروں کے نین ونقش ابھارنے کی کوشش کی ہے۔کچھ اس طرح کہ قاری تمام اَن کہے حالات و واقعات سے خود روبرو ہوتا ہے۔روبرو ہونے کا یہ خود ساختہ عمل ہی کہانی کی اثرانگیزی کو شدید کرتا ہے۔یہاں پر میں جوگندر پال کے اس خیال سے متفق ہوں:

> ”شوکت حیات کی واضح تر خوبی بھی اس امر میں مضمر ہے کہ اس کی کہانی بھی اپنے پاؤں خود آپ چل چل کے عین اختتامیہ پر آ پہنچتی ہے۔مانو کہانی نے اپنے آپ کو عین بہ عین پورا کر دیا ہو،اب جو کہنا سننا ہے قاری آپ ہی سمجھ سمجھا لے۔“

’گھونسلہ‘ بے نشان منزل کا المیہ ہے۔ایک گم کردہ منزل کی باطنی کیفیات کا بیان ہے۔عرصۂ دراز کے بعد صعوبتوں بھرے سفر سے نجات حاصل کر کے اپنے گھونسلے کے قریب پہنچ کر نامراد رہنے والے پرندے کی داستان ہے۔درپردہ یہ جدید صنعتی تہذیب اور قدیم روایتی تہذیب کے تصادم کا افسانہ ہے جس میں بالآخر روایتی تہذیب کی شکست اور جدید تہذیب کی فتح ہوتی ہے۔لیکن یہاں پر المیہ یہ ہے کہ جدید تہذیب اپنے جلو میں مردنی،بے حسی،بے سمتی اور لاتعلقی کے عذاب بھی لے کر آئی ہے۔اس افسانے کو کیفیات اور ان کے اثرات پر مبنی افسانہ قرار دیا جا سکتا ہے۔شوکت حیات کے زیادہ تر افسانوں میں ایک قدر مشترک یہ نظر آتی ہے کہ ان کے یہاں واقعات کی ترسیل کے لئے تسلسل آمیز بیانیہ شرط نہیں ہے بلکہ مختلف مناظر چھوٹے چھوٹے ٹکڑوں میں بٹے ہوئے نظر آتے ہیں،مختلف استعاروں اور کنایوں کے حوالے سے مختصر اور بظاہر غیر متعلق تبصرے ملتے ہیں لیکن کہانی کے اختتام پر یہ تمام اشیاء مربوط ہو کر قاری کو حالات و واقعات کی تفہیم کی منزل تک پہنچا دیتی ہیں اور معانی کی تمام پرتیں روشن ہو جاتی ہیں۔اس کہانی میں بھی یہی ٹریٹمنٹ نظر آتا ہے۔

'میّت' مقابلے اور مسابقت کی دوڑ میں شامل آدمی کی خود غرضی اور خود نمائی کی کہانی ہے۔ آج کا وہ انسان، جوا چیومنٹ کے لئے کسی حد تک جا سکتا ہے اور جس کے لئے موت کا واقعہ بھی ایک 'موقع' کی حیثیت رکھتا ہے، اس کہانی کا کردار ہے۔

'گنبد کے کبوتر' کا شمار شوکت حیات کے نمائندہ افسانوں میں ہی نہیں بلکہ اردو کے بہترین افسانوں میں ہوتا ہے۔ بابری مسجد انہدام کے پس منظر میں بہت سے افسانے لکھے گئے لیکن جو اثر انگیزی اور اس کے نتیجے میں جو مقبولیت 'گنبد کے کبوتر' کو حاصل ہوئی وہ اور کسی کے حصے میں نہیں آئی۔ واقعات تو جو بھی ہیں، سب کے سامنے ہیں لیکن شوکت حیات نے اپنے ٹریٹمنٹ، جاندار کرداروں، بامعنی محاوروں اور یاس انگیز فضا آفرینی کے ذریعے اس کہانی کو ایک یادگار مرقع بنا دیا ہے۔ 'گنبد کے کبوتر' کے سلسلے میں ادیبوں اور ناقدوں کی یہ مشترکہ رائے ہے کہ بابری مسجد سانحے پر اردو ادب میں اور کچھ بھی نہ لکھا جائے تو اکیلی یہ کہانی کافی ہے۔ بابری مسجد انہدام کے پس منظر میں اس افسانے کے عنوان کی معنویت پر وارث علوی لکھتے ہیں:

> ''گنبد جب تک تھا، علامت تھا ہماری تاریخ تہذیب اور مذہب کی۔ اب نہیں رہا تو ایسا روحانی خلا پیدا ہو چکا ہے جس کی ماہیت کا بھی ہمیں شعور نہیں۔ اس خلا میں ان کبوتروں کے پروں کی پھڑپھڑاہٹ کی آواز گونجتی ہے جو گنبد کے نہ ہونے سے بے سہارا ہو گئے ہیں۔ کبوتروں سے قطع نظر آدمی کا بے سہارا پن ایسے دور دراز اندیشوں کو جنم دیتا ہے کہ وقت کے بہاؤ میں اس کی شکستہ کشتی کو کوئی کنارہ مل سکے گا یا نہیں۔ یا پھر یہ ہولناک انجام کا آغاز ہے۔''

اقلیتی طبقے کا یہی احساس بے یقینی اور حالات کے نئے آغاز کا اندیشہ پورے افسانے میں روح کی طرح جاری و ساری ہے۔ بات صرف ایک گنبد کے ٹوٹ جانے کی نہیں ہے بلکہ مشترکہ تہذیب کی عمارت میں دراڑ پڑی ہے۔ بھائی چارے اور مذہبی رواداری کے خاتمے کا نقطۂ آغاز ہے۔ وہ جو ایک بے نام اندیشہ بابری مسجد کے انہدام کی شروعات کے ساتھ اقلیتی طبقے کے شعور میں جاگزیں ہوا، وہ آج بیش از پیش قوی تر ہوتا جا رہا ہے۔ افسانے کا مرکزی کردار واحد متکلم اقلیتی طبقے کا استعارہ ہے۔

معاشرے کا سب سے زیادہ قناعت پسند اور امن پسند حصہ۔ یہ قناعت پسندی اس کی جبلت بھی ہے اور اس کی مجبوری بھی۔ اقلیتی طبقہ اس تلخ حقیقت سے اچھی طرح آگاہ ہے کہ جو مٹھی بھر راحت اس کے حصے میں آئی ہے اسی پر قناعت کر امن وسکون کی زندگی جینا ہے۔ 'بالکونی' استعارہ ہے آزادی کے اس احساس کا جس میں پھولوں کی تازگی وشادابی اور چڑیوں کی چہچہاہٹیں ہیں۔ واحد متکلم کا اپنی بالکونی، اپنے پودوں اور

گملوں کے تحفظ کے لیے بے چین ہونا اپنی آزادی کی بقا کے لئے بے چین ہونا ہے۔ایک طبقے کے لئے گنبد تحفظ اور بقا کی علامت ہے تو دوسرے طبقے کے لئے لذت کشید کرنے کی۔گنبد کی مسماری کے نتیجے میں بے ٹھکانہ کبوتروں کا غول دراصل اقلیتی طبقے کا وہ کمزور کردار ہے جو بے امانی جھیل رہا ہے۔ جس کی آنکھوں میں اترتا خون دراصل بے چارگی اور کچھ کر گذرنے کی تڑپتی آرزو ہے۔اپارٹمنٹ میں نظر آنے والا سانپ مذہبی شدت پسندوں کی زہرناکیوں کی علامت ہے۔واحد متکلم کو سانپ کے ڈسے جانے کا خوف نہیں ہے بلکہ اسے اندیشہ ہے کہ گلہری اور چڑیوں کا جھنڈ یعنی احساس آزادی نہ متوحش ہو جائے۔رنگ برنگے پھولوں، گملوں، گلہری اور گوریوں سے جو تہذیبی کولاژ بنتا ہے، کہیں اس پر نہ سیاہ بادل منڈلانے لگیں۔ بے آسرا ہونے کا احساس، اس پر مستزاد پڑوسی کی تسلیاں اسے ایک عجیب جذباتی شکستگی سے دوچار کرتی ہیں۔

> ’’تم ینگ مین...... پازیٹو ہو کر سوچو تو ہر جگہ ٹھکانہ ہی ٹھکانہ ہے......گنبد، پہاڑوں کی سفاک چوٹیاں، پتھریلے غار اور گھنے جنگل کے درختوں کی ڈالیاں......موسموں کے سرد وگرم جھیلنے کے لئے تیار رہو......یار......یار، اپنی کھال تھوڑی کھری بناؤ۔‘‘

پوری کہانی میں خارجی و باطنی دونوں سطح پر تناؤ کی کیفیت ہے جسے علامتوں کے توسط سے واضح کرنے کی کوشش کی گئی ہے۔مسٹر تھامسن کے کچن میں کبوتر کا گھس آنا، بلّی کا جھپٹنا، بوڑھے ہاتھوں کی سنسناہٹ دور کرنے کے لئے کبوتر کا خون کرنا، بالکونی کا منتشر حال زار پھولوں و گملوں کی بربادی، پرندوں کی موت، بچوں کا سانپ سے کھیلنے کا خطرناک عمل اور ان کا زہریلا پن گویا کہانی کا ہر منظر علامتی پیرائے میں وسیع پس منظر رکھتا ہے۔آغاز سے انجام تک یہ کہانی علامتی رنگ میں ڈوبی ہوئی ہے لیکن معانی کی تفہیم و ترسیل میں کوئی ابہام اور پیچیدگی نہیں ہے۔اس افسانے کا شمار شوکت حیات کے ان افسانوں میں کیا جا سکتا ہے جن کا حسن اور معنویت اجاگر کرنے کے لئے بقول وارث علوی جزرس مطالعے اور تجزیے کی ضرورت ہے۔یہ افسانہ ختم ہو کر بھی ختم نہیں ہوتا اور قاری کا ذہن یاس انگیز تاثر میں ڈوبا انگنت سوالوں کے جوابات ڈھونڈنے کی سعی کرتا رہتا ہے۔ بلاشبہ، یہ افسانہ تہذیبی تاریخ کے ایک المناک عہد کا شناخت نامہ ہے۔

’اپنا گوشت‘ ایک مختصر اور سیدھی سادی کہانی ہے۔یہ رشتوں کی ٹوٹتی قدروں اور پامال اخلاقی قدروں کی کہانی ہے۔اس کہانی کے مرکزی کردار بڑے ابو والد کی موت کے بعد بھائی بہنوں کی ذمہ داریوں کو ادا کرتے کرتے اپنی بڑھتی عمر اور اس کے تقاضوں سے بے نیاز ہو کر بڑھاپے کی سرحد میں داخل ہو جاتے ہیں۔ان کی شادی نہ ہونے کو جواز بنا کر ان کی جائداد بھی دیگر بھائی بہن آپس میں تقسیم کر لیتے ہیں۔اب وہ

گھر والوں کے لیے ایک عضو معطل ہیں جن سے گھر کا ماحول بگڑنے کا اندیشہ باقی بھائی بہنوں کو ستانے لگتا ہے۔شکستہ جذبات سے دوچار ہوکر بڑے ابو گھر چھوڑ جاتے ہیں۔ایک دن انتہائی کسمپرسی کی حالت میں دنیا بھی چھوڑ جاتے ہیں لیکن گھر کے معمولات میں انکی موت کی خبر کوئی رخنہ نہیں ڈالتی۔دنیاوی آسائشات کو ترجیح دینے والے خود غرض رشتوں کی یہ کہانی معاشرے کی بے حسی پر ایک تازیانہ محسوس ہوتی ہے۔

'رانی باغ' شوکت حیات کے ایک مختلف انداز تحریر کا شاہکار ہے۔یہ وسیع کینوس میں لکھا گیا ایک رومانی افسانہ ہے جس میں محبت آب حیات کی صورت نظر آئی ہے۔کہانی کی ابتدا خاک اور خمیر کی نسبت کے نکتے سے ہوتی ہے اور ایک وسیع پس منظر تخلیق کرتی ہوئی ذہن کو مبہوت کرتی جاتی ہے۔رحمت صاحب مہلک مرض میں مبتلا ہونے کے بعد اپنے بیٹوں سے وطن لوٹنے کی ضد کرتے ہیں تاکہ خاک اپنے خمیر کے پاس پہنچ جائے۔دراصل اس ضد کے پس پشت عنفوان شباب کی ایک گم صم سی تمنا ہلکورے لے رہی تھی۔لڑکپن اور جوانی کی سرحدوں والی عمر میں آزاد باغ میں کھیل کے دوران رانی کے نسائی لمس نے دونوں کو نئے اور انوکھے احساسات و کیفیات سے آشنا ہی نہیں کرایا بلکہ شام کی پراسراریت نے جذبوں کی ساری مسافت طے کرادی تھی۔رحمت صاحب ساری عمر انہیں لمحات کے اسیر رہے اور زندگی کے تمام شکستہ مراحل میں انہوں نے یادوں کے اسی گہوارے میں جا کر سکون حاصل کیا۔اپنے گاؤں واپس آنے پر ان کی ملاقات رانی سے ہوتی ہے جو اب ودھوا ہو چکی ہے۔رانی سے ملنے پر انکشاف ہوتا ہے کہ انہیں جاں گسل لمحات نے اس کے قلب پر بھی عشق کی وحی نازل کی تھی اور اس کی عمر بھی اب تک اسی پراسرار شام میں جھاڑیوں تلے ٹھٹھک کر رہ گئی تھی۔پیار کے دونوں البیلے پنچھی باغ میں بیٹھ کر ماضی کے خوبصورت لمحات پر یادوں کا پانی چھڑکتے ہیں اور جذبوں کی تازہ کاری کا عمل انجام دیتے ہیں۔اسی باغ میں پناہ گزیں ایک انقلابی گروہ کو اس بوڑھے جوڑے کی دلچسپ اور دلربا ادائیں متاثر کرتی ہیں اور اس گروہ کے نوجوان ان کی پذیرائی کرتے ہیں۔رحمت صاحب انقلابی سرگرمیوں میں اپنی جانب سے ایندھن کا حصہ ڈالنے کے لیے اپنی جائداد گروہ کو سونپ دیتے ہیں۔رحمت صاحب اور رانی کی رفاقتوں کے درمیان اب کوئی رکاوٹ نہیں تھی اور وہ دونوں البیلے پنچھی بن کر ایک دوسرے کے لیے سکون کا گہوارہ بن گئے۔

اس افسانے میں افسانہ نگار نے رومان کے الوہی کیف کو احساسات کی تمام گہرائی کے ساتھ پیش کیا ہے۔انہوں نے اس حقیقت کا ادراک کرایا ہے کہ عشق تمام حد بندیوں سے،خواہ وہ مذہب اور ذات پات کی ہوں یا عمر کی، ماوریٰ ہے۔شوکت حیات نے قاری کو نئے اسرار و رموز سے آشنا کرایا ہے کہ عشق عہد شباب کا مرہون منت نہیں بلکہ خود شباب آور ہے۔لمس اگر عشق کا زائیدہ ہو تو ذہنوں میں تقدس جگاتا

ہے۔نوجوانی کے عشق میں اگر بلاخیزی ہوتی ہے تو ڈھلتی عمر میں عشق رگ و پے میں پیوست ہوکر سانس کی سرگم میں شامل ہوجاتا ہے۔'رانی باغ' کی پوری افسانوی فضا عشق کی شعلگی کی تاثیر سے جگمگا رہی ہے۔اس افسانے میں شوکت حیات کے فنکارانہ برتاؤ کا کمال یہ ہے کہ قاری کی روح بھی بالیدگی کی اسی منزل پر پہنچ جاتی ہے، جہاں ان اسیرانِ عشق کے لمس کا ارتعاش محسوس کیا جاسکے۔

'مادھو' پریم چند کے افسانے ''کفن'' کا سیکوئل ہے۔کفن کی کہانی جہاں ختم ہوتی ہے، وہی مادھو کا نقطۂ آغاز ہے۔پریم چند نے اپنے افسانے میں گھیسو، مادھو اور بدھیا کی کہانی کو حقیقت نگاری کی سطح پر پیش کیا تھا لیکن شوکت حیات نے ان کرداروں کے باطن کا سفر کیا ہے، ان کے عمل و فعل کا تحلیل و تجزیہ کیا ہے اور معانی کی زیریں پرتوں کو اجاگر کیا ہے۔جاگیردارانہ ماحول کے پروردہ مادھو اور آج کے مادھو کے شخصی امتیازات کو بھی نمایاں کیا گیا ہے۔ابتدا سے ہی پریم چند کے رنگ میں تحریر کی جانے والی یہ کہانی اچانک انجام کے قریب پہنچ کر قاری کو ایک نئے تناظر میں کہانی کی قرأت کے لیے مجبور کردیتی ہے۔دراصل یہی شوکت حیات کا فنی امتیاز ہے۔مادھو کو انہوں نے صدیوں سے دبے کچلے طبقے کے فرد کی علامت کے طور پر پیش کیا ہے جو معاشرے کے تسلیم شدہ نظام اور اس کے آلہ کاروں کو اپنے ہی جیسے ایک مظلوم کردار جلیل نداف کی مدد سے شکست یاب کرتا ہے۔کتوں کے بھونکنے کی آواز، نگاڑوں کی آوازیں، مغرب کی اذان کی آواز، مادھو کی پراسرار مسکراہٹ اور اس کا جنگل کی طرف کوچ کرجانا...... یہ ساری غیر مربوط تصویریں قاری کی سوچ کو گذشتہ دہائیوں کی سیاسی، سماجی، معاشی اور تہذیبی تبدیلیوں کی جانب منتقل کردیتی ہیں۔

'مرشد' میں افسانہ نگار نے نہایت دلکش پیرایے میں انسانی نفسیات کا تجزیہ پیش کیا ہے اور اس نکتے کی اثر انگیزی کو متشکل کیا ہے کہ زندگی پر موت کی پرچھائیں بے داغ زندگی کی ضامن بن جاتی ہے۔افسانہ دراصل اشاریت کا فن ہے۔اس لئے افسانے میں جتنی باتیں کہہ دی جاتی، اس سے زیادہ معانی ان کہی کے ذریعے واضح ہوتی ہیں۔مذکورہ افسانے میں سوالی کے ذریعے اٹھانے والے سوال کی بہ نسبت مرشد کی کیفیات اور تاثرات زیادہ معنی خیز ہیں جنہیں ابھار کر شوکت حیات نے اپنی بے پناہ خلاقانہ صلاحیت کا ثبوت دیا ہے۔مرشد سے سوالی کا یہ سوال...... ''اپنی بے داغ اور پاک و صاف زندگی کا راز بتانے کی مہربانی کریں'' ...... مرشد کے لئے ایک تازیانہ ثابت ہوتا ہے۔کیفیتوں کا ایک متلاطم دریا ان کے اندر موجزن ہوجاتا ہے، عرفان ذات کی منزل ان کے سامنے آکھڑی ہوتی ہے اور ان کا باطن ان کے ظاہری بزرگانہ شان وشکوہ کو جھنجھوڑنے لگتا ہے۔ماہیئت قلب کے لئے صدیاں درکار نہیں ہوتیں۔ایک لمحہ، ایک اشارہ، ندامت کا ایک آنسو وجود کے باطنی تعفن کو دھوڈالتا ہے۔مرشد سوالی سے جواب کے لیے مہلت طلب کرتے ہیں۔ایک خاطر خواہ

مدت کے بعد مرشد رحمت خداوندی کے طفیل خود کو جواب دینے کے لائق سمجھتے ہوئے سوالی کو تشفی بخش جواب دیتے ہیں۔ جواب سوالی کی سمجھ میں آجاتا ہے لیکن مرشد کے آبدیدہ ہونے کا سبب وہ نہیں سمجھ پاتا۔ حقیقت یہ ہے کہ اللہ ستار العیوب کے شکرانے کا اظہار بے اختیار امڈ آنے والے آنسوؤں کے ذریعے ہی ہوتا ہے۔ شوکت حیات کے اسی فکری وفنی رویئے کے پیش نظر شمس الرحمٰن فاروقی کہتے ہیں:

''دوسری باتوں کے علاوہ ان کے یہاں جو خاص بات مجھے نظر آئی ہے وہ یہ کہ ان کی کہانیاں صرف سماجی شعور کا ہی پتہ نہیں دیتیں بلکہ ان کے یہاں 'سماجی ضمیر' کو پوری گہرائی کے ساتھ گرفت میں لینے کا رجحان بھی ملتا ہے۔''

'سانپوں سے نہ ڈرنے والا بچہ' فرقہ وارانہ فسادات کے پس منظر میں لکھا گیا افسانہ ہے۔ مرکزی کردار عبدالمنان مزدور طبقے کا ایک فرد ہے جو ہمہ وقت انقلاب کی باتیں کرتا ہے۔ سوویت یونین کے انہدام نے بھی اس کی انقلابی توانائی کو متاثر نہیں کیا ہے لیکن اس کی معاشی مجبوریاں اور اس کی گھریلو ذمہ داریاں اسے اضطراب میں مبتلا کرنے لگتی ہیں۔ اس کے بیوی بچے دوسرے شہر میں رہتے ہیں۔ اس کی پریشانیوں کو دیکھتے ہوئے اس کا دوست کہانی کا راوی اس کے لئے قرض کا بندوبست کرا دیتا ہے۔ قرض کی فراہمی کے بعد یوں لگتا ہے کہ اس کے سارے دکھ دور ہو گئے۔ وہ اپنی فیملی کے لئے تحائف خریدتا ہے اور دوست کے ساتھ ہوٹل میں بہترین کھانا کھاتا ہے۔ رزرویشن کرانے اور چھٹی کی درخواست دینے کے بعد وہ راوی کے ساتھ بوٹینیکل گارڈن جاتا ہے جہاں پہلے وہ کبھی بیوی بچوں کے ساتھ گیا تھا۔ وہ قدم قدم پر بیوی بچوں کو یاد کرتا ہے۔ وہ بتاتا ہے کہ وہ خود سانپوں سے ڈرتا ہے لیکن اس کے بچے سانپوں سے نہیں ڈرتے۔ اس کے لئے یہ تصور اطمینان بخش ہے کہ مستقبل میں بچوں کے لئے سانپ مسئلہ نہیں رہیں گے۔ گارڈن میں گھومنے کے دوران انہیں ایک سراسیمگی کی کیفیت محسوس ہوتی ہے اور گیٹ مین انہیں بتاتا ہے کہ شہر میں کشیدگی کی کیفیت ہے۔ دونوں دوست کسی طرح اپنے علاقے میں پہنچ جاتے ہیں۔ خوف و دہشت کا ایک نادیدہ احساس پوری فضا پر حاوی تھا۔ راوی کے نہ چاہنے کے باوجود عبدالمنان اپنے بیوی بچوں کے علاقے کی جانب روانہ ہو جاتا ہے، جہاں انسانی اجسام پھول گوبھیوں میں تبدیل کئے جا رہے تھے۔ عبدالمنان سے راوی کی وہ آخری ملاقات تھی۔ اس کے کانپتے ہاتھ اور خوف سے زرد چہرہ راوی کی یادداشت کا حصہ بن جاتے ہیں۔

کہانی کا آخری حصہ شوکت حیات کے مخصوص فنی رویئے اور ان کے تخیلی اڑان کا اصل مظہر ہے۔ راوی کو یہ یقین ہے کہ عبدالمنان کا سانپوں سے نہ ڈرنے والا بچہ یقیناً زندہ بچ گیا ہوگا۔ راوی کے چشم

تصور میں وہ بچہ جوان ہوتا ہے۔اس کے ہاتھوں میں ہتھیار ہےاور دور کہیں دھماکوں کے درمیان اونچی بلڈنگوں کے زمین دوز ہونے کی آوازیں آ رہی ہیں۔فرقہ وارانہ فسادات میں جبرو استحصال کا شکار ہونے والی نسل اور میٹروپولیٹن سیٹیز میں سیریل بم دھماکوں کے آپسی ربط کا یہ اشارہ ہے۔ایک امن پسند انسان کے لئے دونوں صورت حال تکلیف دہ اوراذیت ناک ہے۔شوکت حیات نے تمام صورت حال کی اذیت کو نہایت فن کاری کے ساتھ تجسیم کیا ہے۔

'پاؤں' شوکت حیات کی خالص علامتی کہانی ہے۔جب ذہنی اذیت حد سے تجاوز کر جائے اور روح پر بے شمار مسائل کا بوجھ پڑ جائے تو ایسی تمام اذیتوں کی یکدم نکاسی کے لئے علامتی پیرایہ زیادہ معاون ہوتا ہے۔یہی کام اس افسانے میں افسانہ نگار نے کیا ہے۔بے زمینی کا احساس، شناخت کا مسئلہ، بے حسی اور خودغرضی کا عفریت، طبقاتی تفریق کی اذیت، مسائل کا انبوہ، سرحد کی حد بندیاں، ہم وطنوں کی نفرتوں کا سیلاب غرضیکہ ذہنی کشاکش کی ایک طویل داستان ہے جس کا آغاز تقسیم ملک کے المناک سانحے سے ہوااور آج تک اقلیتی فرقہ اس سے نبرد آزما ہے۔اپنی وفاداری اور جاں نثاری کے بے شمار ثبوت فراہم کرنے کے باوجود احتجاج کا ایک قابل رحم پیکر بن کر کھڑا ہے:

> ''......یہ مٹی میری ہے اس لئے کہ اس کے تخم سے اگا ہوں......میں اب اور معلق نہیں رہ سکتا......کھڑا ہونے کے لئے مٹھی بھر زمین میرا ازلی حق ہے۔ پرکھوں نے جو کچھ کیا، شمشانون اور قبرستانوں میں جل سڑ رہا ہے۔اگر اس مٹی سے مجھے دستبردار ہونے کا اشارہ بھی کیا تو تم سب کے نرخرے چبا جاؤں گا......مجھے دکھاؤ وہ بے جان دستاویز......بتاؤ اس پر کہیں میرا بھی دستخط ہے......اس دستاویز سے میرا کوئی لینا دینا نہیں ہے......میں صرف اس مٹی کو جانتا ہوں جہاں سے مجھے کوئی نہیں ہٹا سکتا......میں صرف اتنا جانتا ہوں کہ اس مٹی کی گود میں میں نے جنم لیا اور یہ مٹی میری ماں ہے۔''

اس افسانے میں شوکت حیات نے لاکھوں ہندوستانی مسلمانوں کے باطنی کرب کو کمال خوبی سے منعکس کیا ہے۔برسوں سے فضا میں معلق پاؤں کے نیچے مٹی کے جانے پہچانے لیکن نایافتہ لمس کو محسوس کرانے کی کوشش کی ہے۔

'ڈھلان پر رکے قدم' اسطوری فضا میں بنی گئی ایک علامتی کہانی ہے۔انسان کی محدود سی حیات میں خواہشات کے لامحدود سلسلے ہیں۔ہر خواہش کی تکمیل ایک پہاڑ سر کرنے کے مساوی ہوتی ہے۔ہر پہاڑ

سر کرنے کے بعد انسان امیدوں آرزوؤں کے نئے چراغ روشن کر لیتا ہے۔شاید اب اس کے متحرک وجود کو سکون وسکوت کی راحت نصیب ہو۔زندگی کا سفر یونہی رواں دواں رہتا ہے۔راستے کی مشکلات قدم تھامتی ہیں۔انسان کے وجود کو دیدہ اور نادیدہ زخم دیتی ہیں۔لیکن امید...خوش رنگ امید اس کے دریدہ حوصلوں کو تازہ دم بھی کرتی رہتی ہے۔یہ عجیب بات ہے کہ سکون وسکوت کی منزل انسان کی جبلی بے اطمینانی کے باعث پھر سے متحرک ہونے کا جواز پیدا کر دیتی ہے۔

اس افسانے کی فلسفیانہ اور غیر مرئی تشریح کے متوازی و مساوی ایک ٹھوس اور زمینی تعبیر بھی سامنے آسکتی ہے۔اگر کہانی کے تمام مراحل کو تقسیم ملک اور ایک نئے خطے کی تشکیل سے جوڑ کر دیکھا جائے۔تقسیم ملک اور قیام پاکستان کے پس پشت یہی سراب آسا امید تھی کہ آزادانہ طرزِ حکومت میں سکون وراحت کی وہ منزل ملے گی جس کے خواب بینائی کے پردے پر نقش ہو چکے تھے۔لیکن ان جاں گسل مرحلوں کے جو حوصلہ شکن نتائج سامنے آئے، وہ کسی سے پوشیدہ نہیں۔اس افسانے کی فضا بندی نے فیض کی نظم ''چلے چلو کہ منزل وہ ابھی نہیں آئی'' کو مجسم کر دیا ہے۔یہ افسانہ شوکت حیات کی تخلیقی توانائی کا مظہر ہے اور جدیدیت کے زائیدہ افسانوں میں ایک ممتاز مقام کا حامل ہے۔

''بھائی'' فرقہ وارانہ فسادات کے پس منظر میں لکھی گئی کہانی ہے جس میں انسانی نفسیات کا نہایت ماہرانہ اور فنکارانہ جائزہ لیا گیا ہے۔اس افسانے میں دکھایا گیا ہے کہ کس طرح بگڑے ہوئے ماحول میں ایک انسان کا دوسرے انسان سے اعتماد اٹھ جاتا ہے اور ایک دوسرے کی حرکتیں مشتبہ اور مشکوک نظر آتی ہیں۔شوکت حیات کا یہ افسانہ انسانیت کے زوال کے منظر نامے میں اعلیٰ انسانی قدروں پر ٹوٹتے بکھرتے یقین کو از سرنو بحال کرتا ہے۔یہ افسانہ یقین دلاتا ہے کہ گھٹا ٹوپ اندھیرے میں کبھی کہیں اجالے کی کوئی کرن بھی مل جاتی ہے۔

''مسٹر گلیڈ'' خاکہ کی طرز پر لکھا ہوا ایک جذباتی افسانہ ہے۔نہال صاحب ایک شریف، با مروت ایثار پسند اور دوست نواز انسان تھے۔ان کی فطرت کا یہ پہلو قابل ستائش ہے لیکن اہل وعیال کی بنیادی ضرورتوں کی تکمیل کے لئے کافی نہیں تھا۔بد حالی سے تنگ آکر بیوی بچوں سمیت میکے جا بیٹھتی ہے۔یہ واقعہ ان کے لئے ایک بڑا سانحہ ثابت ہوتا ہے اور بالآخران کا ذہن ماؤف ہو جاتا ہے۔یہ محبتوں کے خمار اور عذاب کی کہانی ہے جسے افسانہ نگار نے نہایت دلسوزی سے بیان کیا ہے۔انسانی رشتوں کی مادہ پرستی اس کی جبلت بھی ہے اور مجبوری بھی کہ بیشتر مسائل کی جڑیں معاش کی کوکھ میں پیوست ہوتی ہیں۔شوکت حیات نہایت باریک بینی سے انسانی نفسیات کو گرفت میں لیتے ہیں۔مذکورہ افسانے میں

انہوں نے وصل یار کے خمار اور ہجر یار کے انتشار.... دونوں کیفیتوں کا ماہرانہ تجزیہ پیش کیا ہے۔

''تفتیش'' فرقہ وارانہ فساد کے پس منظر میں لکھی گئی ایک سیکولر کردار کی کہانی ہے جو زندگی کے تئیں مثبت نقطۂ نظر رکھتا ہے لیکن حالات کی آندھی میں اس کے نظریات تاش کے پتوں کی طرح بکھر جاتے ہیں۔آفتاب صاحب فرقہ واریت کے زہر کو محبتوں کے تریاق سے ختم کرنا چاہتے ہیں۔بھائی چارگی، رواداری اور اخوت ان کا ایمان ہے۔انہیں اس بات کا یقین ہے کہ مستقل امن انسان کی فطری اور جبلی ضرورت ہے، لہٰذا شر کی مٹھی بھر قوتیں خیر کی قوتوں کو تا دیر شکست نہیں دے سکتیں۔آفتاب صاحب کو اپنے اعلیٰ وارفع خیالات ونظریات کے باوجود مخلوط محلے سے ہجرت کر کے اقلیتی محلے میں پناہ گزیں ہونا پڑتا ہے۔

شوکت حیات نے فرقہ وارانہ پس منظر میں متعدد افسانے تحریر کئے ہیں لیکن انہوں نے کہیں بھی خود کو دہرایا نہیں ہے بلکہ فسادات کے مختلف پہلوؤں، مختلف نتائج، مختلف کیفیات اور مختلف اثرات کو الگ الگ پیرایے میں بیان کیا ہے۔شوکت حیات کا کمال یہ ہے کہ مختلف اور متنوع پہلوؤں کی پیشکش میں کہیں بھی ان کا تخلیقی شعور مجروح نہیں ہوا ہے۔واقعات کی پیشکش کے دوران تخلیقی ضبط کا دامن انہوں نے مضبوطی سے تھامے رکھا ہے۔دراصل یہی فنکارانہ ضبط ان کی شناخت ہے۔شوکت حیات کے فکروفن کے تجزیئے کے ذیل میں گوپی چند نارنگ رقمطراز ہیں:

> ''شوکت حیات ہمارے ان افسانہ نگاروں میں ہیں جو تخلیق کار کی حیثیت سے اپنی ذمہ داریوں کو سمجھتے ہیں...... وہ اپنے افسانوں میں ادبیت اور سماجی احساس و شعور دونوں پر اصرار کرتے ہیں۔ وہ اس نسل سے تعلق رکھتے ہیں جس نے طے شدہ نتائج اور سیاہ وسفید میں بٹے ہوئے افسانے کی روایت سے گریز کرتے ہوئے سچائی کی تلاش اپنے طور پر جاری رکھی اور نئی کہانی کا رشتہ نئی سماجی حقیقتوں سے جوڑا۔''

''سرخ اپارٹمنٹ'' مزدوروں کی مارکسوادی تحریک کے پس منظر میں لکھی ہوئی کہانی ہے جس میں انقلاب کی ظاہری صورت اور اندرونی کرب کو نمایاں کیا گیا ہے۔کوئی بھی تحریک یا انقلاب حالات کے افراط وتفریط کے نتیجے میں وقوع پذیر ہوتا ہے۔ یہ تحریک یا انقلاب جدوجہد زندگی کا حصہ بنتا ہوا کبھی فتح یاب ہوتا ہے تو کبھی چند گام چل کر ہی بے سمتی اس کا مقدر بنتی ہے۔انقلابی عمارت کی تعمیر فرد کی جانفشانیوں اور قربانیوں کے مٹی گارے سے ہوتی ہے۔اجتماعی مفاد اور انفرادی لاغرضی جس انسان کی اولین ترجیح ہوگی، وہی اس عمارت کے لئے نیو کی اینٹ ثابت ہوسکتا ہے۔لیکن ایسے لوگوں کی تعداد مٹھی بھر ہوتی ہے۔ بیشتر افراد جانکاہی کے اس عمل سے برگشتہ ہو کر اپنی زندگی کا چلن درست کرنے لگتے ہیں۔ایسی صورت حال

میں انقلابی عمارت کی بنیاد لرزنے لگتی ہے اور بالآخر وہ زمین بوس ہو جاتی ہے۔شوکت حیات نے اس افسانے میں عبدالمنان اور عامر کے کرداروں کے توسط سے انقلاب کی اسی صورت حال کو واضح کیا ہے۔

''بانگ'' آغاز تا انجام علامتی پیرایے میں بیان کی گئی کہانی ہے۔اس افسانے کی معنویت کئی سطحوں پر اجاگر کی جاسکتی ہے۔اگر 'مرغ' کو اقلیتی طبقے کا کردار مان لیں تو پوری کہانی یوں روشن ہوتی ہے کہ طاقتور طبقے کو مظلوم کردار پر وار کرنے کے لئے کسی تسلیم شدہ جواز کی حاجت نہیں ہوتی۔سینکڑوں جواز پیدا کئے جاسکتے ہیں۔اہم ترین جواز تعداد میں اضافہ اور کارکردگی میں بہتری بھی ہوسکتی ہے۔اس علامتی کردار کو پیش نظر رکھتے ہوئے کہانی کی قرأت کی جائے تو محسوس ہوتا ہے کہ...جب بھی ان (مرغ) کے چونچ مضبوط ہوئے انہیں ذبح کردیا گیا۔یعنی ہر وہ جگہ جہاں اقلیتی طبقہ مضبوط و مستحکم معیشت کے حامل رہا، وہیں ان کی سرکوبی کی گئی۔مسلسل استحصال کے نتیجے میں اقلیتی فرقے میں پیدا ہونے والی شدت پسندی اور انتہا پسندانہ حملے مرغ، مرغیوں اور چوزوں کے تصادم کی صورت میں نظر آتے ہیں۔شدت پسندی کی روک تھام کے لئے صحیح اقدامات کا مشورہ مرغ فروش کے ذریعے انہیں ملتا ہے لیکن وہ انہیں کمزور اور ناتواں سمجھ کر نظرانداز کرتے رہتے ہیں۔دوسری سطح پر مرغ کو اگر مزدور اور محنت کش طبقے سے تعبیر کیا جائے تو بدلتے ہوئے صنعتی نظام، مشینوں کی ترقی، محنت کش طبقے کی خود آگہی اور توانائی، گلوبلائزیشن، طبقاتی احتجاج وغیرہ کا مکمل منظرنامہ واضح ہو جاتا ہے۔معانی کی دونوں لہروں کو متوازی و مساوی بھی تسلیم کیا جاسکتا ہے۔کہانی کے خاتمے پر سرخ اور زرد رنگ کا حوالہ یوں بھی ذہن کو مزدوروں کی انقلابی تحریک اور بھگوا دہشت گردی دونوں کی جانب مبذول کرتی ہے۔شوکت حیات کے اس افسانے پر Reception Theory کا اطلاق کیا جاسکتا ہے۔انہوں نے اپنے تخیل کے کسی خاص فکری موڑ کو نہایت فنکاری سے پیش کردیا ہے۔اب قاری اور ناقد اسے کون سا معنی پہنائیں، یہ ان کی اپنی صلاحیت پر منحصر ہے۔

''شکنجہ'' ایک قلی کی کہانی ہے جس میں نہایت دردمندی سے اس کی زندگی کی تشنہ خواہشوں، نامرادیوں اور اس کی غربت کو پیش کیا گیا ہے۔غریب آدمی کی غربت اس کی پوری ذات کو بے اعتبار ٹھہراتی ہے۔اسی المیہ کی جانب افسانہ نگار نے اشارہ کیا ہے۔قلی جب اپنی استطاعت سے زیادہ بوجھ اٹھاتا ہے تو لاشعوری طور پر اس کی خواہش ہوتی ہے کہ منزل پر جلد از جلد پہنچ کر اپنے ناتواں وجود کو ہلکا کرلے۔اسی لئے عموماً قلی کی رفتار تیز ہوتی ہے۔وہ سامان لے کر کہیں فرار نہ ہو جائے، یہی اندیشہ صاحب مال کو ہانپتے کانپتے قلی کی رفتار کا ساتھ دینے پر مجبور کرتا ہے۔راوی اخلاقی طور پر اس عمومی رویے کو ناپسند کرتا ہے اور عملی طور پر اختلاف کرتا ہے۔اسے انسان کی اعلیٰ اخلاقی قدروں پر یقین ہے اور اس کا یہ یقین سلامت رہتا

ہے۔اس کہانی میں یہ بھی دکھایا گیا ہے کہ زندگی کی کشاکش اور زادحیات کی تگ ودو نے غریب انسان کو اپنے فطری جذبات سے بھی تہی داماں کر دیا ہے۔اس لئے ایک حادثے کے بعد اپنے بچے کو صحیح سلامت پا کر قلی بے اختیار لپٹا کر اسے چومنے لگتا ہے۔ بچے کے لیے باپ کی شفقت ومحبت کا یہ بے ساختہ مظاہرہ نامانوس اور اجنبی محسوس ہوتا ہے۔شوکت حیات کی بیشتر کہانیوں کی طرح اس افسانے میں بھی تفریح محض سے گریز پائی ملتی ہے۔ یہ افسانہ انسانی رشتوں، قدروں اور مجبوریوں کے حوالے سے غور وفکر کا ایک بے کراں جہاں اپنے اندر آباد کیے ہوئے ہے۔ یہ شوکت حیات کی پیشکش کا کمال ہے کہ ان کے کردار اپنی خوشی ناخوشی سمیت قاری کے دل و دماغ میں رچ بس جاتے ہیں۔

''فرشتے'' سیدھے سادے پلاٹ میں بیان کی گئی ہلکی پھلکی کہانی ہے۔شاعر،افسانہ نگار اور نقاد کے تین کردار تخلیق کر کے شوکت حیات نے موجودہ ادبی صورت حال، دنیائے ادب کی صارفیت اور موقع پرستی پر لطیف طنز کیا ہے۔ دیگر میدان کار کی مانند ادبی پلیٹ فارم کے بھی ایمان داری، خلوص اور صداقت سے عاری ہو کر کرپٹ ہونے کے موضوع پر نہایت احتیاط کے ساتھ خیال آرائی کی گئی ہے۔

''بلی کا بچہ'' ایک پراسراریت سے لبریز کہانی ہے۔کہانی کی ابتدا میں گھر کے بچے پڑوس سے ایک بلی کا بچہ لے آتے ہیں۔باپ اور دادی کی شدید مخالفت کے رد عمل میں ماں کی پرزور حمایت بچوں کو مل جاتی ہے۔دادی کے لئے یہ صورتحال اذیت ناک ہے۔انہیں بلی کے بچے سے اپنی طہارت کے تئیں خدشہ اور عبادت میں خلل محسوس ہوتا ہے۔علاوہ ازیں، بلی کے بچے سے انہیں یک گونہ نفرت بھی محسوس ہوتی ہے۔ جوانی کے زمانے میں ان کے شوہر مولوی برہان الدین کو ایک بلے سے جذباتی لگاؤ تھا جس کی وجہ سے ایک عرصہ تک دادی کو دقتوں کا سامنا کرنا پڑا تھا۔مولوی برہان الدین مجموعی طور پر اپنی زندگی میں ایک ناکام شخص تھے۔ان کی زندگی کی تمام تر مصروفیات تقسیم ملک کے خلاف تقریریں کرنے، تعویز گنڈہ کرنے اور بلے کے ساتھ سرگوشیاں کرنے پر محیط تھیں۔تین بیٹے فکری گمراہی کا شکار ہو گئے اور بیٹیوں کو تشنہ کام جوانی نے گمراہ کر دیا۔ چوتھا متوسط ذہن کا لڑکا زندگی میں اوسط درجے کی کامیابی حاصل کر پایا۔اسی لڑکے کے ساتھ دادی رہ رہی تھیں۔ بلی کا بچہ دادی کی نفرتوں سے بے نیاز نماز کے دوران اکثر دادی کے کندھوں پر جھول جاتا۔ایک دن اچانک بلی کا بچہ غائب ہو جاتا ہے۔گھر والوں کے ساتھ ساتھ دادی بھی اسے ڈھونڈتی ہیں لیکن ناکامی ہاتھ آتی ہے۔ کچھ دنوں بعد دادی کا انتقال ہو جاتا ہے۔ایک دن بلی کا بچہ دادی کے مصلے پر نظر آتا ہے۔ بیٹے نے دادی اور بلی کے بچے کے گتھم گتھا ہیولے کو نماز ادا کرتے دیکھا۔ یہ منظر دیکھ کر دہشت سے اس کی یادداشت چلی جاتی ہے۔ بلی کا بچہ پھر کبھی نظر نہیں آتا ہے۔شروع سے آخر تک یہ افسانہ رمز و اسرار کے رنگ میں رنگا ہوا ہے۔ بلی کا بچہ پالنے کے لئے بچوں

کا شوق، گھر والوں کی مخالفت، ساس بہو کا ازلی معاندانہ رویہ، بلی کے بچے کا غائب ہو جانا اور دادی کا مر جانا.... یہ تمام واقعات ایک عام سی کہانی کا خاکہ پیش کرتے ہیں۔لیکن دادی کا بلی کے بچے کو نگوڑا نامراد کہنا اور اس کے تعلق سے مولوی برہان الدین کی عجیب وغریب شخصیت کو پیش کرنا، ان کی زندگی کی پراسراریت، نامرادیو ں ونا کامیوں کا کرب، بیٹوں کی بے اعتدالیاں، بیٹیوں کی فریب خوردگی، بلے کے ساتھ مولوی صاحب کا ارتباط واختلاط اور دادی کا اضطراب، بلی کے بچے کے غائب ہو جانے کے بعد دادی کی مضطربانہ کیفیت، دادی کے انتقال کے بعد بلی کے بچے کا آنا اور دادی کے لئے بے چین ہونا، بیٹے کا عجیب منظر دیکھ کر یادداشت کا غائب ہو جانا وغیرہ واقعات کا تسلسل اپنے اندر اس قدر پراسراریت سمیٹے ہوئے ہے جس نے اس کہانی کو عام کہانی کے زمرے سے الگ کر کے فنتاسی کی شکل عطا کر دی ہے۔ یہ تمام چیزیں ایسی علامات کی شبیہہ پیدا کرتے ہیں جس کی پیچیدگیوں میں قاری ڈوبتا ابھرتا رہتا ہے۔شوکت حیات کی بعض کہانیوں کے طلسمات قرأت مکرر سے بھی نہیں کھلتے۔ ''بلی کا بچہ'' بھی ایسی ہی کہانیوں میں سے ایک ہے۔

موجودہ سماجی ڈھانچے، مسائل کے انبوہ، حالات کی کشاکش اور وقت کی ستم ظریفی میں جذبات کے پل اس طرح کھو جاتے ہیں جیسے مٹھی میں بند پھسلتی ریت۔حالات کے بے رحم شکنجے رومان کی ازخود رفتگی کو کس طرح چکنا چور کر دیتے ہیں، اسی کرب کو شوکت حیات نے ''گھڑیال'' کا موضوع بنایا ہے۔قدرت کے رنگین نظارے، کائنات کے رومانی اشارے اور ماضی کی سنگین یادیں سب وقت کے جبر کا شکار ہو جاتی ہیں۔عام انسان حالات کے جبر پر رو لیتا ہے لیکن حساس اور ذی شعور آدمی درد سے لبریز کھوکھلا قہقہہ لگا کر جینے کو آسان بنانے کی کوشش کرتا ہے۔افسانہ نگار نے بڑی گداختگی سے اس افسانے کا تانا بانا بنا ہے جو دیرپا اثر چھوڑتا ہے۔

''رحمت صاحب'' انسان کے آخری پڑاؤ کی کہانی ہے۔ایک آفاقی سوال کی کہانی ہے کہ جن بچوں کے لیے والدین اپنے حال اور مستقبل کو قربان کر دیتے ہیں، وہی بچے والدین کی کفالت نہیں کر پاتے۔رحمت صاحب ساری زندگی جد و جہد کر کے اپنے بچوں کے لئے آسودگی بھرا حال اور خوش آئند مستقبل کا انتظام کر دیتے ہیں لیکن ریٹائرمنٹ کے بعد ان کا وجود ایک ناخواندہ مہمان کی حیثیت اختیار کر لیتا ہے۔بیٹوں کے بیگانہ رویے اور بہوؤں کے حقارت آمیز برتاؤ نے ان کی عزت نفس کو ذلت سے ہمکنار کر دیا۔زندگی ہر آن خوش رنگ امید کے جلوے بھی دکھاتی ہے۔وہ نئی توانائی کے ساتھ پوتے کو گود میں اٹھاتے ہیں اور سوچتے ہیں کہ ان کا پوتا ارتقا کی تاریخ میں مذموم روایات کے گرد آلود چہرے کی تطہیر کرے گا۔عام انسان کی عمومی کہانی کو شوکت حیات نے احساسات کی دبازت سے لمحۂ فکریہ بنا دیا ہے۔

''کوا'' ہجرت وطن کی کہانی ہے۔افسانہ نگار نے کوا کو معاشی کشاکش، مہنگائی کے عفریت اور

رزق کی نافراہمی کی علامت بنایا ہے۔کوا جو بڑی دیدہ دلیری سے بچوں کی پلیٹ سے روٹی اچک لے جاتا ہے۔اب کو انظر بھی نہیں آتا اور تھالی سے رزق غائب ہورہا ہے۔وافر رزق اور آسائش کی تلاش میں لوگ ہجرت وطن کررہے ہیں۔کیا ہزار دقتوں اور زخمی مسافتوں کو طے کر کے سرحد پار کی وہ خواب آسا منزل مل جائے گی جہاں نئے سرے سے آسائش بھری زندگی کی ابتدا ہو سکے؟ یا سرحد پار کے مکیں بھی انہیں سرابوں کی تلاش میں ہجرت آمادہ ہو چکے ہیں؟؟ ایسے ہی سلگتے سوالوں کو اس کہانی میں افسانہ نگار نے اٹھایا ہے۔امید کے سنگلاخ راستوں پر لہولہان ہوتے وجود کا المیہ اس کہانی میں بیان کیا گیا ہے۔ساتھ ہی بے یقین مسافتوں کے منفی پہلوؤں پر بھی روشنی ڈالی گئی ہے۔اس کہانی میں واقعات بھی ہیں، کردار بھی اور مکالمہ بھی لیکن بنیادی طور پر محض حوادث زمانہ کی صعوبتوں سے مجروح ہوتے ہوئے احساسات کی کہانی ہے۔اس افسانے میں تقسیم ملک کے نتیجے میں پیدا ہونے والے معاشی عدم استحکام اور ہجرت وطن کے کرب کو تخلیقی سطح پر نمایاں کیا گیا ہے۔یہ کہانی شوکت حیات کی نمائندہ کہانیوں میں شمار ہوتی ہے۔

موجودہ تعلیمی نظام کے نقائص کو ''چیخیں'' میں پیش کیا گیا ہے۔پرائیوٹ انگلش اسکولوں میں بچوں کو تعلیم دلانا اسٹیٹس سمبل سمجھا جاتا ہے۔ایجوکیشن مافیا والدین کی اسی دکھتی رگ کا استحصال کرتے ہیں۔مختلف مد کے نام پر سیکڑوں ہزاروں کی فیس طلب کی جاتی ہے۔بطور فیشن بچوں کا ہی نہیں والدین کا بھی انٹرویو لیا جاتا ہے۔سلیکشن ہونے نہ ہونے کا آسیب الگ سر پر سوار رہتا ہے۔ہوم ورک کے باعث بچوں کے حواس مختل ہو جاتے ہیں۔روح سے کربناک چیخیں بلند ہوتی رہتی ہیں لیکن مقابلے کی دوڑ میں پیچھے رہ جانے کا خوف مہر بہ لب رکھتا ہے۔بچے اپنا بچپن بھی نہیں جی پاتے اور ناقابل برداشت ذمہ داریوں کے بوجھ سے بڑھاپے کی سرحد میں داخل ہو جاتے ہیں۔سارے تلخ حقائق سے واقف ہونے کے باوجود ایک اندھی دوڑ ہے جس میں چیختی ہوئی روحوں کے ساتھ لوگ دوڑے جارہے ہیں۔شوکت حیات نے اس افسانے کے وسیلے سے معاشرے کے ایک اہم مسئلے کی جانب نہ صرف توجہ مبذول کرائی ہے بلکہ ہیبت ناک انجام کو بھی علامتی پیرائے میں پیش کیا ہے۔آندھیوں کے زور میں جب ہمارے پاؤں اکھڑنے لگے ہیں تو ان ننھے منے مخملی پیروں کا کیا ہوگا؟ کیا خرگوشوں کی معصومیت درندگی کا پیرہن اوڑھ لے گی؟؟

''کہ'' فسادات اور دہشت گردی کے نتیجے میں تشکیل پانے والے ذہنی افتاد کی کہانی ہے۔حادثوں کے شہر میں آج کا ہر انسان بے یقینی کی منزل سے گذر رہا ہے۔انسان کی ایسی ہی کیفیات کو شوکت حیات نے انوکھے اور اثر انگیز پیرایے میں بیان کیا ہے۔دہشت گردی کے دھوئیں سے محیط شہر کی سڑکیں تقریباً سنسان ہیں وہ آدمی جو گھر والوں کی زندہ سانسوں کی بقا کی خاطر تپتی سڑک پر تلاش رزق میں

نکل آیا ہے لیکن اس کی روح کی شگافوں میں خوف و دہشت کی لرزتی ہوئی کیفیتیں ہیں۔ ہر آہٹ اسے چوکنا اور لرزیدہ کئے ہوئی ہے۔ اس کے تعاقب میں دو لڑکے ہیں جو تھیلے میں ہاتھ ڈال کر کچھ نکالتے ہیں۔ اس کا سراسیمہ ذہن تخیلی ہیولے تیار کر لیتا ہے کہ بس وہ اب چند ساعتوں کا مہمان ہے۔ خوف نے اس کے قدموں میں تیزی لا دی ہے لیکن لڑکے بھی اسی رفتار میں متعاقب ہیں۔ لڑکے اپنی بند مٹھی والے ہاتھ کو بلند کئے ہوئے اس کے پیچھے دوڑ رہے ہیں۔ ہر لحظہ قریب آتی فنا کی منزل کو دیکھ کر وہ دوڑنے لگتا ہے۔ دوڑتا ہوا لڑکا انتہائی سرعت سے بازو گھماتے ہوئے کچھ پھینکتا ہے۔ وہ آدمی دہشت کی انتہا پر پہنچ کر زمین پر لڑھک جاتا ہے۔ اس سے پہلے کہ اس کا وجود دھماکے کی زد میں آ کر خاک وخون میں تبدیل ہو جاتا کہ لڑکے نعرہ بلند کرتے ہیں...... گڈ بالنگ...... گڈ بالنگ! گرے ہوئے آدمی کے قدموں پر ایک چیتھڑوں والی گیند پڑی ہوئی تھی۔ لڑکے حیرت و استعجاب کے عالم میں آدمی کی آنکھوں اور اپنے ہاتھوں کی طرف دیکھ رہے تھے۔ شوکت حیات نے اس افسانے میں شدت خوف اور شدت رفتار کو ہم آمیز کر کے احساسات کی جو امیجری بنائی ہے، اس کی نظیر مشکل ہے۔ آدمی کی دہشت کو مجسم اور متشکل کر دینا انہیں کا کمال ہے۔

شوکت حیات کی بیشتر کہانیوں کی طرح اس کہانی میں بھی کرداروں کا کوئی نام نہیں ہے۔ دراصل وہ کرداروں کی کہانیاں کہتے بھی نہیں بلکہ ان کے افسانے حالات، واقعات اور کیفیات کے منظر نامے ہیں۔ وہ خود اپنے افسانوں کو انام افسانے کہتے ہیں جن میں سارا زور قوت نامیہ پر رہتا ہے۔ یعنی نام اور لیبل سے آزاد افسانے جو ہر دور میں زندہ رہیں۔ ہر عہد میں فکری وفنی سطح پر عہد کے تقاضوں کے مطابق معنیاتی نظام قائم کر سکیں۔ ان کے افسانے عصری مسائل اور آفاقی صداقتوں کے افسانے ہیں۔ لہٰذا کرداروں کے نام سے کوئی فرق نہیں پڑتا ہے۔ ان کے افسانوں کے کردار میں، وہ یا تم کے صیغے میں ہوتے ہیں۔ البتہ جن افسانوں کے ذریعے وہ مذہبی یا علاقائی مسائل پیش کرتے ہیں، ان میں مذہبی، لسانی یا علاقائی تفریق قائم کرنے کے لئے کرداروں کو نام سے موسوم کیا جاتا ہے۔ مثلاً ''گنبد کے کبوتر'' کے سین صاحب اور مسٹر تھامسن، ''رانی باغ'' کے رحمت صاحب اور رانی، ''مادھو'' کا مادھو اور جلیل نداف، ''سانپوں سے نہ ڈرنے والا بچہ'' کا عبدالمنان، ''تفتیش'' کے آفتاب صاحب وغیرہ۔ تقریباً یہی صورت حال پلاٹ کے سلسلے میں بھی ان کے یہاں پائی جاتی ہے۔ افسانوں کی پلاٹ سازی میں بھی وہ بندھے ٹکے فارمولے کی بندش سے خود کو آزاد رکھتے ہیں۔ واقعات، کیفیات اور احساسات کی جزئیات نگاری ان کے فکر وفن کا منتہائے مقصود ہے۔ انہیں جو کہنا ہے، پُر اثر کہنا ہے۔ اس کے لئے کبھی وہ روایتی پلاٹ کی تکنیک استعمال کرتے ہیں تو کبھی اینٹی پلاٹ کی تکنیک۔ بوقت ضرورت وہ مختلف طریقہ کار اپناتے ہیں لیکن پوری صداقت اور

ایمانداری سے اس طریقہ کار کا حق ادا کرنے کی کوشش کرتے ہیں۔

شوکت حیات نے اپنے افسانوں کے وسیلے سے عصری کرب کو پیش کیا ہے۔زیادہ تر افسانہ نگار اپنے افسانوں کے ذریعے عصری مسائل کی عکاسی کرنے کی سعی کرتے ہیں۔سوال یہ پیدا ہوتا ہے کہ وہ کون سا عنصر ہے جو انہیں اپنے ہمعصروں سے ممیز کرتا ہے۔دراصل شوکت حیات کی تخلیقی نثر اور ان کا اسلوب انہیں اپنے ہم عصروں میں ممتاز کرتا ہے۔شوکت حیات کے یہاں اختصار میں جامعیت کا فن درجہ کمال پر ہے۔ان کے یہاں کہانی میں برتا جانے والا ہر لفظ اپنے اندر جہانِ معنی رکھتا ہے۔ان کی کہانیاں بالعموم مختصر ہوتی ہیں لیکن معانی ومفاہیم کی ایک وسیع کائنات ان کے یہاں ملتی ہے۔لمبے چوڑے پس منظر کو اکثر ایک یا دو جملے میں پیش کر دینے کے ہنر سے وہ واقف ہیں۔دراصل یہ کوزے میں سمندر کو سمونے کا فن ہے جو فن شاعری کا وصف ہے۔ان کے افسانوں سے چند مثالیں ملاحظہ ہوں جن سے کہانی یا کردار کا پورا پس منظر روشن ہو جاتا ہے:

ا۔یہ ہنر اسے معلوم تھا کہ بچپن سے اب تک اکثر اوقات سنگین حالات کے سامنے گھٹنے ٹیکتے ہوئے اسے خود کو بے جان اشیاء میں تبدیل کر دینا پڑتا تھا۔ (کوبڑ)

۲۔بے ٹھکانہ کبوتروں کا غول آسمان میں پرواز کر رہا تھا۔ (گنبد کے کبوتر)

۳۔گنگا میں کتنا سارا پانی بہا لیکن بڑے ابو کی زندگی اسی پڑاؤ پر کھڑی رہی، جہاں انہوں نے اپنے والد کو اپنے بچپن میں سپرد خاک کیا تھا۔ (اپنا گوشت)

۴۔ وہ جس علاقے میں گیا تھا وہاں انسانی اجسام پھول گوبھیوں میں تبدیل ہو گئے تھے۔(سانپوں سے نہ ڈرنے والا بچہ)

۵۔بہت دیر بعد لڑکھڑاتے ہوئے سرخ پانی سے وہ باہر نکلے تو زرد ہو چکے تھے۔ (بانگ)

۶۔دودھیا اسکرین پر تاریخ کی طویل صدیاں لمحوں کی نوک پر خود بخود آخری ہچکی لے رہی تھیں۔(گنبد کے کبوتر)

لفظی کفایت شعاری میں کہیں کہیں شوکت حیات کا فن منٹو کے فنی رویے کی یاد تازہ کر دیتا ہے۔کہانی کی روداد میں ان کی نکتہ آفرینی ذہن کے تاریک گوشوں کو منور کرنے کی کاریگری انجام دیتی ہے۔

ا۔دراصل پڑھائی لکھائی اور تہذیب وتمدن کہتے ہی اس کو ہیں کہ انسان اپنی حد بندیوں سے بالا تر ہو جائے۔(بھائی)

۲۔دنیا میں فکرِ معاش سے بڑا کوئی غم نہی ...... بیشتر مسائل کی جڑیں اس کی کوکھ میں پیوست ہیں۔(مسٹر گلیڈ)

۳۔ شاید سماجی ارتقا کے پیچیدہ عمل کا یہ لازمی نتیجہ ہے، آگے بڑھتے ہوئے چکے کے پیچھے گرد اڑتی ہی ہے۔ (رحمت صاحب)

۴۔ زندگی پر موت کی پرچھائیں بے داغ زندگی کی ضامن بن جاتی ہے۔ (مرشد)

معانی کی ترسیل کے لئے لفظوں کے انتخاب میں انہیں خاصی مہارت حاصل ہے۔ نازک سے نازک سچویشن کو وہ فنکارانہ اور ماہرانہ انداز میں پیش کرنے پر قادر ہیں۔ انہوں نے کئی افسانوں میں جنسی مراحل کو بھی پیش کیا ہے لیکن کہیں پر فحاشی یا ابتذال کی صورت نہیں پیدا ہونے دی۔ ''رانی باغ'' میں رحمت صاحب اور رانی کے جنسی اتصال کی عکاسی انہوں نے یوں کی:

> شام کی نیم تاریکی میں باغ کے کونے کی گھنی جھاڑیوں سے اٹکھیلیاں کرتی ہوئی ہوا ہلتی ہوئی شاخوں کو چھوتی ہوئی ان دونوں کی سرگوشیوں سے لپٹی ہوئی پراسرار گونج پیدا کر رہی تھی۔ دور آسمان میں غروب ہوتے ہوئے سورج کی لال ٹکیہ اور گھنے کالے بادل کے درمیان زبردست دھینگا مشتی جاری تھی۔ اچانک گھنے کالے بادل کا دبیز ٹکڑا بھاری پڑا اور سورج کا سر قلم کرتے ہوئے نیچے کی طرف گرا۔ سورج کی گردن سے لہو کا فوارہ ابلنے لگا۔ شفق کی تیز سرخی سے افق کا ایک کونا لہولہان ہو گیا... شفق کی سرخی کے کچھ چھینٹے چھٹک کر زمین میں جذب ہو گئے۔

اس طرح کی عکس بندی وہی فنکار کر سکتا ہے جس کا مشاہدہ گہرا ہو، جسے انسانی کیفیات کا صحیح ادراک ہو اور جس کی زبان و بیان پر مکمل دسترس ہو۔ انسان کی باطنی کیفیات کے موہوم ارتعاشات کو شوکت حیات کی نگاہیں نہایت باریک بینی سے گرفت میں لینے کا ہنر جانتی ہیں۔

۱۔ کسی نے اس کے اندر اس کے پھیپھڑے کو بے دردی کے ساتھ اپنی گرفت میں لے لیا۔ دباؤ بڑھتا گیا۔ اس کی سانس اکھڑنے لگی۔ (گھونسلہ)

۲۔ ٹھنڈک کے باوجود اس کے بدن میں حرارت کی ایک لہر دوڑ گئی.... پیشانی پر خوف کے پسینے کی بوندیں جھلملانے لگیں۔ (بھائی)

۳۔ پل دو پل کے لیے بھی آدمی جہاں اپنی سانسیں درست کرنے کے لئے رک جاتا ہے وہ جگہ اس کے وجود میں پیوست کر جاتی ہے۔ (کوا)

۴۔ مسلسل دوڑتے ہوئے آخری بار سہمی سہمی نگاہوں سے پیچھے کی جانب دیکھتے ہی وہ ''دھماکہ...... دھماکہ...... بچاؤ...... بچاؤ'' چیخنے لگا... لیکن اس کی آوازوں کی مچھلیاں خشک گلے میں تڑپ کر

رہ گئیں۔ (کہ)

تشبیہیں اور مماثلتیں پیش کرنے کے معاملے میں بھی شوکت حیات خود کفیل ہیں۔ وہ اپنے گہرے مشاہدے کی بناء پر مماثلتیں تراش لیتے ہیں:

۱۔ بیوی شرم سے پانی پانی ہوگئی۔ سر بازار رکشہ الٹ جانے سے جیسے کپڑے اوپر اٹھ آئے ہوں۔ (مسٹر گلیڈ)

۲۔ آنکھیں ڈبڈبانے لگیں۔ سمندر اچھل اچھل کر اس کے وجود کے کناروں کو ریزہ ریزہ کرنے کے درپے تھا۔ (کوبڑ)

۳۔ بڑے ابو قبروں کے درمیان جیتے جی سینڈوچ بن گئے۔ (اپنا گوشت)

۴۔ جاڑا لمبی راتوں اور چھوٹے دنوں کے لئے لوک کتھاؤں کی طرح شہرت رکھتا ہے۔ (بھائی)

۵۔ اسے لگا کہ وہ رات کے سناٹے میں کسی مرگھٹ میں بیٹھا ہے۔ دور کہیں سے کتوں کے رونے کی آواز آرہی ہے...... چاروں طرف گہرا اندھیرا ہے۔ بجز اس روشنی کے جو ایک جلتی ہوئی لاش سے برآمد ہو رہی ہے۔ (کوبڑ)

شوکت حیات کی زبان، ان کا اسلوب بیان، ان کی نکتہ سنجی، ان کی رمزیت، ان کی قادر الکلامی اور ان کی معنی آفرینی کی بے شمار مثالیں ہیں جو ان کے افسانوں سے فراہم کی جاسکتی ہیں۔ یہ واقعہ ہے کہ شوکت حیات کی طرز ادا ان کی امتیازی شناخت ہے۔ فکشن کے ماہر نقاد وارث علوی نے بھی ان کی اس امتیازی خوبی کا اعتراف کیا ہے:

> ''شوکت حیات کو زبان اور بیان پر غیر معمولی عبور حاصل ہے۔ ان کے معمولی افسانوں میں بھی یہ حسن برقرار رہتا ہے۔ ان کی نثر بڑی ہموار ہے۔ ایک کے بعد دوسرا جملہ سمندر کی لہروں کی مانند سبک ساری سے آتا ہے۔ بہت سے لکھنے والوں کی زبان مین جو ہکلا پن ملتا ہے۔ اس سے وہ صاف بچ گئے ہیں۔ ان کے یہاں پیچیدگی ہے لیکن الجھاؤ نہیں۔ اشارے، کنائے اور اجمال ہے جو اہمال سے بارہ پتھر دور رہتا ہے۔''

ایسا نہیں ہے کہ شوکت حیات کے افسانوں میں کمزور علاقے نہیں ہیں۔ ان کے لہجے کی بلند آہنگی کہیں کہیں کہانی کی تاثیر میں اضافہ کرنے کی بجائے ان کے افکار و نظریات کا پروپیگنڈہ محسوس ہونے لگتی ہے۔ ''سرخ اپارٹمنٹ'' کا تعلق اسی قبیل کے افسانوں سے ہے۔ بعض اوقات وہ اپنے سیاسی، سماجی

اور اخلاقی نظریات کو یکدم پیش کر دینے کے اضطراب میں مبتلا ہو جاتے ہیں۔ افسانہ ''تفتیش'' کا شمار اسی زمرے میں کیا جا سکتا ہے، جس کو انہوں نے اپنے افکار و خیالات کے اظہار محض کا وسیلہ بنایا ہے۔ شوکت حیات کے بعض افسانوں میں فطری انجام کے بعد بھی اضافی جملے لطیف احساسات پر گراں گذرتے ہیں۔ ''چیخیں''، ''شکنجہ''، ''سرخ اپارٹمنٹ'' وغیرہ افسانوں کی آخری سطروں کو اس تناظر میں دیکھا جا سکتا ہے۔

مجموعی طور پر شوکت حیات کے فکری و فنی رویے کو چند جملوں میں سمیٹا جائے تو یہ کہا جا سکتا ہے کہ ایک ایسے دور میں جب مختصر افسانہ ترسیل کے المیے کا شکار ہو رہا تھا، انہوں نے اکہری خارجیت اور شدید داخلیت کے درمیان ایک نئی متوازن راہ اپنائی۔ مختصر افسانے کو کہانی کی گمشدگی کے کرب سے آزاد کرایا۔ سپاٹ بیانیہ کو تہہ داری اور معنی خیزی عطا کی۔ افسانے کو نامیاتیت اور امکانیت کے آفاقی عناصر سے متعارف کرانے کی سعی کی۔ انسان کے باطن کی بیکرانی کو تخلیقی و ترسیلی سطح پر پیش کیا۔ عصری مسائل کی پیشکش کے ساتھ ساتھ انسان کے اندرونی اضطراب و کیفیات اور اس کے ردعمل کو بھی اپنے افسانوں کا موضوع بنایا۔ انسانی کردار کی تعمیر و تشکیل اور اس کی شکستگی کے عناصر پر روشنی ڈالی۔ شوکت حیات کا کمال یہ ہے کہ ان تمام مراحل میں انہوں نے زبان کے خلاقانہ استعمال سے کہیں بھی صرف نظر نہیں کیا۔ ان کی کہانیوں کے توسط سے اردو افسانے کی زبان نے نئی تخلیقی توانائی حاصل کی ہے۔ گویا شوکت حیات نے مختصر افسانے کو اپنی تخلیقی صلاحیتوں کی بدولت نئی منزلوں سے آشنا کرایا ہے۔ ان کے افسانے اردو ادب کا ایک گراں قدر سرمایہ ہیں۔ بلاشبہ اردو افسانے کی ارتقائی تاریخ میں شوکت حیات کی حیثیت ایک سنگ میل کی سی ہے۔

● ڈاکٹر گلاب سنگھ

شوکت حیات کے افسانوں میں سانس لیتی سچائیاں

شوکت حیات ہمارے عہد کے ان معدودے چند افسانہ نگاروں میں سے ایک ہیں جنہوں نے افسانے کو نئی راہ دکھائی، غلو و مبالغہ نگاری سے حد درجہ پرہیز کرنا سکھایا اور افسانہ نگاری میں مختلف تجربے کیے۔ ان کے تجربات کو ادبی دنیا نے سراہا بھی اور قبول بھی کیا۔ شوکت حیات نے جس دور میں لکھنا شروع کیا وہ جدیدیت اور ترقی پسندی کے عروج وزوال کا دور تھا۔ ایک طرف ترقی پسند نظریئے کے تحت لکھے گئے افسانے مستقل ایک ہی جیسی کیفیات کے سبب اباؤ سے محسوس کیے جانے لگے تھے اور دوسری طرف تجریدیت، اسطوریت، پیکر طرازی اور علامت نگاری کے رجحانات زور پکڑ رہے تھے۔ ایک طرف جہاں ترقی پسند افسانہ محض نعرہ بازی بن کر رہ گیا تھا وہیں جدید افسانہ استعاروں، علامتوں اور اسطوری رجحانات کی وجہ سے ابہام کا شکار ہوتا جارہا تھا۔ اس دور میں یہ شکایت عام تھی افسانے سے کہانی غائب ہوگئی ہے۔ وارث علوی نے ''گنبد کے کبوتر'' کے دیباچے میں لکھا ہے:

> ''مے خانۂ ادب میں ترقی پسند تحریک ساغر کا وہ دور تھا کہ 'نکلے جو میکدے سے تو دنیا بدل گئی'۔ اس تحریک کے ساتھ تاریخ ادب میں ادوار و ابواب ختم ہوئے اور شاعر و ادیب دہائی کی رضائیوں سے برآمد ہونے لگے۔ شوکت حیات کا نام ۷۰ء کی دہائی میں برآمد ہوا جو جدیدیت کی لائی ہوئی علامت پسندی، تجریدیت اور اسطور پسندی کے ادھ کچرے تصورات سے کھدبدا رہی تھی۔''[۱]

ترقی پسندیت اور جدیدیت کے اسی عروج وزوال کے دور میں شوکت حیات نے ایسے افسانے سے روبرو کرایا جو اپنی فکر و تخلیق، طرز و اسلوب، انداز و نگارش، تیور و تکنیک، ٹریٹ منٹ اور عندیہ کے اعتبار سے بالکل الگ، سب سے جدا اور سب سے منفرد تھا۔ انہوں نے ایک طرف افسانے سے گم ہوتی کہانی کے مطالبے کو پورا کیا اور دوسری طرف ابہام کی دلدل سے افسانے کو نکال کر اپنی جدت، امتیاز اور انفرادیت کا سکہ جاری کیا۔ اس عہد میں لکھے گئے اپنے افسانوں کو انہوں نے نامیاتی افسانہ کہا۔ شوکت حیات نے گنبد کے کبوتر میں شامل اپنے مضمون میں لکھا ہے کہ:

''نامیاتی افسانے وہ ہیں جو کسی بھی عہد کے ہوں لیکن ہر عہد میں ان میں فکری وفنی سطح پر gorw کرنے کی صلاحیتیں اور نئے عہد کے تقاضوں کے تحت متن کے نئے تقاضوں کے معنیاتی نظام کو قائم رکھنے کی صلاحیتیں رکھتے ہوں''۲

شوکت حیات نے اپنی تھیوری کے مطابق نامیاتی افسانے لکھ کر ادبی سفر کا آغاز کیا۔انہوں جہاں روایت سے کہانی لی وہیں ترقی پسندیت سے جرأت مندی، حق گوئی اور بے باکی کو قبول کیا اور جدیدیت سے علامت نگاری کا اثر حاصل کیا۔انہوں نے زبان وبیان میں بھی نئی روشنی پیدا کی چنانچہ ان کے نئے لہجے، کھرے زبان و بیان، ہئیت کے مختلف تجربوں، تکنیک کے نئے استعمال، فکری تعمق اور تخلیقی شعور کی روشنی میں لکھے گئے افسانوں کو ادبی دنیا میں ہاتھوں ہاتھ لیا گیا۔شوکت حیات کی بڑی خوبی یہ بھی ہے کہ وہ اپنے افسانوں کے ذریعے کہانی کو واپس لے کر آئے اور ادب میں تخلیقی جمود کو توڑنے کی بھی کامیاب کوشش کی۔ان کے بہت سے افسانوں میں ایک سے زائد کہانی در کہانی بھی ملتی ہیں۔شوکت حیات کی اس جدت نے افسانے کو مزید وقیع اور دلچسپ بنا دیا۔ان کے افسانوں میں واقعہ نویسی نہیں ہوتی بلکہ واقعہ ان کی کہانیوں کے پس منظر میں ہوتا ہے۔شوکت حیات جو دیکھتے ہیں اور جیسا دیکھتے ہیں اس کو من وعن افسانہ بنانے کی کوشش کرتے ہیں اور اس کے فنکارانہ اظہار میں اپنے فکری وفنی کمال کا مظاہرہ کرتے ہیں۔ان کے اکثر افسانوں میں ایک حساس انسان کا دھڑکتا ہودل اور بے چین ضمیر کی گونج سنائی دیتی ہے۔پروفیسر گوپی چند نارنگ نے شوکت حیات کے افسانوں پر گفتگو کرتے ہوئے لکھا ہے:

''شوکت حیات ہمارے ان افسانہ نگاروں میں ہیں جو تخلیق کار کی حیثیت سے اپنی ذمہ داریوں کو سمجھتے ہیں۔وہ ادب اور ادبی مسائل کے بارے میں سنجیدگی سے سوچتے اور اظہار خیال کرتے رہتے ہیں۔وہ اپنے افسانوں میں ادبیت اور سماجی احساس وشعور دونوں پر اصرار کرتے ہیں۔وہ اس نسل سے تعلق رکھتے ہیں جس نے طے شدہ نتائج اور سیاہ وسفید میں بٹے ہوئے افسانے کی روایت سے گریز کرتے ہوئے سچائی کی تلاش اپنے طور پر جاری رکھی اور نئی کہانی کا رشتہ نئی سماجی حقیقتوں سے جوڑا۔''۳ (گنبد کے کبوتر صفحہ ۲۷۶)

شوکت حیات کا افسانہ 'گنبد کے کبوتر' اردو کے شاہکار افسانوں میں شمار کیا جاتا ہے۔فساد زدہ اور فرقہ وارانہ کشیدگی کے ماحول میں لکھا گیا یہ افسانہ اپنے ماحول اور حالات کی سچی تصویر پیش کرتا ہے۔مذکورہ افسانے میں شوکت حیات کا سماجی ضمیر پوری طرح بیدار نظر آتا ہے۔افسانے کا ہر کردار ایک کہانی لیے ہوئے

اپنے طبقے کی نمائندگی کرتا ہے۔ ایک طرف دادا سین ہیں جو ہر چیز میں اپنی جنسی ہوس کا سامان تلاش کرتے رہتے ہیں یہاں تک کے عبادت گاہوں کے گنبد بھی انہیں عورت کے پستان اور جنسی تلذذ کا سامان نظر آتے ہیں۔ وہ سماج میں میں پھیلی ہوئی بدامنی اور خون خرابے کے اندیشوں کونظرانداز کر کے اپنی زندگی کو انجوائے کرتے ہوئے دکھائی دیتے ہیں اور ہمارے سماج کے اس بے حس طبقے کی علامت بن جاتے ہیں جو صرف اپنے آرام و آسائش اور عیش وعشرت کو ہی زندگی اور مقصد حیات سمجھتا ہے۔ دوسری طرف ایک استحصال زدہ لڑکی مس ریزہ جو مجبوری میں ایک ظالم، جابر، بے رحم اور عیاش شخص کے یہاں ملازم ہے۔ یہ لڑکی نہیں چاہتی کہ اس کے جیسی زندگی کوئی دوسرا بسر کرے۔ وہ بربریت، ظلم وتشدد کے ماحول سے آزاد ہونا چاہتی ہے لیکن مجبوریاں اس کے پاؤں کی زنجیر بنی ہوئی ہیں۔ یہ لڑکی مظلوم، استحصال زدہ خواتین کی نمائندگی کرتی ہے اور بھارت میں عورت کے جبر کی کہانی بیان کرتی ہے۔ کہانی میں ایک گارڈ کا کردار ہے جو ایک افواہ سے تمام مکینوں کی نیندیں حرام کر دیتا ہے۔ یہ اس طبقے کی علامت ہے جو کشیدگی کی فضا میں مزید خوف پیدا کر کے اپنے مقاصد کی تکمیل کرتے ہیں۔ افسانے میں ایک مسٹر تھامسن ہیں جو دولت مند ہیں اور زرومال کے لالچ میں ضرورت مندوں اور مجبوروں کو اپنے نرغے میں پھانس کر نہ صرف ان کا ذہنی، جسمانی، روحانی اور جنسی استحصال کرتے ہیں بلکہ کمزوروں، ناداروں اور بے سہارا افراد پر جبر وتشدد کے پہاڑ توڑنا بھی اپنا حق سمجھتے ہیں۔ یہ افسانہ Omnicient Narration یا واحد متکلم کے اسلوب میں لکھا گیا ہے۔ افسانے کا آغاز یوں ہوتا ہے:

> ”بے ٹھکانا کبوتروں کا غول آسمان میں پرواز کر رہا تھا۔ متواتر اڑتا جا رہا تھا۔ اوپر سے نیچے آتا۔ بے تابی اور اور بے چینی سے اپنا آشیانہ ڈھونڈتا اور پھر پرانے گُبند کو اپنی جگہ سے غائب دیکھ کر مایوسی کے عالم میں آسمان کی جانب اڑ جاتا۔ اُڑتے اُڑتے ان کے بازو شل ہو گئے۔ جسم کا سارا لہو آنکھوں میں سمٹ آیا۔ بس ایک اُبال کی دیر تھی کہ چاروں طرف......“ ۴

شوکت حیات نے افسانے کی تمہید میں ظاہر کر دیا کہ کہانی کا پس منظر کیا ہے۔ کبوتر امن وآشتی کی علامت ہے اور گنبد روحانی تسکین کا مرکز جسے مذہبی جنون کے لوگوں نے توڑ کر امن پسندوں سے رہنے سہنے کا ٹھکانا چھین لیا تھا۔ امن پسند بے ٹھکانا گھوم رہے تھے اور مذہبی جنون کے ردعمل نے ہمیشہ بے ضرر رہنے والوں میں بھی انتقامی جذبات کا جنون پیدا کر دیا تھا۔ واحد متکلم یا Narrater مستقل حالات پر غور کرتا ہے۔ اس نے اپنے چھوٹے سے فلیٹ میں دل بہلانے کے لیے پیڑ پودے لگا رکھے تھے اور وہاں کئی طرح کی چڑیاں بھی رکھ چھوڑی تھیں تاکہ خارجی کشیدگی کے اثرات کو گھر پر اثرانداز نہ ہونے دے لیکن اسے

مستقبل کی فکر، فسادات کے اندیشے اور فرقہ پرستی کے لاینحل مسائل پریشان رکھتے ہیں۔ اس کے اپارٹمنٹ کے گارڈ کی طرف سے خبر آتی ہے کہ بلڈنگ میں ایک سانپ گھس آیا ہے۔ اپارٹمنٹ کے سارے لوگ رات بھر خوف دہشت میں بسر کرتے ہیں۔ اگلے دن معلوم ہوتا ہے کہ سانپ کی خبر محض افواہ تھی۔ افواہ گارڈ کے علاوہ اسی کے ارد گرد اور اسی کے علاقے میں ایسے بھی لوگ تھے جو حالات کی زہرناکی اور مستقبل پر منڈلاتے خطرات کے بادلوں سے یکسر بے نیاز اور بے خبر ہیں۔ وہ اپنی دولت کے انبار سے ہر عیش و آسائش خرید لینا چاہتے ہیں۔ بارود کے ڈھیر پر کھڑے شہر کی ممکنہ تباہی و بربادی کے خوف سے وہ بے اعتنائی برتتے ہیں۔ شہر کے ویران ہو جانے کا انہیں کوئی ڈر نہیں وہ تو ہر حال میں زندگی کو انجوائے کرنے کی جگت میں رہتے ہیں۔ پڑوس میں رہنے والے باسٹھ سالہ دادا سین اس کو سوچوں میں ڈوبا دیکھ کر کہتے ہیں:

"انجوائے کیجئے...... دیکھئے گول گول گنبدوں کی گولائی اور نوکیلے ابھار......اُف......سامنے کے پُرکشش منظر سے جسم میں عجیب ترنگ پیدا ہو رہی ہے......ذرا دیکھئے آپ بھی......!" اس کا دل دوسرے گُنبدوں میں الجھا ہوا ہولناک کیفیات سے گزر رہا تھا۔ سین دادا نرم و گداز جسمانی گنبدوں میں ٹامک ٹوئیاں مارتے ہوئے چٹخارے بھر رہے تھے۔"۵

'گنبد کے کبوتر' میں اسی قبیل کا ایک اور کردار مسٹر تھامسن کا ہے۔ جنہوں نے عیش کرنے، ہوس مٹانے اور خدمت کرانے کے لیے ایک مجبور اور مظلوم لڑکی مس ریزہ کو ماہانہ اجرت پر ملازم کیا ہوا تھا۔ مسٹر تھامسن کے یہاں آئے دن شراب و کباب کی محفلیں جمتی تھیں۔ ان کے دوست اور آس پاس والے روز آتے اور ایک طرف شراب کے سرور و کیف، بھنے ہوئے گوشت اور دیگر پُر ذائقہ اشیاء سے لذتِ کام و دہن حاصل کرتے وہیں دوسری طرف مسٹر تھامسن کی نوکرانی کے پرکشش جسم اور دلفریب اداؤں سے بھی لطف اندوز ہوتے ہیں۔ مسٹر تھامسن شراب و کباب میں تو دوسروں کو شریک کر لیتے تھے لیکن شباب کا مزا وہ تنہا لیا کرتے تھے یہاں تک کہ دادا سین جیسے دیرینہ دوست کو بھی شریک کرنا پسند نہیں کرتے تھے۔ ایک دن شراب و کباب کی محفل جاری تھی کہ ان کے باورچی خانے میں پڑوس سے ایک بسمل کبوتر پھڑ پھڑاتا ہوا پناہ لینے آ جاتا ہے۔ پڑوسی آتا ہے اور کہتا ہے کہ:

"میرا کبوتر آپ کے یہاں آ گیا ہے......آپ جانتے ہیں، میری مدر ان لا پرانی مریض ہیں......آجکل ان کے ہاتھوں میں سنسناہٹ رہتی ہے۔ ڈاکٹر نے ان کو کبوتر کا سوپ تجویز کیا ہے......میں اسے ذبح کر رہا تھا کہ اڑ کر آپ کے یہاں چلا آیا۔"۶

مسٹر تھامسن اپنی ملازمہ کو بلاتے ہیں اور کبوتر واپس کرنے کا حکم دیتے ہیں۔ کچھ ہی دیر میں

نوکرانی کبوتر کو لے کر آتی ہے۔ بسمل کبوتر سکڑا سمٹا ڈرا سہا مس ریزہ کے کی ہاتھوں میں دبکنے کی کوشش کر رہا ہے۔ ریزہ یہ کیفیت دیکھ کر زیرلب بتاتی ہے:

"لڑ نہیں سکتا تو بھاگ جا نامراد......اُڑ جا......بستیوں سے دور وسیع
آسمانوں اور جنگلوں کی طرف بھاگ جا......" ۷

مس ریزہ پڑوسی کو سونپنے کے بجائے کبوتر کو فضا میں اڑا دیتی ہے۔ مسٹر تھامسن اس حرکت پر اسے زناٹے دار طمانچہ رسید کرتے ہیں۔اس کا دل شراب کباب کی محفل میں بھی اداس رہتا ہے۔طرح طرح کے خوف اور اندیشے ذہن میں سر ابھارتے رہتے ہیں اسی کیفیت میں وہ اپنے فلیٹ پر واپس آتا ہے۔ جب بیوی سے اس کی نگاہیں ملتی ہیں تو اسے اچانک احساس ہوتا ہے کہ گھر میں میت پڑی ہے اور باہر کرفیو لگا ہوا ہے۔

یہ کہانی گو کہ حتی المقدور سہل ممتنع میں لکھنے کی کوشش کی گئی ہے لیکن سارا افسانہ گلے گلے علامتوں میں ڈوبا ہوا ہے۔گنبد کے کبوتر میں کچھ قابل گرفت اور کمزور پہلو بھی ہیں۔ پہلا یہ کہ کبوتر جنگل کی طرف نہیں بھاگتا ہمیشہ آبادیوں میں رہنا پسند کرتا ہے دوسرے واپسی کے وقت جب شہر میں فرقہ وارانہ فساد ہو چکا تو وہ آسانی سے گھر کیسے آ گیا؟ ان کے علاوہ کہانی پوری طرح کسی ہوئی اور فلمی منظروں کی طرح قاری کی توجہ کو اپنی طرف مبذول رکھتی ہے۔

شوکت حیات کے افسانوی مجموعے میں اسی طرح کی ایک کہانی 'بھائی' ہے جس میں کشیدگی کے ماحول میں ایک انسان کو دوسرے انسان سے بدظن،خوف زدہ اور بے اعتبار ہونے کا نفسیاتی تجزیہ کیا گیا ہے۔ 'گھونسلا' بھی ایسا ہی افسانہ ہے جو چند لوگوں یا گروہوں کے ذریعے نفرت کا ماحول تیار کرنے اور انسانی ٹھکانوں کو مسمار کرنے کی داستان ہے۔

'گنبد کے کبوتر' شوکت حیات کے پچیس افسانوں کا مجموعہ ہے اس میں شامل 'کوبڑ' اور 'اپنا گوشت' افسانے سماج کے ہر طبقے اور ہر علاقے کی کہانیاں ہیں کہ ماں باپ کی موت کے بعد بڑا بھائی اپنے چھوٹے بھائیوں کو آباد کرنے کے لیے خود برباد ہو جاتا ہے۔ 'شکنجہ' 'مسٹر گلیڈ' اور 'قلی' بھی مصیبت زدہ لوگوں کے ذہنی ،جسمانی استحصال اور سماجی ناہمواری کا روزنامچہ ہیں۔ 'چیخیں' ہمارے تعلیمی نظام کی سچی کہانی ہے۔اس میں دکھایا گیا ہے کہ لوگ خود کو بڑا ظاہر کرنے کے کس طرح اپنے بچوں کو مہنگے اور عالی شان اسکولوں میں پڑھانے کی تگ و دو کرتے ہیں۔ مذکورہ افسانے میں اعلیٰ و معیاری اسکولوں کی لوٹ مار، اسٹیٹس سمبل کے کھوکھلے پن اور بچوں سے چھنتے بچپن کی داستان ہے۔ 'سرخ اپارٹمنٹ' میں ایک سچے اور کھرے کمیونسٹ کے دردناک انجام کو افسانہ بنایا گیا ہے 'سانپوں سے نہ ڈرنے والا بچہ میں' موجودہ حالات کا آنے والی نسلوں کے خوفناک اثر اور اگلی نسل کے ردعمل کو ظاہر کیا گیا ہے۔ 'بلی کا بچہ' اور 'رانی باغ' افسانے شوکت حیات کے شاندار اور رومانی

افسانے ہیں۔ گو کہ اس طرح کی کہانیاں بہت پہلے بھی لکھی جا چکی ہیں لیکن ان میں بھی طرز ادا کی جدت پیدا کر کے پرانے مفاہیم کو ایک نئی زندگی دینے کی کوشش کی گئی ہے۔ 'میت'' 'مادھو' 'مرشد' 'پاؤں' 'ڈھلان پر رکے ہوئے قدم' 'تفتیش'، بانگ، فرشتے، گھڑیال، رحمت صاحب، کوا، سکوت اور 'کہ' شوکت حیات کی جدت طبع اور فکر و فن کا مظاہرے کرتے ہوئے افسانے ہیں۔ انہوں نے تقریباً ایک سو افسانے لکھے ہیں جن میں سے ۲۵ ہی 'گنبد کے کبوتر' میں شامل ہیں باقی ۷۵ افسانوں میں سے کچھ تو ادبی رسائل کی زینت بن چکے ہیں اور کچھ شاید ان کے گھر تک ہی محدود ہوں گے۔ ادبی تنظیموں کو چاہیے کہ بقیہ افسانوں کی اشاعت کا بھی انتظام کریں کیوں کہ ان سب کی اشاعت اس لیے بھی ضروری ہے کہ ان کے افسانوں میں ہمارے عہد کی تلخ و ترش سچائیاں، نفسیاتی الجھنیں، سماجی بے چینیاں اور سانس لیتی حقیقتیں ہیں۔ انہوں نے پچاس برس ادب کی خدمت کی ہے اور پچاس برس کی تاریخ ان کے افسانوں میں قید ہے۔

☆☆☆

حواشی

ا: دیباچہ گنبد کے کبوتر، وارث علوی، ص ۱۱، مطبع عفیف آفسیٹ پرنٹرس دہلی ۲۰۱۰

۲: افسانوی مجموعہ گنبد کے کبوتر، مضمون میری تھیوری سازی اور میرے افسانے، شوکت حیات، ص ۳۶ مطبع عفیف آفسیٹ پرنٹرس دہلی ۲۰۱۰

۳: ایضاً، ص ۲۹۶

۴: ایضاً ص ۷۳

۵: ایضاً ص ۷۶

۶: ایضاً ص ۸۲

۷: ایضاً ص ۸۳

● ڈاکٹر نزہت پروین

شوکت حیات کے افسانے

شوکت حیات نے ۱۹۷۰ء سے لکھنا شروع کیا۔ ان کا پہلا افسانہ ''بکسوں سے دبا آدمی'' کتاب لکھنؤ میں شائع ہوا۔ ان کا پہلا افسانوی مجموعہ ''گنبد کے کبوتر'' ۲۰۱۰ء میں منظر عام پر آیا۔ دوسرا مجموعہ آنے ہی والا تھا کہ ۲۱ر اپریل ۲۰۲۱ء کو ان کا انتقال ہو گیا۔

شوکت حیات اپنے طالب علمی کے زمانے سے ہی کمیونسٹ پارٹی سے وابستہ تھے اور جب انہوں نے افسانہ لکھنا شروع کیا تو ان کی وابستگی مزید بڑھتی گئی اور یہی وجہ ہے کہ ترقی پسند سوچ کے ساتھ انہوں نے اپنے افسانوی سفر کو آگے بڑھایا۔ جب ہم شوکت حیات کے افسانوں کا مطالعہ کرتے ہیں تو پاتے ہیں کہ ان کے یہاں ترقی پسند رجحان واضح طور پر نظر آتا ہے۔ چاہے وہ افسانہ ''بانگ''، ''ڈھلان پر رکے ہوئے قدم''، ''گنبد کے کبوتر''، ''کاغذ کا درخت''، ''کہ''، ''خواب''، ''شہر''، ''پاؤں'' وغیرہ افسانوں میں ترقی پسندی صاف نظر آتی ہے لیکن ہم اس حقیقت سے بھی انکار نہیں کر سکتے کہ شوکت حیات نے افسانے میں ایک نیا تجربہ کیا جس کا نام انہوں نے انامیت رکھا۔ شاید اسی وجہ سے ان کے افسانوں میں اس طرح ترقی پسندی نظر نہیں آتی جس طرح انور عظیم، کلام حیدری، احمد یوسف وغیرہ کے یہاں نظر آتی ہے۔ باتیں وہ بھی وہی کرتے ہیں جو ترقی پسندوں کا رویہ رہا تھا لیکن اسلوب کی سطح پر وہ ترقی پسندوں سے تھوڑا سا الگ نظر آتے ہیں۔

شوکت حیات کا ایک افسانہ ''سرخ اپارٹمنٹ'' ہے۔ اس میں دو کرداروں عامر اور منان کے ذریعہ کمیونسٹ پارٹی کے نظریے کو پیش کیا گیا ہے۔ دونوں دوست ہیں پر ایک بیڑی کارخانے میں ملازم ہیں لیکن دونوں کی زندگی فاقہ مستی میں گزرتی ہے۔ عامر سرخ اپارٹمنٹ کو چھوڑ کر چکا چوندھ بھری زندگی میں چلا جاتا ہے۔ یہ اقتباس ملاحظہ فرمائیے:

> ''عامر تو ایسا حواس باختہ ہوا کہ اس نے خندوق میں چھلانگ لگا دی۔ مضبوطی سے جما کر رکھے ہوئے پاؤں ڈھیلے پڑ گئے اور وہ ڈھلان پر پھسلتا چلا گیا۔ اس پستی تک پہنچ گیا جہاں پہلے والا عامر مر چکا تھا۔ ایک نیا عامر جنم لے چکا تھا...... عام سا لالچی عامر...... ہوس کا مارا ہوا...... عمارتیں اور زمینیں خریدتا ہوا ...... فرضی فنانس کمپنیز قائم

کرتا ہوا...... روپ بدل کر اس نے مختلف کمپنیاں قائم کیں...... مختلف اداروں کی بنیاد رکھی اور راتوں رات اپنا بریف کیس بھاری کر کے روپوش ہو گیا۔

ایک مدت تک روپوش رہنے کے بعد وہ پھر نمودار ہوا...... بدلے ہوئے میک اپ میں...... نئے رنگ وروغن کے ساتھ...... نئے روپ میں...... اس کا پرانا دوست بھی اسے دیکھتا تو پہچان نہیں پاتا...... پھر وہی کاروبار...... چار برس میں رقم دوگنی...... سات برس میں چوگنی...... دولت کا انبار...... مالدار بننے کے آسان راستے...... مختلف کمپنیاں...... شیئرز...... پیڑ اور جنگلات اگانے کا سلسلہ......''

لیکن منان اپنی جگہ قائم ودائم تھا۔ وہ سرخ عمارت کو ہی اپنا ماڈل سمجھتا تھا۔ اسے یقین تھا کہ ایک دن سماج وادآئے گا اور پھر سارے نظام بدل جائیں گے لیکن ابھی تک کچھ بھی نہیں بدلا تھا۔ بیوی کا چڑچڑاپن بڑھتا جارہا تھا۔ وہ بات بات پر تکرار کرتی تھی۔ بچوں کی بیماریاں جو عارضی طور پر ٹھیک تو ہو جاتی تھیں لیکن اندر ہی اندر جسم کو کھوکھلا کر رہی تھیں۔ اس کے باوجود منان کے حوصلے پست نہیں ہوئے تھے۔

افسانہ آگے بڑھتا ہے۔ چائے کے ڈھابے کا منظر ابھرتا ہے۔

''کچھ بڑی بڑی چٹانیں کرسی کا کام کرتی تھیں...... دو بینچ تھی...... لمبی لیکن شکستہ...... اینٹوں کے پائے کے سہارے ٹکی ہوئی...... آدمیوں کی تعداد بڑھنے لگی...... پتھر پر جس کو بیٹھنے کا موقع نہ ملا وہ بینچ پر آ گیا...... آج تک اتنی تعداد میں اس بینچ پر لوگ نہیں بیٹھے تھے۔ شکستہ حالت سے گزرتی اور اینٹوں کی مدد سے اپنی ایک ٹانگ کی تکمیل کرتی ہوئی بینچ اتنے آدمیوں کا بوجھ برداشت نہیں کرسکی۔ چرمرا کر نیچے آرہی۔

انگلیوں سے پیالے اور گلاس چھوٹ گئے...... گرم گرم چائے سے ہاتھ جل گئے...... کپڑوں پر اپنا نہ مٹنے والا نشان چھوڑ گئے...... کپڑے زمین کی دھول چاٹنے لگے...... پتھروں پر بیٹھے ہوئے لوگ سلامتی کے ساتھ بیٹھے رہے...... پتھر تو پتھر ہوتے ہیں...... اپنی جگہ مستحکم رہتے ہیں۔ لکڑیاں لکڑیاں ٹھہریں...... زیادہ بوجھ کی تاب نہ لاسکیں۔

منان پتھر تھا اپنی جگہ سلامت رہا۔

عام لکڑی تھا چرمرا کر ٹوٹ گیا۔''

اس افسانہ میں شوکت حیات نے منان کے کردار کو بہت خوبصورت انداز سے نکھارا ہے۔

عبدالمنان کا دوست عامر بار بار اسے اپنی روشنی کی طرف بلاتا ہے لیکن اس کے قدم نہیں ڈگمگاتے۔ عامر کہتا ہے کہ کب تک بھوکے مروگے۔ ہول ٹائمری چھوڑو اور میرے نئے کارخانے میں منیجر کا عہدہ سنبھالو۔ اپنی بیوی بچوں کی حالت کبھی دیکھی ہے۔ یہ سب سن کر منان کی آنکھوں میں خون اتر آتا ہے۔ وہ عامر کو کیسے بتائے کہ فاقہ مستی کا بھی اپنا ایک سرور ہوتا ہے۔

جلوس نکلنے والا ہے۔ جلوس کے لئے لوگ اکٹھا ہو چکے ہیں۔ عبدالمنان نے لوگوں کو قطار میں کھڑا کر دیا ہے لیکن اس درمیان عبدالمنان کے پاؤں ڈگمگائے۔ آنکھوں کے سامنے اندھیرا چھانے لگا۔ اس نے خود کو سنبھالا۔ سامنے سڑک پر عامر اپنی کار میں بیٹھا تھا۔ اس نے کئی بار منان کی بیوی کو روپیہ دیا تھا کہ وہ بچوں کا علاج ٹھیک سے کرائے۔ یہ بات اس کی بیوی نے بتایا تھا اور منان نے یہ کہا کہ یہ روپیہ رکھ دو جب عامر آئے گا واپس کر دینا۔

جلوس دھیرے دھیرے آگے بڑھ رہا تھا۔ منان کے قدم لڑکھڑا رہے تھے۔ کچھ دور جانے کے بعد عبدالمنان گر گیا۔ یہ اقتباس ملاحظہ فرمایئے:

> ''سڑک پر مخالف سمت سے آتے ہوئے جلوس کے قائد عبدالمنان کو گرتے ہوئے دیکھ کر سابق کامریڈ عامر نے ڈرائیور سے کہہ کر اپنی گاڑی رکوالی۔
>
> احتجاجی جلوس تعزیتی جلسے میں تبدیل ہو چکا تھا۔
>
> ''کامریڈ منان کو لال سلام۔'' کے فلک شگاف نعروں سے فضا گونج رہی تھی۔ ان کی بے وقت موت نے سب کو ملول کر رکھا تھا۔
>
> عامر نے سرد آہ بھری۔
>
> اے نامراد...... تو نے سرخ اپارٹمنٹ اور دل دونوں سے غچے کھائے۔''

افسانہ ''سرخ اپارٹمنٹ'' ایک نظریاتی افسانہ ہے۔ ایک ہی نظریہ کے ماننے والے دو دوست میں سے ایک اس نظریے کا مخالف ہو جاتا ہے اور دوسرا اپنے نظریے پر قائم رہتا ہے۔ غریبی، مفلسی، بچوں کی بیماری، بیوی کی تکرار کچھ بھی اسے جھکنے پر مجبور نہیں کرتے۔ وہ سماج کو بدلنا چاہتا ہے اور اسے یقین ہے کہ ایک دن انقلاب ضرور آئے گا۔ جب کہ عامر اس نظریہ کا مخالف ہو جاتا ہے۔ اس کے پاس دولت بھی آجاتی ہے۔ وہ اپنے دوست کو بھی پارٹی چھوڑ کر اپنے راستے پر لانا چاہتا ہے لیکن منان کسی طرح بھی نہیں لوٹتا۔ وہ چٹان کی طرح اپنے نظریے پر قائم رہتا ہے۔

اس افسانے میں شوکت حیات نے یہ بھی دکھانے کی کوشش کی ہے کہ ''سرخ اپارٹمنٹ'' کی

دیواروں پر ضرب بھی پڑتی ہے۔ بنیادیں بھی ہلتی ہیں۔ عمارت گرتی بھی ہے۔ لوگ زخمی بھی ہوتے ہیں لیکن نظریہ کبھی ختم نہیں ہوتا۔ شوکت حیات کا اشارہ روس میں کمیونسٹ پارٹی کے خاتمے کی طرف ہے۔ یہ حقیقت ہے کہ کچھ لوگ ''سرخ عمارت'' کے انہدام کا ماتم منا رہے تھے لیکن ان کی نظر میں ایک آئیڈیل عمارت تھی۔

شوکت حیات اس افسانے میں اپنے نظریے کے ساتھ کھڑے نظر آتے ہیں۔

افسانوی مجموعہ ''گنبد کے کبوتر'' میں دو افسانے فساد کے موضوع پر ہیں۔ ''کہ'' اور ''تفتیش''، ''گھونسلہ'' میں زمین سے جڑنے کی کہانی ہے کہ صرف نئی نسل اپنی زمین سے نہیں کٹ گیا ہے جبکہ اس سے قبل کی نسل بھی اس سے دوچار ہے۔ ''کوبڑ'' میں دو بھائیوں کی کہانی ہے ایک اپنے فرض سے اتنا دب جاتا ہے کہ دوسرے بھائی کو اس کی پیٹھ پر کوبڑ نظر آتا ہے جبکہ دوسرا بھائی بدیس میں آرام کی زندگی بسر کر رہا ہے۔

افسانہ ''بانگ'' مزاحمتی افسانہ ہے۔ پولیٹری فارم کا مالک سرمایہ دار ہے اور مرغ زرخرید غلام۔ مالک کا حکم نہ بجالانے کی پاداش میں جنہیں ذبح کر دیا جاتا ہے۔ لیکن رفتہ رفتہ یہ مرغ ایک ہو کر احتجاج کا جھنڈا بلند کرتے ہیں اور پولیٹری فارم کے مالک کا خاتمہ کر دیتے ہیں۔

شوکت حیات نے مرغوں سے بڑا کام لیا ہے کہ وہ اپنی چونچوں کو رفتہ رفتہ لمبا کرتے ہیں دربے کے نیچے سرنگ بناتے ہیں اور مختلف رنگوں کی مرغیوں کے ساتھ مل کر ایسا چوزہ تیار کرتے ہیں جن کی چونچیں زیادہ لمبی تھیں اور جب چوزوں کی فوجیں تیار ہو جاتی ہیں تو پولیٹری فارم کے مالک پر حملہ آور ہو جاتے ہیں۔ شوکت حیات نے اس افسانہ میں فنکاری دکھائی ہے۔

افسانہ ''مادھو'' بھی ظالم اور مظلوم کی کہانی ہے۔ پریم چند کے کردار مادھو کو آج کے حالات میں پیش کر کے اس کردار کو زندہ کر دیا ہے۔ شوکت حیات نے زمیندار کے کتے کا خاتمہ مادھو کے ذریعہ کر دیا ہے جو ظلم کے خاتمے کا اعلان ہے۔

شوکت حیات کا افسانہ سچویشن سیریز بھی کم اہمیت کا حامل نہیں ہے۔ مہدی جعفر لکھتے ہیں:

> ''افسانے میں شخصیت کے ٹوٹنے کے ساتھ عصری ماحول کی شدت ایک آہنگ کے ساتھ نظر آتی ہے۔ یہاں ایک بات اور دیکھی جا سکتی ہے۔ وہ یہ کہ اس میں فنکار پورے طور پر عملی حیثیت سے عصری حسیت میں جکڑا ہوا ہے اور ناظر جیسی کیفیت نہیں رکھتا۔ یہ افسانہ اور اس کے تسلسل میں پچھلے کچھ افسانے جن میں ''بانگ'' شامل ہے۔ عصری حسیت کو فنی طور پر قبول کرتے ہیں اور اس سے ایک مکمل آہنگ رکھتے ہیں۔''

اس طرح میں یہ ہم یہ کہہ سکتے ہیں کہ شوکت حیات نے اپنے ہم عصروں سے الگ راہ

بنائی۔انامیت کی تھیوری پیش کی اوراس کو سامنے رکھ کر افسانے لکھے۔انامیت کی وجہ سے ان کا ٹریٹمنٹ دوسرے افسانہ نگاروں سے الگ ہوگیااوراسی ٹریٹمنٹ کی وجہ سے وہ پہچانے جانے لگے۔حالانکہ وہ اپنے افسانے کوانامیت کا نام نہ دے کربھی افسانہ لکھتے تو کوئی خاص فرق نہیں پڑتا۔لیکن وہ ایک نئی تھیوری اردو افسانہ کو دینا چاہتے تھے جو کامیاب نہ ہوسکی۔ان کے علاوہ کسی نے اس تھیوری کونہیں اپنایا۔لیکن اس حقیقت سے انکار نہیں کیا جاسکتا کہ شوکت حیات موضوع ،مواداور ٹریٹمنٹ کی وجہ سے ایک منفرد افسانہ نگار میں شمار ہوتے ہیں۔